"课中课"融汇,德智技贯通

上海出版印刷高等专科学校
课程思政改革探索与实践

主　编　滕跃民
副主编　张玉华　马前锋
　　　　汪　军　孟仁振

上海大学出版社
·上海·

图书在版编目(CIP)数据

"课中课"融汇,德智技贯通:上海出版印刷高等专科学校课程思政改革探索与实践/滕跃民主编. —上海:上海大学出版社,2019.12(2020.8重印)
ISBN 978-7-5671-3795-0

Ⅰ.①课… Ⅱ.①滕… Ⅲ.①高等职业教育-思想政治教育-教学改革-研究-上海 Ⅳ.①G711

中国版本图书馆CIP数据核字(2020)第029132号

责任编辑　贾素慧
封面设计　柯国富
技术编辑　金　鑫　钱宇坤

"课中课"融汇,德智技贯通

滕跃民　主编
上海大学出版社出版发行
(上海市上大路99号　邮政编码200444)
(http://www.shupress.cn　发行热线021-66135112)
出版人　戴骏豪

*

南京展望文化发展有限公司排版
江苏凤凰数码印务有限公司印刷　各地新华书店经销
开本787mm×1092mm　1/16　印张19.75　字数333千
2019年12月第1版　2020年8月第3次印刷
ISBN 978-7-5671-3795-0/G·3081　定价　68.00元

序　言

习近平总书记在全国教育大会上强调"要把立德树人融入思想道德教育、文化知识教育、社会实践教育各环节,贯穿基础教育、职业教育、高等教育各领域",既是对新时代我国教育发展提出了新要求,也是对形成中国特色职业教育发展模式提出了新内涵。"十九大"报告提出要在全党开展"不忘初心、牢记使命"主题教育,充分体现了以人为本、重视教育的执政理念和发展思想。《国务院关于加快发展现代职业教育的决定》要求职业教育"坚持以立德树人为根本,以服务发展为宗旨,以促进就业为导向"。近几年《中国高等职业教育质量年度报告》显示,立德树人在高等职业院校学生基本素养培育环节的成效日益显现,"人生的乐观态度""积极努力、追求上进""乐于助人、参与公益"等素养提升比例连续增长,高职学生展现出自信自强的良好品格。面向未来,中国特色高等职业教育将更加重视立德树人,坚持育训结合、德技兼修,更加重视提高学生的综合素质,着力培养兼具良好品性、表达沟通、技术技能、解决问题等综合能力的新型人才,适应国家建设知识型、技能型、创新型劳动者大军的需要。

上海出版印刷高等专科学校作为全国出版印刷传媒类职业院校的"排头兵",多年来积极推进课程思政改革,重视将思政元素融入专业和实训教学中,形成了以"三'微'一体"(微要点、微行为、微素养)为核心的"课中课"1.0版的课程思政改革成果;在"课中课"1.0版的推广运用过程中,又凝练形成了以"三寓三式"(寓道于教、寓德于教、寓教于教,画龙点睛式、专题嵌入式、元素化合式)为实施标准的"课中课"2.0版的课程思政改革成果,体现了知识技能培养与思政教育协同的"双促进效应",形成了各类课程与思政课"同向同行"的"课中课"教学模式,成为高职教育领域"全员育人、全方位育人、全过程育人"的知名品牌,获得

2018年上海市教学成果特等奖和国家教学成果二等奖,并入选了2019年上海高校课程思政重点改革领航学院。该成果标志着该校在课程思政这一全新领域实现了重大突破,得到了教育界同行的充分肯定,被誉为全国高职高专的"版专范例"。该成果聚焦课程育人、实践育人和文化育人等领域,具有独创性、新颖性、实用性,科学性和有效性,为职业院校的思政教育拓展了新空间,提供了一个"同向同行"的典型案例,发挥了示范和引领作用。

上海出版印刷高等专科学校从2017年开始探索实施课程思政改革,党政领导高度重视培育教师的育德意识和育德能力,要求每位教师把思政元素有机融入教学之中,并能够因地制宜、恰到好处地结合课程思政"三寓三式"和快乐教学"五化五式"的要求,实现各类课程和思政课程同向同行的协同效应。学校在课程思政的改革实践中,广大教师在接受系统化培训基础上,不断开展总结、交流,形成了相应的研究成果,发表或刊登在各类期刊媒体上,同时学校在"版专教研"公众号、校园网上的报道也客观全面展示了改革历程。

上海出版印刷高等专科学校为了系统总结和回顾课程思政的建设成效和体会,专门编写此书,分为四个部分。其中,"第一篇 课程思政改革:汤里放盐"由主流媒体的报道和公开出版的课程思政改革论文组成;"第二篇 思政课程改革:显性强化"由公开出版的思政课程改革论文组成;"第三篇 夯实基础:深入推进"由该校"版专教研"公众号和校园网关于课程思政改革历程的报道组成;"第四篇 影响辐射:好评如潮"由该校课程思政改革在全国所产生的影响的相关报道组成。笔者认为这本书展现了学校课程思政改革的理念措施及方法手段,体现了学校干部教师勇于探索的开拓精神,彰显了"课中课"的成果特色,具有可推广可借鉴的丰富价值和重要意义。

马树超

上海市教育科学研究院研究员,博士生导师

中国职业技术教育学会副会长

上海市职业教育协会会长

2019年9月20日

目 录

序言 ······ 1

第一篇 课程思政改革：汤里放盐

同向同行：知识传授与价值引领同频共振
　　——上海出版印刷高等专科学校"课中课"课程思政改革探析 ······ 3
高职专业"课程思政"的"道法术器"改革 ······ 7
将创新创业教育融入专业教育 ······ 13
德技兼修"课中课" ······ 17
思想政治教育融入专业实训课的"课中课"同向同行模式创新研究 ······ 19
广州、郑州、南京等地学校纷纷来"取经"，上海这所高校的"课中课"有什么
　　不一样 ······ 24
创新创业教育协同支持体系研究
　　——基于上海高职高专院校学生创新创业倾向的影响因素分析 ······ 29
高校课程思政协同育人机制构建路径及策略分析 ······ 36
高职院校广告传播专业课程的德育融合探究 ······ 42
高职院校专业课程思政德智融合路径探究 ······ 48
从冰冷的美丽到火热的价值
　　——矩阵思维下的社会主义核心价值观解读 ······ 54
从"思政课程"到"课程思政"
　　——论上海高校思想政治理论课改革的切入点 ······ 60

高校课程思政改革的实现路径分析 …………………………………… 70
《财经法规与会计职业道德》课程思政教学的设计与实践 ……………… 76
《实用综合教程》教材价值取向分析 …………………………………… 81
如何在英语教学活动中渗透德育思想 …………………………………… 84
大学生思想政治隐性教育效果强化的路径探析 ………………………… 87
工匠精神培养与高职校园文化建设融合育人机制研究 ………………… 92
世界技能大赛对印刷职业院校高技能人才培养的启示 ………………… 97
世界技能大赛对接职业院校实训教学课程建设的探索与思考 ………… 103
技术技能型人才工匠精神培养路径探究 ………………………………… 109
高职院校工匠精神培育研究 ……………………………………………… 114
体育活动导向下大学生职业素养培养路径研究 ………………………… 118
论高职高专英语教学与审美能力的培养 ………………………………… 128
专科院校学生干部在思想政治教育工作中作用的思考 ………………… 131
基于应用型人才"核心能力"导向下上海市高职体育教学改革研究 …… 136
文化立德,特色育人:构建"1+4"文化育人新模式
　　——以上海出版印刷高等专科学校出版与传播系为例 …………… 146

第二篇　思政课程改革:显性强化

做新做活做实思想政治工作
　　——上海出版印刷高等专科学校提高技能人才培养质量纪实 …… 155
提升大学生"形势与政策"课获得感 ……………………………………… 165
从获得感角度来看高职思想政治理论课实效性 ………………………… 169
思想政治理论课学生获得感路径研究 …………………………………… 174
积极心理学对高职思政课教学的促进作用探析 ………………………… 181
基于"供给侧改革"思路的高职思政课教学探究 ………………………… 185
高职院校思政课实践教学劳动育人机制研究
　　——以上海出版印刷高等专科学校为例 …………………………… 190
哈萨克斯坦现阶段的爱国主义教育 ……………………………………… 197

第三篇　夯实基础：深入推进

所长寄语 203
全新领域的一项突破性成果
　　——记我校课程思政改革荣获一项国家级教学成果奖 204
课程思政立潮头，版专追梦再起步 211
课程思政立潮头，版专追梦再起步（续） 213
我校课程思政改革又获新成果 215
学校"德智技融会"的"课中课"人才培养模式初见成效 217
我校召开课程思政交流会 220
关于第三期（2019年）课程思政改革试点立项建设的通知 222
关于公布第二期（2018年）课程思政改革试点项目评审结果的通知 224
学校召开思政课教师座谈会 226
关于2019年度课程思政项目建设的通知 229
长三角思政课协作交流会在我校举行 231
用"西洋乐"演"中国戏"
　　——商务英语专业课程思政改革案例 233
常务副校长滕跃民赴思政教研部调研课程思政项目实施情况 235
星火燎原开创我校课程思政工作新局面
　　——我校召开2018年课程思政总结交流会 237
党委书记顾春华参加教学工作例会 239
我校参加全国高职高专院校思政课建设联盟第六届工作年会 241
学校召开课程思政项目启动会议 243
关于公布第二期课程思政改革试点评审结果的通知 245
学校召开课程思政工作例会 247
关于启动课程思政改革第二期试点工作的通知 249
常务副校长滕跃民赴基础教学部与思政教研部作课程思政专题调研 250
设置校内思政教育课题，推进课程思政建设 252

2017年课程思政系列报道之十三:"课中课融汇,德智技贯通"
　　——学校召开2017年专业课课程思政改革总结会 ………… 255
2017年课程思政系列报道之十二:学校举行首次课程思政教学
　　展示会……………………………………………………………… 257
2017年课程思政系列报道之十一:高温酷暑铸造"课程思政"合金钢
　　——学校召开课程思政暑期推进会 …………………………… 259
2017年课程思政系列报道之十:校党委书记刘道平赴印刷设备工程系
　　调研课程思政工作情况 ………………………………………… 261
2017年课程思政系列报道之九:校党委书记刘道平到影视艺术系调研
　　课程思政工作情况 ……………………………………………… 263
2017年课程思政系列报道之八:弘扬"课中课"品牌效应,再立课程
　　思政改革潮头
　　——学校召开课程思政推进会 ………………………………… 265
2017年课程思政系列报道之七:阔步前行,谱写思政课实践育人新篇章
　　——思政课召开社会实践研讨会 ……………………………… 267
2017年课程思政系列报道之六:坚持育人为本,扎实推进课程思政建设
　　——我校印刷设备工程系2014级全体学生毕业设计(论文)答辩顺利
　　　　完成………………………………………………………… 269
2017年课程思政系列报道之五:党委书记刘道平赴文化管理系调研课程
　　思政教学改革工作 ……………………………………………… 271
2017课程思政建设系列报道之四:党委书记刘道平赴基础教学部调研
　　课程思政教学改革工作 ………………………………………… 273
2017课程思政建设系列报道之三:常务副校长作"同向同行,教书育人"
　　课程思政主题报告 ……………………………………………… 276
2017课程思政建设系列报道之二:党委书记刘道平赴印刷包装工程系
　　调研课程思政改革工作 ………………………………………… 278
2017课程思政建设系列报道之一:总结提高,探索课程思政教育新
　　途径……………………………………………………………… 280

第四篇　影响辐射：好评如潮

河南经贸职业技术学院、常州纺织职业技术学院等高校的领导干部及
　　骨干教师团队来访我校参观学习 …………………………………… 283
滕跃民副校长在市高职高专教学工作会议上作主旨发言 ……………… 285
滕跃民副校长在职教系统党的"十九大"精神专题辅导报告会上作交流
　　发言 …………………………………………………………………… 286
2016 年全国高职高专思政课建设联盟举办的骨干教师培训 …………… 287
赴郑州财税金融职业学院参加 2017 年思政课教师讲课评课交流会 …… 288
赴泉州幼儿高等师专推广经验 …………………………………………… 289
赴上海交通职业技术学院推广经验 ……………………………………… 290
思政课程与课程思政教学研讨会：探索思政教育全方位融入课改 …… 291
张玉华老师赴上海民航职业技术学院邀请开展思政课示范教学 ……… 293
受邀赴湘西民族职业技术学院示范课程思政教学 ……………………… 295
山东商业职业技术学院马克思主义学院院长王岳喜一行来校调研交流 … 297
广西职业技术学院开展课程思政专题培训 ……………………………… 299
受邀赴贵阳幼儿师范高等专科学校开展课程思政教学改革研讨会 …… 300
浙江工贸职业技术学院来我校考察交流课程思政工作 ………………… 301
广东省高职高专思政课建设联盟代表团来我校参加高职院校课程思政
　　研讨会 ………………………………………………………………… 303

后记 …………………………………………………………………………… 305

第一篇

课程思政改革:汤里放盐

同向同行：知识传授与价值引领同频共振
——上海出版印刷高等专科学校"课中课"课程思政改革探析

滕跃民　张玉华　马前锋　汪　军　孟仁振

图1-1　"课程思政"改革的设计思路

一、落实"职教20条"开启职教新时代

2016年，全国高校思想政治工作会议指出，做好高校思想政治工作，要提升思想政治教育亲和力和针对性，满足学生成长发展需求和期待，各门课都要守好一段渠、种好责任田，使各类课程与思想政治理论课同向同行，形成协同效应。

在这一全新的理念指引下，高校提升了"立德树人"的动力，破解思政教育"孤岛"困境有了科学的行动指南。

以此为遵循,上海出版印刷高等专科学校迅速开启了由单轨式思政教育向融入式思政教育推进的改革探索之路。学校通过多年来的理论探索和教学实践,形成了思政教育融入各类课程的"课中课"同向同行教学模式。该模式聚焦课程育人、实践育人和文化育人等全新领域,创造性地将德育元素融入知识技能培养环节,打通了显性知识技能培养与隐性素养培养相互促进的通道,最终提炼出基于"寓道于教、寓德于教、寓教于乐"具有"画龙点睛式、专题嵌入式、元素化合式"实施标准的"同向同行"范例,成为全国高校"课程思政"改革成功的先行者。该成果获得了上海市教学成果特等奖、全国二等奖,在课程思政这一教育教学领域实现了学校历史性的突破,构建了开展课程思政改革的模式和标准,使人才培养迸发出澎湃的活力。学校独具创意的"课中课"思政教育改革经验也得以分享与借鉴。

二、"三微一体"设计,创新育人架构

职业教育的实习实训承担着职业技能人才的技能训练和应对行业发展需求的各级职业技能培训任务。把思政课要点融入职业教育的实习实训,有助于培养职业技能人才的职业素养。在实践中,思政课教师走进专业实训课堂,将提炼出的理想信念、实事求是、遵纪守法、工匠精神、团队合作、环境意识等6个思政微要点融入专业实训课,把思政课的教学要点具体化为实训操作体验,从而把专业实训教学与思政教育有机结合起来。学生在技能训练过程中体验6个思政微要点。例如将"毛泽东思想和中国特色社会主义理论体系概论"课中"实事求是"的教学要点,具体化为实训操作中"会就是会,不会就是不会;如果不会继续找原因、摸索规律、操作学习"的微行为,学生也养成正直诚实的职业微素养。思政要点和实训技能与素养由此相互对应起来,统合为微要点、微素养、微行为的三"微"一体育人架构,从而将思政教育的价值引领落细落地。

"课中课"模式立足学生的全面发展,从"问题"入手,以职业技能为支撑点,在技能实训过程中融入思政微要点和职业微素养,激发了学生"学知识、练技能"的热情,营造出苦练职业技能、争当高素质技能人才的良好学习氛围。"课中课"模式不仅体现了专业课与思政课的"同向而行",而且展现了技能与素养培育的"同学同步"理念。2015年张淑萍在第43届世界技能大赛上获得了印刷媒体技术项目银牌,充分体现了思政课融入专业实训课的育人效果。

"课中课"教学模式通过"精"心设计,建立了课前启发式教学、课中体验式教学、课后感悟式教学的"三阶段式"教学。教师们通过课程开始后的前5分钟,引

出要融入实训课堂的技能微行为、思政微要点。在课中的体验式教学中,如果学生在实训环节出现粗心大意、畏难退缩、乱扔垃圾等现象,思政教师会适时贴近学生开展遵守规则、团队合作、敬业务实等职业微素养的教育。课后感悟式教学让学生们分享关于在职业规范、职业道德和操守方面的感悟。

三、"三寓三式"探索,坚持与时俱进

在"课中课"的推广中,学校创新课程思政"三寓三式"融合原则方法和路径,成功打造了"课中课"的升级版(2.0版)。"三寓"是指在"课中课"教学过程中需要"寓道于教""寓德于教""寓教于乐"相融合的方法。"寓道于教"是引导学生自觉认真地学习探索客观规律,尊重遵守客观规律。例如,在讲解高等数学的极限原理时,把"不忘初心、砥砺奋进"的奋斗精神、"精益求精、方得始终"的工匠精神、"一丝不苟、字斟句酌、作风严谨"的"《辞海》"精神润物无声地融入课程教学中。"寓德于教"指各类课程潜移默化地对学生进行社会主义核心价值观的教育,各类课程教师在课程中应该自觉承担起德育的教学任务,引导学生学习榜样的事迹,发挥榜样的示范效应。"寓教于乐"是用情景化、形象化、故事化、游戏化、幽默化、启发式、互动式、讨论式、探究式、案例式等方法开展快乐教学,在"汤里放盐"的基础上"加糖",从而达到提升课堂教学的效果。

"三式"是指在"课中课"教学过程以"画龙点睛式、专题嵌入式、元素化合式"为融合手段。"画龙点睛式"基于对各类课程的知识点和技能点的简明提示,对学生开展社会主义核心价值观、唯物辩证法、职业素养等的"点睛"。"专题嵌入式"指各类课程教师选择相关主题,在不打破原来教学结构的基础上,将思政的某个专题进行嵌入,不仅加深学生对各类课程内容的理解,同时也提高了学生对思政道德的认识。例如在学校专业课"印刷过程与控制"关于"水墨平衡"的讲授中,嵌入对立统一规律的阐述,揭示了印刷过程中的矛盾运动规律、量变到质变规律。"元素化合式"教学方式,就是将专业知识、专业技能、思政要点三种不同的教学元素进行结合,进而产生"合而为一"的育人效果。例如在全校平台课"音乐鉴赏"关于"民族音乐"的教学中,把西洋音乐与乐器、我国的民族音乐与乐器,融合爱国主义等元素,大大激发了学生的爱国主义情怀,产生了前所未有的显著效果。

此外,在"课中课"的推广应用中,学校还形成了课程思政改革具有先导性意义的"五项清单"(不扯皮、不贴标签、不生搬硬套、不碎片化、不降低教学效果)及"道法术器"的系统化设计框架,得到了全国许多兄弟院校领导和教师的高度认

同。因此,"三寓三式""五项清单""道法术器"构成了"课中课"升级版(2.0版)的三大重要组成部分。

"课中课"升级版(2.0版)彰显了各类课程与思政课"同向同行"的协同育人效应,各类课程以"三寓三式"为指导,充分提炼专业课程中蕴含的文化基因和价值引领,并将其渗透于教学目标、教学内容、教学方法、教学反馈之中,从而转化为社会主义核心价值观具体化、生动化的有效教学,内化于心、外化于行,提升了专业课教师的育德意识和育德能力,在"润物细无声"的知识传授中融入理想信念教育。

四、"三全育人"实践,强化价值引领

"课中课"模式紧密结合行业需求,对接印刷出版文化行业,创新了行业文化育人路径。整合"思政教师、专业教师、行业技师"3支队伍组成的教师群,将思政教育、实训教学的独角戏变为众多角色共同参与的同台演出,显著提升了职业院校思政教育的效果。通过"课中课"教学模式,实现思政教育"进专业、进行业、进社会",打造高职教育领域"三全育人"的活样板。

上海出版印刷高等专科学校是一所具有鲜明办学特色,以培育高技术技能人才为目标的学校。学校浓郁的校园文化底蕴和丰富的校企合作资源,是"课中课"模式教学实践的有力支撑。通过印刷博物馆现场教学和行业企业实践,学生在中国传统印刷文化的熏陶中,感受到中华优秀传统文化的厚重和历史传承的责任;从"红色印迹"展览中体会到老一辈革命者艰苦奋斗的精神,从而坚定了理想信念,增强了战胜一切困难的信心和勇气;从企业实践中把握到印刷出版行业、文化传媒产业在传播先进文化方面的光荣使命,增强爱岗敬业、努力学习的自觉性。通过创新实践"全程思政教育、全面思政教育、立体思政教育、创新思政教育",点亮了学生心中的信仰,用信仰的力量引领学生在成长成才的过程中执着攀登,收获硕果。

随着"课中课"模式广泛和深入的应用,在全国范围内产生了积极的辐射效应。现已有上海交通职业技术学院、陕西铁路工程技术职业学院等100多所院校借鉴"课中课"模式的教学方法,均取得了良好的效果。

今天的上海出版印刷高等专科学校,全员、全过程、全方位育人的大思政格局正在形成,"课中课"课程思政改革的创新实践释放出无穷的能量,推动学校的人才培养和科学发展大踏步走向更加美好的未来。

《中国教育报》2019年6月19日第11版

高职专业"课程思政"的"道法术器"改革

滕跃民　张玉华　肖纲领

摘要：高职院校在专业教育中实施课程思政是使各类课程与思想政治理论课同向同行,形成协同效应。高职院校专业教育的课程思政改革,可以基于"道法术器"思路来实施。"道"即引导学生讲道理、走正道、行道德,实现价值引领;"法"即寓道于教、寓德于教、寓教于乐,遵循教学规律;"术"即构建画龙点睛式、专题嵌入式、元素化合式教学方式,打造多元路径;"器"即融入信息技术。

关键词：高职院校;专业教育;课程思政;道法术器

"课程思政"是在马克思主义基本立场与观点方法的指导下,深入发掘各类课程的思想政治理论教育资源,并从战略高度构建思想政治理论课、综合素养课程、专业教育课程"三位一体"的思想政治教育课程体系。其目的是探索各类课程与思想政治理论课同向同行,形成协同效应。基于此,高职院校专业教育中的课程思政是指高职院校专业课教师在传授专业知识、培育学生职业技能的同时,进行价值引领,从而实现学生思想品德水平、文化素养和职业操守的同步提升。高职院校承担培养技术技能人才的重任,课程是高职院校人才培养最核心的抓手。专业课作为高职院校课程的主要部分,自然应成为高职院校课程思政的主阵地。在高职院校专业课中实施课程思政是"使各类课程与思想政治理论课同向同行,形成协同效应"的重要组成部分。因此,高职院校在专业课中进行课程思政改革,对于高职院校进行全方位人才培养而言具有重要意义。高职院校专业教育中课程思政的实施,可以在"道""法""术""器"四个方面进行有效探索。

一、"道"——实现价值引领

高职院校专业课程思政的最终目的在于立德树人。学生是受教育的主体,高职院校专业课程思政必须服务于学生的成长成才。高职院校专业课程思政的开展首先需要从"道"上实现对于学生价值的引领,引导学生讲道理、走正道、行道德。

(一)以专业课程思政改革引导学生讲道理

在高职院校专业课中实施课程思政,旨在引导学生讲马克思主义的道理,用马克思主义的立场、观点、方法来认识和改造世界。当前较多西方学者认为马克思主义所反映的时代特点已发生了剧烈变化,马克思主义已不能解释日新月异的新时代了。他们认为现代西方科学和社会的新理论层出不穷,早就超越了马克思主义。虽然当今的世界已经不是马克思、恩格斯当年创立历史唯物主义理论时的样子,但是人类社会从资本主义向社会主义过渡的时代背景丝毫没有发生改变。而且中国革命和建设所取得的巨大成就,有力地证明了坚持马克思主义指导的正确性。特别是党的十八以来,在以习近平为核心的党中央领导下,中国国力和发展水平进一步提升,再次证明了马克思主义基本原理同中国实际相结合的巨大力量。马克思主义的道理,即马克思主义的立场、观点和方法,是马克思主义科学思想体系的精髓。[1]马克思主义的基本立场是始终站在人民大众的立场上,一切为人民,一切相信人民,一切依靠人民,全心全意为人民谋利益。马克思主义的基本观点,是关于自然、社会和人类思维规律的科学认识,是对人类思想成果和社会实践经验的科学总结。马克思主义的基本方法,是建立在辩证唯物主义和历史唯物主义世界观、方法论基础上的思想方法和工作方法,主要包括实事求是的方法、辩证分析的方法、历史分析的方法、群众路线的方法等。在高职院校专业课中实施课程思政,专业课教师需要结合专业课程实际,把马克思主义的基本道理内化到学生心中。

(二)以专业课程思政改革引导学生走正道

在高职院校专业课中实施课程思政,旨在引导学生走中国特色社会主义的正道,增强走中国道路的信心和决心。道路问题是关系党的事业兴衰成败第一位的问题,道路就是党的生命。新中国成立以来,特别是改革开放40年来,我们党坚持把马克思主义基本原理同我国具体实际和时代特征相结合,成功开辟了中国特色社会主义道路。中国特色社会主义道路正是中国共产党把马克思主义的理论同中国革命和建设实践相结合的成果。在高职院校专业课中实施课程思政,专业教师需要引领学生把马克思主义的哲学理论化为思想方法,贯彻于自己的行动、自己的专业领域中,从而走马克思主义的正道。

（三）以专业课程思政改革引导学生行道德

"在同一件事情上人们的立场、观点如此多样，以致教师难以在学生面前充当道德权威，谆谆教导学生什么是好的与坏的，什么是对的与错的，该做什么，不该做什么。把价值标准和道德观念当作确定的知识来教的时代，一去不复返了。"[2]价值取向多元冲突的现象对高职院校专业课教师开展课程思政提出了挑战。面对这种挑战，高职院校专业课教师不应坚持价值中立，而是应该勇敢地承担起价值引领的重任，引导学生践行集体主义道德。在高职院校专业课中实施课程思政，旨在引导学生践行集体主义的道德。承担课程思政任务的高职院校专业课教师需要引导学生"化理论为德性"。所谓"化理论为德性"，即引导学生通过身体力行的专业实训实习，把马克思主义理论化为自己的德性，具体化为有血有肉的人格。集体主义是我们长期信奉的道德原则。随着计划经济体制向市场经济体制转型，集体主义的道德原则也需要新的发展，这符合马克思主义经济基础决定上层建筑的论断。而社会主义核心价值观就是集体主义道德原则的当代发展。[3]在个人主义思想不断盛行之际，通过实施专业课程思政，学生将在专业实践中化马克思主义的理论为自己的德性，从而把社会主义核心价值内化到自己的人格中。

二、"法"——遵循教学规律

课程思政本质上是一门课，与其他课程有一定的共性，因此课程思政也需要遵循一定的教学规律。课程思政既要遵循专业课的教学规律，又要遵循德育课的教学规律，因而需要把两种类型课程的教学规律有机结合起来，按照相应的"法"来实施教学，否则课程思政的效果会大打折扣。

（一）课程思政改革需要寓道于教

高职院校专业教育中既要有专业知识方面的要求，也要有思政的高度与人文情怀的温度。但是长期以来，高职院校专业课程过于注重知识技能传授，忽视价值观引领和学生品德养成，无疑贬低了学生作为"人"的价值。甚至学生只是被当作将来能产生更高劳动效率的"机器"来培养，产生了教育的异化。这显然与马克思主义关于实现人的自由全面发展的目标相去甚远。技术从本质上说是中性的。技术可以用来造福人类，也可以用来毁灭人类。美国哲学家汉娜·阿伦特曾在《人的境况》中指出："工程师并非其自身造物的主人，其他物品的制造者也是如此；超乎其上的政治学必须为体力劳动提供指导。"[4]在这里，阿伦特批评了那些只管提高技能和完成制造，其他什么都不考虑的技术工作者。在高职院校专业教育中,教师不能只教学生如何在技术上精益求精,更要让学生学会思考技能对于社会有怎样的价值,即"寓道于教"。实现思政教育强化、职业素养培育和职业技能提高的"三促进效应",才是高职院校专业教育的本真。

(二)课程思政改革需要寓德于教

课程思政在本质上应该属于德育范畴,这就意味着高职院校专业课教师在课程思政中也应该自觉承担起德育的教学任务。因此,高职院校专业课教师在开展课程思政时应遵循基本的德育原则和方法。当前社会的文化从一元变成多元,这意味着道德教育要从一元的灌输走向多元的民主、对话。[5]一元文化下道德教育的内容是唯一的,道德教育的方式也是强制的,教师是道德教育中永恒价值的"法官"。在多元文化背景下,承担德育任务的教师不再直接告诉学生什么正确、什么错误,而是引导学生对各种道德取向与道德规范进行分析、比较与鉴别,自主、合理地选择真正符合时代要求或个人所应确立的道德价值,做到"寓德于教"。

(三)课程思政改革需要寓教于乐

在大众化教育阶段,高职院校学生存在着学习动力不足,不愿意学习的情况。在高职院校专业课的课程思政教学中要注重挖掘学生的兴趣点,从"问题"入手,"浅入深出"地开展教学,促进学生体验到学习的乐趣和成就感,做到"寓教于乐"。上海出版印刷高等专科学校经过多年的探索,形成了思政元素融入实训课同向同行的教学模式。该模式通过实施课前启发式教育、课中体验式教育、课后感悟式教育,有效衔接了"课前、课堂、课后"三个过程。该模式综合运用案例、图片、视频、时政性强的材料,打造体验式课堂的"精彩一刻",增强了课程的吸引力,从而创建了在学习中找到快乐、在快乐中学会学习的教学方法,达到了"快乐教学"的良好效果。

三、"术"——打造多元路径

高职院校专业课的课程思政要实现德智技的共同提高,需要探索具体的融入方式。论文提出了画龙点睛式、元素化合式、专题嵌入式、隐性渗透式四种融入方式,以期助力高职院校学生技能和素养的双重提高,为专业课程的"同向同行"提供借鉴。

(一)课程思政的"画龙点睛"教学方式

"画龙点睛"教学方式是指在讲授专业课的知识点和技能点时进行社会主义核心价值观、唯物辩证法等的点睛。"画龙"是指高职院校专业课知识点的学习和技能点的训练;"点睛"是指用德育元素对相关知识点和技能点进行指点。如在印刷概论等专业的讲课中涉及毕昇、王选、万启盈等内容时,可以进行社会主义价值观的点睛。万启盈是党的印刷事业和中国现代印刷工业的奠基人之一。他为了实现革命理想,1937年千里迢迢赶赴延安,被分配到党报委员会领导的中央印刷厂工作。万启盈排过字、拼过版、管过工务、当过厂长。90多岁高龄时他仍在撰写《中国近代印刷工业史》。[6] 在讲印刷的历史中,专业教师可以采用"画龙点睛"教学方式,把万启盈爱国事迹、敬业的精神,提升到社会主义核心价值观的高度进行讲解。

(二) 课程思政的"专题嵌入"教学方式

"专题嵌入"教学方式是指专业课教师选择相关主题,在不打破原来教学结构的基础上,将思政的某个专题进行嵌入,以加深学生对专业课程内容的理解,同时提高学生对思政要求的认识。比如在印刷过程与控制课程讲授关于水墨平衡的主题中,可以嵌入对立统一规律的阐述,以揭示印刷过程中的矛盾运动发展、两点论、重点论、量变到质变规律。平版胶印是现今应用最广泛的印刷技术之一,其著名原理就是"水墨平衡"。在现代平版胶印过程中,印刷中的"水"和"墨"是在高速、高压的过程中相互接触、相互作用的,不少学生误认为"水墨平衡"就是"油水不相溶"。但嵌入对立统一规律后,学生更容易理解水墨平衡原理。"水"和"墨"两种互不溶解的液体在高速高压状态下,油水间的相互作用发生了显著的变化,一种液体以微滴的形式分散到另一种液体中,产生"乳化"现象,形成"油包水"型稳定乳状液。依托课程思政的"专题嵌入"教学方式,高职院校学生专业课的学习有了更有力的支撑。

(三) 课程思政的"元素化合"

教学方式化合反应指的是由两种或两种以上的物质反应生成一种新物质的化学反应。课程思政的"元素化合"教学方式,就是将专业知识、专业技能、思政要点三种不同的教学元素进行化合,进而产生合而为一的效果。比如音乐欣赏课程的讲授,其知识点通过与文化的元素化合,就很好地融入了课程思政要求。在讲授民族音乐时,一方面把优秀的民族作品的定义、特点等知识点介绍给学生,让学生对中国优秀传统音乐作品有所了解;另一方面,引入国外有代表性的音乐,使学生在欣赏外国音乐的同时,产生对祖国的民族自豪感,增加文化自信。再比如歌曲《黄河》教学中,作为来源于西方的音乐体裁,除了钢琴技法和作曲技法等知识点之外,所有知识点都体现中国传统音乐文化的魅力,如"起""承""转""合"的中国传统音乐创作技法,笛子与琵琶两种中国传统乐器的融入。正是这种音乐知识点与文化的育人元素结合在一起,实现了双重育人功效,使得爱国主义、文化自信等思政要点有机化合到专业课程中,充分体现出了课程思政"元素化合"教学方式的效果。

四、"器"——融入信息技术

高职院校专业教育的课程思政要提高颜值,需要信息化技术来包装。随着时代的发展,传统教学模式已不能适应课程教学的发展。而信息技术以其灵活、高效、信息丰富等特点更加适应课程思政的现代化教学模式。课程思政教育信息化,要求在教育过程中较全面地运用以计算机、移动通信为基础的现代信息技术,从而适应正在到来的信息化社会提出的新要求。高职院校专业课教师应该处理好信息技术与课程内容的有机融合关系,发挥信息技术在价值观教育中的功能和作用。新型信息技术教学应用创新是深度融合的动力。比如传播学概论课程中,可以运用VCR虚拟现实技术来呈现中国共产党在长征途中宣传革命的事迹。把这些红色事迹通过虚拟现实来让学生体验,必然会加深学生的感受性。

总体而言,高职院校专业课程思政的"道法术器"改革,是课程思政在高职院校专业课程教育中的有力渗透,有利于提高高职院校思政教育的效果,也是提升高职院校专业课程教育教学水平,实现"全员育人、全方位育人、全过程育人",促进学生思想品德水平、文化素养和职业操守的同步提升的有利思路。高职院校专业课程思政的"道法术器"改革,为高职院校开展专业课程思政提供了一定的参照和借鉴,值得进一步加以探索和研究。

参考文献:

[1] 孟源北.习近平新时代中国特色社会主义思想的理论来源[N].学习时报,2017-11-03(A02).
[2] 黄向阳.道德相对主义与学校德育[J].全球教育展望,2001(6):5-8.
[3] 崔宜明.社会主义核心价值观与中国优秀传统文化的再认识[J].道德与文明,2014(5):21-27.
[4] 理查德·桑内特.匠人[M].李继宏,译.上海:上海译文出版社,2015:1.
[5] 孙峰,李欢.道德教育的现实选择:从灌输走向对话[J].辽宁师范大学学报(社会科学版),2009(5):56-60.
[6] 杜维兴.正直坚强的老人:怀念万启盈同志[J].印刷杂志,2014(11):36-38.

将创新创业教育融入专业教育

滕跃民　徐家蓓

为了更大范围、更高层次、更深程度地推进大众创业万众创新,加快发展新经济、打造发展新引擎,国务院发布了《关于建设大众创业万众创新示范基地的实施意见》,同时首批推出 28 家双创示范基地。要求示范基地结合实际,完善双创生态,建设双创平台,厚植双创文化,形成有典型意义的双创高地,打造有特色有价值的双创品牌,探索可复制可推广的双创制度模式,形成大众创业万众创新的新局面,全面提高国家自主创新能力。

一、创新创业教育内涵

创业是指创立基业或创办事业,就是开拓和创造业绩与成就。创业分为广义创业和狭义创业,广义创业是指创业者的各项实践活动的功能指向国家大中型企业和单位的经济社会活动。狭义创业是指企业、个体和家庭的小实业体创业者的生产经营活动。创业不仅是行动,还是导向。创新是创业的基础,是创业的本质和手段[1]。创新也有广义和狭义之分,广义创新是指重大的攻关工程和具有技术革命意义的重要项目;狭义创新是指无处不在的问题解决的过程。创业是实现创新、检验创新的过程。创业要引用创新的成果,创新要融合到创业的实践中,二者相互促进又相互制约,这样才能有利于创新创业,从而形成密不可分的辩证统一体。创新创业教育致力于培养高素质的创新创业人才,不仅是创新精神、创新意识和创新能力,还应使学生具备自信和自主的自我意识,具有刚强、坚持、果断和开朗的情感性格。要培养身处顺境时不沾沾自喜的素养,养成身处逆境时不消极悲观的品质。通过对学生的创新创业教育,尊重学生的个性与发展,充分挖掘学生潜在能力,将所学知识和技能有效地运用到创新创业实践。

二、高职院校创新创业教育意义

自2015年全国高等职业院校创新创业联盟正式成立以来,在教育部的要求下,各大高校都基本上开设双创通识课程,基本实现创新创业教育的普及。创新创业是一场深刻的社会变革,以广大人民群众为创业创新主体、以改革为创业创新动力,是发展形态的深刻转型,是中国经济包括发展方式、发展动力、发展路径在内的全面调整。"大众创业、万众创新"已经成为我们国家的一项重要战略,成为我国经济社会发展的新理念、新形态,从而为中华民族的伟大复兴奠定坚实基础。只有站在这样的历史高度,才能深刻认识"双创"发展的重大而深远的意义。双创是一条科教兴国的必由之路,无论是国际上的微软、苹果还是国内的阿里巴巴、华为、中兴、腾讯等知名创新创业的巨头企业,都已经成为国家发展的强大助推器。双创也是自谋出路的爱国行为,因为我国人口众多,每年应届毕业大学生超700万人,导致就业岗位不足[2]。培养大学生的创新意识,激发创业激情,开发出有价值的创业项目,是我们高等院校今后需要持续推进的工作。职业院校开展双创教育正是顺应国家战略,探索职业教育领域创新型人才成长规律的重要实践[3]。

三、创新创业教育融入专业教育途径

高职教育致力于培养高素质技术技能人才,高职院校以实际岗位需求为导向,专业课程体系侧重技能的培养。高职院校开展创新创业教育应注重将创新创业教育有机地融合到人才培养体系中,将双创教育理念与地区经济结合,与专业建设结合,与专业课程教学相融合,从而提高高职学生创新创业教育培养和人才质量。

(一)教育理念的更新和转变。创新创业教育离不开优秀的教师队伍,只有在国家重视双创背景下,充分调动专任老师的积极性,高校的双创教育才能够取得良好效果。为了更好地指导和引领学生,高校教师首先树立并认同科技创新的价值,不应仅限于传统的知识和技术技能的专业培养,还要树立将双创教育和专业教育相结合的全新教育理念。目前高校教师已逐渐意识到创新创业的重要作用,但是在如何系统全面提高学生创新创业能力上考虑还不够,缺乏以创业为导向的培养理念,往往造成学生自主意识和思想的缺失。所以高校教师应该转变教育理念,将创新创业教育应该深化推广到日常专业教育中,普及到每一名学生。教师的教育理念的更新离不开学校层面的引导,学校的决策者只有积极推进机制创新和制度导向的情况下,教师队伍才能够顺利地得到成长。学校要更多更有针对地开设创新创业课程,为师生提供教育和培训,完善传统的培养体系。开设具有普适性的必修课程,对每个学生都能起到很好培养作用。同时将双创教育融入所有课程,重视培养批判思维、探索精神,使创新思维和精神深入人心。

(二)课程设置的优化和调整。高职院校的专业课程在确定教学内容时,对于创新创业能力的培养考虑较少,缺乏足够重视;教学内容也存在着不少问题,理论与实际关联较弱;过分强调验证性知识,缺少知识探索的参与性;偶见过时内容,缺乏时效性。所以高职院校教师在具体的专业课程中融入双创的思想理念时,将学生创新创业能力提升纳入教学内容的制定,多讲授专业前沿的理论与技术。在培养学生专业技术技能过程中,从实际出发,提高学生发现问题、分析问题和解决问题的能力。当复杂问题提出时,要注重讲解应用背景,使学生可以身临其境地感受分析存在的问题,有意识地培养专业技能中的创新创业意识和批判性思维。创新创业能力中主要包含基础部分、领导力部分和总结部分,三大部分相互关联,层层递进。进行教学活动设计时,要考虑观察能力、逻辑思维、搜集信息能力和资源信息整合整理能力、与人交流的表达能力、理解运用能力、沟通能力等训练,以及商业计划书写作和软文公文写作训练。还有项目开展中的时间管理能力训练、规划能力训练、陌生情境适应能力训练、多任务抗压能力训练,团队建设中的团队管理能力、团队协作能力、矛盾纠纷解决能力、战略规划能力、紧急事件处理能力、领袖精神气质的训练。展示活动成效中的市场调查、商业计划书、商业路演和线上众筹、仿真表演汇报等能力[4],需要在课程设置时,通过设计形式多样的活动或者游戏达到训练的目标。

(三)教学方法的创新和升级。随着时代发展和学生特点的变化,以讲授为核心的传统高职教育教学方式在实际教学过程中效果越发不尽如人意。高职院校在专业课教学中普遍运用慕课、翻转课堂等教学形式,引导学生自主学习,同时多用启发式教学、探究性教学、项目驱动教学、行动导向等教学方法,[5]通过分析研究典型案例培养学生的创新创业理念,提升创新创业能力。通过各种现代通信工具,强化师生之间的联系,敦促学生参与到专业课的教学中来,鼓励学生主动参与和积极思考,从而使得学生成为学习的主体,激发创新创业兴趣和热情。

（四）教学平台的设计与拓展。创新创业教育除了上述的理论知识支持，还需要大量的实践锻炼，经过实践检验和纠正过才能成为真理。学校通过提供了创业园、科技园等实践平台给学生施展的机会，无论是成功的喜悦还是失败的教训都是弥足珍贵的经历，在日后创业或职场中都将起到一定的作用。专业教育中的实践环节也能够提供培养学生创新能力的手段，具体课程中通过设置开放式的实践任务，鼓励学生开展创新。除了开放实训中心以进行实际动手操作以外，开辟出部分学时让学生利用已有平台自由发挥，根据各自的兴趣、能力去设计实现，自己提出问题并加以分析解决，将被动的操作课转化为主动的探索实践课。同时学校还可以组织科技竞赛、创新实验、课程设计、挑战杯大赛等形式多样的活动，引领学生增加参与度，极大地调动了学生学习的积极性和主动性。

（五）教学评价的多元化。传统的教学评价主要考查学生对理论知识的掌握程度，而这种评价方式难以反馈学生创新创业能力。而创新创业教育要充分承认和考虑不同学生的差异，不同能力、不同背景的学生会选择不同创新创业的道路，所以教学评价方式也应该相应的个性化、多元化。除了常规的书面考试和作业以外，可以布置与实际应用有关联的课题或项目，甚至可以让学生自主出题，通过演示、答辩等方法评价学生的创新创业能力。考核可以更加全面地涵盖理论知识、技术技能和创新创意，设立多模块的考核点，对不同模块设定不同的权重，尽可能真实地体现学生素质和技能的综合水平。一套恰当而有效的教学评价还能够反过来调动学生创新创业的积极性，所以设计一个灵活的多元教学评价考核体系至关重要。

参考文献：

[1] 贺腾飞,康苗苗."创新与创业"概念与关系之辩[J].民族高等教育研究.2016(04).

[2] 任之光,梅红.双创背景下高校教育教学改革探索研究[J].中国高教研究.2017(01).

[3] 匡瑛,石伟平.职业院校"双创"教育辨析：基于现实审视与理性思考[J].职教论坛.2017(02).

[4] 杨敏."创导式"专业课程教学改革实践研究——基于"三创教育"理论[J].中国职业技术教育.2015(29).

[5] 张天华,刘艳良.高校创业教育研究综述及问题对策分析[J].中国职业技术教育,2015(19).

德技兼修"课中课"

马前锋

高职院校的思想政治理论课长期存在"抽象的多,具体的少;理论的多,现实的少;观念性多,实用性少"等教学难题,现实中也存在"学生难学、老师难教、课程难上"的现状。而在当代职业教育转型的背景下,又需坚持技能教育和素养教育并重。为此,上海出版印刷高等专科学校创新性地将思想政治教育要点融入专业实训课堂中,形成了职业院校特有的"课中课"模式,使学生在动手操作中体验和感受思想政治教育要点,使职业技能和思想素养"双提高"。

首先,开发教学模块,设计融入要点。学校基于高职院校课程"够学、够用"的原则,实施"强化重点课程、整合基础课程、拓宽延伸课程、引进专业外课程"的课程思路,形成了"层次结构合理化、知识体系全面化、教学内容丰富化、能力培养拓展化"的课程模块。同时,结合学校自身特质,将印刷博物馆和实训基地列为思政课实践基地,逐步形成了以"政治思想"为灵魂、"职业素养"为主线、"阳光心理"为机制、"就业发展"为导向的思政教育理论模块。

其次,注重技能培养,细化教学内容。学校根据专业实训培养要求和行业发展需求,科学地将思政课融入实训课,保证了思政课要点与实训过程的切入融入,使教学贴近学生实际,使学生容易接受。同时,通过实训教学平台融入思政课要点,变学生被动学习为在体验中主动学习,使学生学习兴趣得以充分激发,从而提高了思政课教学效果,达到了实训教学的目的。比如实验技能课程的设计思路:基础实验技能训练使学生掌握一定的基础实验知识和操作技能,同时融入思政内容,培养其自主、认真、务实等职业素养。

再次,理论要点、技能行为和职业素养对接,架构"三位一体"的思政理论要点与实训结合模式。比如,"实事求是"的理论要点,对应的技能行为是"会就会,不会就不会,若不会,继续操作学习";培养的职业素养为"正直、诚实、勇敢"。"公共秩序"的理论要点,对应的技能行为是"自觉保持环境整洁,爱护机器设备";培养的职业素养为"自律、诚实、尊重"等。同时,以结合实训为契机,探索多种类型的教学方法,包括问题型教学方法、互动型教学方法、情感型教学方法等,把抽象的理论要点转化为现实的操作体验课。

最后,结合实训案例,在教学实践中积累"精彩一刻"。学校通过有启发的案例精心设计教学,综合运用教师课堂讲解、引导,师生讨论,学生演讲、辩论、心理游戏等方式,形成课堂上若干"精彩一刻",增强课程的吸引力和感染力。比如:课前启发式教育。实训课前,利用五分钟左右时间,采用视频、案例教学、图片讲解、讨论等学生喜闻乐见的形式,对其进行社会主义核心价值体系教育。课中体验式教育。实训课中,学生在教师指导下体验思政课要点对能力提高的作用。课堂体验中结合实际案例、图片、视频等,由行业技师现身说法引导学生领会;在教学过程中老师和学生都可以利用微案例、微视频配合思政课,发挥德育贴近生活、深入人心的特点,激发学生学习兴趣;利用思政课教学的理论知识提高学生的理论高度,用学生喜闻乐见的语言和形式阐述理论,讲身边的时事,把平时实训中遇到的问题拿出来分析总结。课后感悟式教育。实训课后,感悟分享思政课要点对提高职业技能的作用。如学生通过实训课中的技能训练,体验到社会主义核心价值观的要点是实实在在的"软实力";感悟到社会主义核心价值观等思政课要点在职业发展中的作用;明白了要点对培养技能、提高职业素养的意义,尤其是感悟到行业成功人士的成功秘诀和践行这些要点之间的内在逻辑联系。

通过以上"课中课"模式的改革实践,不仅提高了学校思想政治理论课的教学效果,也促进了学校专业实训课的技能训练提升,学生参与课堂的兴趣增强了,课堂中学习的动力更足了,对思政课要点的领悟加深了,同时对职业就业的预期也有自信心了。真正实现了社会主义核心价值观教育和专业实训课技能提高的"双促进"效应。

《中国教育报》2016年12月20日第11版

思想政治教育融入专业实训课的"课中课"同向同行模式创新研究

马前锋　滕跃民　张玉华

摘要：上海出版印刷高等专科学校在长期办学实践中,重视思想政治教育、专业实训与职业素养教育相互融合,形成了专业实训课与思想政治教育"同向同行"的"课中课"教学模式。该模式践行了习近平总书记在全国高校思想政治工作会议中提出的"提升思想政治教育亲和力和针对性,满足学生成长发展需求和期待,其他各门课都要守好一段渠、种好责任田,使各类课程与思想政治理论课同向同行,形成协同效应"的精神,实现了思想政治教育强化、职业素养培育和职业技能提高的"三促进效应",达到了学生获得感增强、教师幸福感提升、行业认可度提高的"三满意成效",取得了高素质技能型人才培养的丰硕成果。

关键词："课中课"；职业素养；三促进

一、思想政治教育融入专业实训课的"课中课"同向同行模式

高职教育领域存在重知识技能传授,轻思想政治教育和职业素养培养的现状,尤其是专业实训课教学存在着育德意识不强、育德能力不足、忽视价值观引领等问题。同时,一些高职院校思想政治教育存在"配方陈旧、工艺粗糙、包装不时尚"的现象,思想政治教育容易浮于表面,难以落地,教学效果不佳。

思想政治教育融入专业实训课,进而形成的"课中课"同向同行模式立足职业教育人才培养目标,坚持理论教学和实践教学相结合,以提高学生的职业技能为支撑点,注重培养学生的社会主义核心价值观和职业素养,使学生在专业实训的操作能力上独当一面、职业素养显著提升,在行业中更受欢迎,对职业发展更

有信心。

1. 教学设计：将实训教学内容与思想政治理论课要点相结合，实现协同育人。思想政治理论课教师走进专业实训课堂，将提炼出的理想信念、实事求是、遵纪守法、工匠精神、团队合作、环境意识等6个思想政治教育微要点融入专业实训课，把思想政治理论课的教学要点具体化为实训操作体验，从而把专业实训教学与思想政治教育有机结合起来。学生在技能训练过程中体验6个思想政治教育微要点。例如将"毛泽东思想和中国特色社会主义理论体系概论"课中"实事求是"的教学要点，具体化为实训操作中"会就是会，不会就是不会；如果不会继续找原因、摸索规律、操作学习"的微行为。强化学生正直诚实的职业微素养。这样思政要点和实训技能与素养也对应起来，统合为微要点、微素养、微行为的三"微"一体育人架构，从而把思想政治教育的价值引领作用落细落实。（见表1）

表1 三"微"一体育人架构

序号	思政微要点	职业微素养	技能微行为
1	理想信念	坚持、信念	碰到困难不退缩，坚持专注
2	实事求是	正直、诚实	会就会，不会就不会，若不会继续摸索学习
3	遵纪守法	规则、自律	每次训练后，总结是否严格遵守了实训规则
4	工匠精神	敬业、务实	操作中精益求精，耐心打磨，力求卓越
5	团队合作	助人、和谐	热心奉献，主动补位，不斤斤计较
6	环境意识	整洁、秩序	设备环境维护，实训废料分类处理

2. 教学过程：实施"三段式"教学，全方位融入德育元素。"课中课"教学模式实施过程包括课前启发式教育、课中体验式教育、课后感悟式教育。思想政治理论课教师通过课程开始的前5分钟，引出要融入实训课堂的思想政治微要点，引导学生特别注意实训中需要培养和体验的要点以及容易出现的问题。在课中的体验式教学中，思想政治理论课教师对学生在实训环节出现的粗心大意、畏难退缩、乱扔垃圾等行为，结合案例进行现场指导，培养学生遵守实训室规章、团队合作、敬业务实等职业素养。课后的感悟式教学是课程结束前5分钟让学生分享关于在职业规范、职业道德方面的感悟。学生通过启发、感悟、分享，体验到优秀职业素养的重要性。

3. 教学方法：实行"三精"教学法，打造"精彩一刻"课堂。"课中课"教学模式,通过"精"心设计,"精"选案例,"精"彩分享,形成了"三精"教学法,使实训课与思想政治教育融合更加紧密。教师经过大量的前期采访和调查,精心设计教学过程,开发出符合高职学生身心特点的系列微案例、微视频。教师用贴近学生的方法,在实训中将遇到的疑难问题带入课堂进行剖析,打造体验式课堂的"精彩一刻",增强了课程的吸引力。

4. 实施保障：相关职能部门通力合作提供坚实保障,营造协同育人机制。教务处、人事处等校内各部门通力合作、大力支持,为"课中课"同向同行模式实践提供强有力的保障。教务处在课时安排、教材改编、教学评价等方面给予了大力支持,使思想政治理论课教师和实训课专业教师能够通力协作、相互协调,注重过程评价。人事部门在工作量计算、绩效考核方面,给予教师团队相应的考评,科研规划处和财务处也给予专门立项协同支持。

二、思想政治教育融入专业实训课的"课中课"同向同行模式的运行效果

专业实训课堂融入思想政治理论微要点和职业微素养后,学生参与课堂的兴趣增强,提升了学习的动力,加深了对思想政治理论教育要求的领悟。在强化了思想政治理论教育效果的同时,也提升了职业素养、改善了专业技能训练效果。学生增强了对所学专业的认可度,对职业发展更有信心。实现了思想政治教育强化、职业素养培育和职业技能提高的"三促进效应",达到了学生获得感增强、教师幸福感提升、行业认可度提高的"三满意成效"。

1. 学生获得感和思想政治理论课教师、实训教师幸福感显著增强。思想政治教育融入专业实训课的"课中课"同向同行模式立足学生的全面发展,从"问题"入手,以职业技能为支撑点,在技能实训过程中融入思想政治理论微要点,职业微素养,使学生的技能水平有明显提高。使用现代技术手段,通过新媒体信息技术等改善课程"颜值"。课堂有吸引力,课程有亲切感,大大提高了学生参与课堂的主动性,甚至出现了"课前愿意来,课中愿意留,课后不愿走"的现象。思想政治理论课教师与专业教师协同合作,会使教师更加体验到职业价值,同向同行的意义,提高了职业幸福感。

2. 学生职业技能和职业素养明显提升。思想政治教育融入专业实训课的"课中课"同向同行模式不仅实现了思想政治理论课与专业课的"同向而行",也促进了技能与素养培育的"同学同步"。如果说职业技能是一棵树的枝干,职业素养就是一棵树的树根。实训课老师负责修剪树枝,思想政治理论课教师主要

负责不断地浇水施肥,这一教学模式就是把实训课与思想政治理论课融合在一起,让这棵树美丽又健康地成长起来。职业技能提高的同时,职业素养显著提高。学生在国内外各类技能大赛中屡创佳绩。充分体现了新时代中国高素质青年技能人才的职业素养和精神风貌。成绩的取得是人才培养有效性的体现,同时彰显了"课中课"模式的科学性,为我国高素质技能人才培养提供了借鉴。

3. 思想政治理论课教师与专业教师育人能力相互增进。思想政治理论课教师在"课中课"教学实践中,汲取大量专业素材案例,进一步丰富了思想政治理论教学内容,使得思想政治理论课更接地气,更有吸引力。由此,思想政治理论课"包装"更加时尚,"配方"更加新颖,"工艺"更加先进。通过"课中课"模式的实践,专业教师也养成了积极主动开展价值引领的意识,并在和思想政治理论课教师的密切协作中提升了德育能力。

4. 对接学校文化,实现了文化育人、行业育人。学校浓郁的校园文化底蕴和丰富的校企合作资源,是"课中课"教学模式开展的有力支撑。通过印刷博物馆现场教学和行业企业实践,学生在中国传统的印刷文明的熏陶中,感受到传统文化的厚重和历史传承的责任;从"红色印迹"展览中体会到革命年代的艰苦奋斗,进而培养了历史责任感;从企业实践中把握到印刷出版行业、文化传媒产业在传播先进文化方面的光荣使命。此举措为学生点亮理想的灯、照亮前行的路,引导学生脚踏实地锤炼自身素质,赢得人生出彩机会。通过行业融合,创新实践了"全程思政教育、全面思政教育、立体思政教育、创新思政教育"的范式。

三、思想政治教育融入专业实训课的"课中课"同向同行模式的教学创新

思想政治教育融入专业实训课的"课中课"同向同行模式创新性地将德育元素融入技能培养环节,使思想政治教育与专业实训目标互融,打通了显性技能培养和隐性素养提升的通道,是教书育人与实践育人相结合的成功案例,是职业教育"以心育人"的新途径,提供了培养高技能人才的活样板。

1. 提供了职业教育教学"同向同行"的范例。专业实训课融入德育元素,实现了职业技能培养与职业素养提升的相互促进效果,也实现了专业实训课与思想政治教育"同向同行"的协同育人效应。思想政治理论课教师走进实训课堂,促进专业教师重视言传身教作用,提升了德育意识和德育能力。提炼总结的"画龙点睛式、元素化合式、专题嵌入式、隐性渗透式"四种"课程思政"融入方式,为其他专业课程的"同向同行"起到了示范作用,带动了"课程思政"改革。"画龙点

睛式"是指在专业课的知识点和技能点的讲授中进行社会主义核心价值观、唯物辩证法等的点睛。"元素化合式"就是将专业知识、专业技能、思政要点三种不同的教学元素,进行有机的融合。"专题嵌入式"是专业课教师选择相关主题,在不打破原来教学结构的基础上,从思想政治教育的角度进行再次解读,以加深学生对这个专题的理解。"隐性渗透式"是指专业教师为人师表、以身作则、言传身教,潜移默化地影响学生职业素养的养成。

2. 打通了培养高素质职业技能人才的显性技能与隐性素养相结合的通道。专业实训课教师和思想政治理论课教师的协同共进,学生职业素养显著提升,同时又进一步促进了职业技能的提升。思想政治理论要点与实训要求紧密衔接,使对学生的思想政治教育、职业技能和职业素养的培养能够紧密联动,有利于培养面向"中国智造"和"中国创造"的高素质技能型人才,使之成为社会主义事业全面发展的合格建设者和可靠接班人。

3. 构建了"协同育人"教师群,提供了可复制、可推广的样板。紧密结合行业,对接印刷出版文化,创新了行业文化育人路径。整合"思政教师、专业教师、行业技师"3支队伍组成教师群,将思想政治教育的独角戏变为众多角色共同参与的同台演出。协同育人机制使思想政治教育的舞台变大,视角变宽,提高了职业院校思想政治教育效果。"课中课"模式实现了思想政治教育"进教材、进课堂、进头脑"的同时还拓展到"进专业、进行业、进社会",成为高职高专教育领域全方位育人、全过程育人的活样板。"课中课"的同向同行模式,有助于提升职业素养、培育工匠精神,也有助于在教育主阵地上宣传行业崇尚技能、尊重创造、尊重人才的典型经验。"课中课"同向同行模式作为职业院校"课程思政"的先行者,近年来对引领上海市职业院校"课程思政"建设起了示范作用,也有利于发挥其他专业课与思想政治理论课的"同向同行"协同效应,更好地落实习近平总书记在全国高校思想政治工作会议上的重要讲话精神。

《思想理论教育导刊》2018年第12期

广州、郑州、南京等地学校纷纷来"取经",上海这所高校的"课中课"有什么不一样

裘雯涵

图1-2 "课中课"模式创新性地将思政课融入实训课之中,打通了
显性的专业技能培养和隐性的素养培育相互促进的通道

2019年1月,上海出版印刷高等专科学校的几位教授来到广西职业技术学院,向那里的200多位专业带头人、骨干教师传授了来自上海的课程思政改革经验,解答了不少当地学校思政改革的困惑。

事实上,除了广西职业技术学院,广州、郑州、南京不少职业院校都借鉴了上海版专的"课中课"模式,进行实践。上海理工大学、上海工程技术大学在内的多所上海院校也来这里"取经"。上海版专常务副校长滕跃民告诉记者,"课中课"模式创新性地将思政课融入实训课之中,打通了显性的专业技能培养和隐性的素养培育相互促进的通道。不少学校推广这一模式后,解决了高职学校思政教

育"配方"陈旧、"工艺"粗糙、"包装"不时尚的难题。在2018年年底,该教学成果还获得了国家教学成果二等奖。

一、"工匠精神"从手机游戏讲起

让学生在动手操作中体验和感受思政要点,"课中课"模式具体如何实行?"目前,我们采取一堂课,两个老师的模式。"上海版专思政教研部副主任张玉华说为了将思想道德修养与法律基础课的内容融入实训课之中,他每个月都会去实践基地"报到",在车间和实训课老师给学生进行"三段式"教学。

实训课的前五分钟,是张玉华对学生的启发教育时间,他会用视频、案例、图片讲解等形式,对学生进行社会主义核心价值观教育。例如讲"工匠精神"的课堂上,他就以胡适的《差不多先生传》开场:"你身上是不是也有'差不多先生'的影子?工匠精神是否就是对'差不多先生'的有力回应?"这样一来,学生的兴趣就被调动起来了。

图1-3 思政课老师进行"三段式"教学

课前"热身"结束,张玉华就会将学生还给实训课老师,让印刷系学生进行调墨、印刷、刻板等实训练习。不过,他也不会闲着,而是在一旁进行观察,点对点地让学生体验思政课要点。

他说在一堂课上,一名学生没有认真学习,反而是躲在一旁玩手机游戏。这堂课正好讲的是"工匠精神",张玉华就问这名学生"你具备工匠精神吗?"得到学生否定的答复后,他没有放弃,反问:"你打游戏的时候不就很专注认真,不断提升技艺吗?"这个类比把学生给说乐了。张玉华接着说,其实从网游中,也可以提炼出工匠精神,但是网游满足的是自我需求,而实训课上学习的技艺却能产生社会价值,高下立判。这番话让学生大有感触。

课程最后,张玉华和实训老师对于学生的表现进行了总结,也让部分学生分享了思政课要点对提高技能的作用。不少学生都认为,相对原本的"说教式"教学,从身边的小事和专业内容来切入,他们更听得进去,明白了这些思政要点对于培养技能、提高职业素养的意义。

二、在"课中课"上习得职业素养、职业精神

为了让学生更容易接受"课中课",上海版专老师将思政微要点和职业微素养、技能微行为对接,变学生被动学习为在体验中主动探索,使其学习兴趣得以充分激发,从而提高了思政课教学效果,达到了实训教学的目的。比如,"实事求是"的理论要点,对应的技能行为是"会就会,不会就不会,若不会继续操作学习",培养的职业素养为"正直、诚实、勇敢"。这样,学生就能直观地感受到思政理论要点与实训之间对应的逻辑。

2013年"课中课"模式在学校试点实行以来,学校不少学生都受到了触动和

图1-4 老师给学生上实训课

启发。2012级印刷技术专业学生张淑萍现在已经留校成为一位实训课老师。她在第43届世界技能大赛印刷媒体技术项目上获得了银奖,还参与了上海申办第46届世赛的相关工作,以最好的状态向全世界展示来自中国的自信与魅力。记者了解到,她是学校实行"课中课"以后的第一批受益者。

张淑萍回忆,她曾经在"课中课"上受到一位思政课老师的启发,这启发也成为她世界技能大赛比赛中的"加分点"。当时思政课老师举了个日本6S管理系统的例子,告诉她们在实训完之后要把废弃材料分门别类地放好,这是最基本的职业素养。这堂课给张淑萍留下了很深的印象。在赛场上,她也牢牢记住了"职业素养"这一点,将比赛时的废弃材料全部收好。没想到,这个习惯让评委赞不绝口,也助力她获得了银牌。现在,张淑萍在实训课上也会强调这一点,她的职业素养和职业精神影响着学生。

三、思政课融入专业课,并非"扯两张皮"

为何学校要推广实行"课中课"模式?上海版专思政教研部主任马前锋告诉记者,过去,高职院校的思政课面临着学生迟到旷课现象严重,上课不认真听讲,补考量大面广的问题。老师上课也存在着"抽象多,具体少;理论多,现实少;观念性多,实用性少"等教学难题。

图1-5 马前锋在课上为学生进行实习指导

职业院校中,不少职业院校都很重视培养职业技能的实训课,但实训课和专业课的老师却没有融入思政元素的理念,教学模式单一,往往只注重学生的技能培训,导致部分学生参加技能比赛时,参赛综合能力不足。马前锋说,为提升上课"抬头率"、增强获得感,需要针对当代职业教育转型的背景,坚持技能教育和素养教育并重,贴近学生,改革教学方式。

目前,"课中课"模式已经获得了学校师生的认同,在此基础上初步打造成了"画龙点睛式、专题嵌入式、元素化合式"等课程思政改革实施标准。但专业老师在积极投入的同时,对如何获得更好的改革效果有一定的困惑,对此,市教委"课中课"项目主持人滕跃民老师表示,学校在思政课改革的设计思路中特意强调了"五项负面清单",即"不扯皮、不捆绑、不贴标签、不搞碎片化、不影响正常教学",这让大家打消了顾虑,也受到了不少职业学校校长的赞许。

在滕跃民看来,专业课的课程思政的改革不仅能对学生进行潜移默化的价值观教育,解决学风问题,也能促进教风的改善。接下来,滕跃民打算进一步打造"课中课"的升级版,培育更多有温度、有高度的专业课。学校93%的课程都是专业课,如何更好地让专业课老师发挥作用?在他看来,除了落实快乐教学和信息化教学,思政课老师可以先将思政道德、人文素养、职业操守的知识点进一步挖掘,并建立数据库,再让专业课老师进行有机的融合,"这样也能够让'课中课'变得更为科学化、专业化。"

来源:上观新闻,教育在线 2019-01-31

创新创业教育协同支持体系研究
——基于上海高职高专院校学生创新创业倾向的影响因素分析

韩　锋　滕跃民

摘要：高等教育招生规模的不断扩大，使得学生毕业后的就业压力持续增大，加之社会经济环境的不良影响，导致很多高职高专院校学生在校期间便会对就业方向感到茫然，创业也成为解决学生就业问题的途径和选择。学生的创新创业倾向对学生毕业以后的就业或者创业行为将会直接产生影响，为促进高职高专院校职业教育教学目标的实现，需要针对创新创业倾向的相关影响因素进行研究，从而建立创新创业教育协同支持体系，对职业技术相关专业的学生开展针对性创新创业指导，为学生毕业后的创业活动奠定基础。

关键词：创新创业教育；协同支持体系；影响因素

高等教育阶段是学生由学校向社会过渡的重要阶段，由于学生长期处于校园环境中，学习和生活环境相对简单，进入社会之后便会出现不适应之处，就业和创业行为都面临诸多问题。2014年李克强总理在夏季达沃斯论坛中提出"大众创业、万众创新"的口号，国内掀起创业热潮，高职高专学校作为职业教育的重要载体，学生在校期间会掌握较高水平的专业技术，而很多学生在校期间并没有具备明显的创新创业倾向，在校学习期间并没有针对创业活动进行知识和能力的储备，导致学生在毕业后进行自主创新创业活动时，便会面临诸多困境，不利于学生的专业技能和个人发展。针对大学生的创新创业倾向的影响因素问题进行探讨，并契合相关影响因素建立创新创业协同支持体系，帮助学生进行知识和能力的储备，对于促进学生创业行为活动的开展具有现实意义。

一、上海高职高专院校学生创新创业倾向的影响因素分析

（一）研究对象及研究方法

1. 研究对象

随机选取上海出版印刷高等专科学校、上海城市管理职业技术学院、上海工艺美术职业学院等高职高专院校的500名学生作为研究对象，配合完成问卷调查等研究过程。

2. 研究方法

问卷调查法：自主设计调查问卷，将创业指导师资配备、与专业教育融合的创业教育、创新创业教学方法、创新创业表彰机制、创新创业学习条件、创新创业实践大赛、创新创业课程体系、创新创业能力考评机制、创新创业氛围、校外实践活动开放程度、创新创业社团的组织情况等因素作为观察点，以确定影响学生创新创业倾向的主要因素[1]。

（二）研究结果

发放调查问卷500份，回收问卷500份，其中有效问卷493份，问卷回收有效率为98.6%。对调查问卷回答情况进行汇总，确定影响学生创新创业倾向的主要因素包括以下内容：

1. 创新创业氛围和环境

根据调查结果显示，学生的家庭环境或者生活环境中有创业成功的典型案例，能够直接触动学生产生创新创业倾向。一方面由于学生的原生家庭环境中有创业成功案例，使学生在潜意识中便具备观察市场情况的想法，市场分析意识和能力是创业活动的关键，学生通过家庭环境中的创业成功案例，会潜移默化影响其自主创业意识；另一方面学生的学习生活环境中有创业成功案例，使学生感受到创业的专业发展前景，有助于引导学生建立创业自信，并在周边环境的利好心理作用下，产生创业的冲动和欲望[2]。

2. 创业指导师资配备情况

高职高专院校开展创业指导工作需要以优质师资力量为载体，当前高职高专院校的师资队伍中，教师具备职业技能的教学能力，但是却难以实现有效的创业指导，一方面由于教师自身缺乏创业的理论知识和实践经验，导致教师的创业指导缺乏有效性，学生难以通过教师的创业指导过程产生创业冲动和欲望；另一方面，高职高专院校重视创业指导工作，但是却忽视创业指导的师资团队建设，

导致高职高专院校的创业指导工作一直停滞不前。

3. 校外实践活动开放程度

校外实践活动是学生接触社会的重要途径,学校校外实践活动的开放程度将会使学生对社会环境、专业就业以及专业未来发展趋势有更为直观的体验。校外实践活动开放性较强,能够使学生了解更为真实的社会环境、实际工作岗位的专业技能需求,学生能够在实践活动中总结自身在专业技能发展方面存在的优势和劣势,从而根据自身的实际情况决定就业或者创业的路径选择;校外实践活动开放性较弱,则难以体现校外实践活动的实践价值,学生无法通过校外实践活动,准确获知自身专业技能在就业或者创业方面存在的差异,依然会在专业学习过程中处于较为茫然的专业发展状态,因而校外实践活动的开放程度对大学生的创新创业倾向也会产生直观影响[3]。

4. 创业教育与专业教育的融合程度

现代社会学生的学习和生活环节与社会的链接关系相对紧密,学生的亲社会意识和行为也更加明显,即使高职学生对于创业活动也能够具备相对理性的认知,学生往往会对自身熟悉的领域和项目产生创业倾向,而对于自身较为陌生的行业则不会产生创业的想法和动机。高职学校的创业教育与专业教育的融合程度较高,学生在进行专业学习的过程中,便能够对与专业相关的市场环境、未来发展前景、创业的专业需求等内容有所了解,使学生能够对创业行为活动更加熟悉,进而在专业学习的过程中进行针对性学习和完善,提升学生的创业自信,为自身的创业活动奠定基础。

5. 创新创业教学方法

当前职业教育领域倡导办学机构能够契合社会的职业需要进行办学定位,在专业教育工作中将学生的社会就业、职业发展作为教学导向,学生需要通过在校学习,实现自身专业知识向职业技能的转化。而当前高职学校的专业教学过程中,针对创业教学仅为泛泛而谈,缺乏针对性和有效性,导致创业教育难以发挥理想的创业引导作用,学生也难以具备扎实的专业技能和创业能力[4]。学校为提升学生的创业意识,需要重视自身创业教学方法的创新,利用教学形式和教学内容的创新,调动学生的学习兴趣和主观能动意识,引导学生的创业倾向发展。同时当前社会环境呈现多元化发展趋势,创业的形式也更为多样,学生的创业选择空间也更加宽泛,学校在创业教育活动中重视理念和方法的创新,有助于引导学生的创新意识发展,也能够帮助学生了解更多的创业选择方向,使更多学生能够产生创业倾向。

6. 创新创业能力考评机制与创新创业表彰机制

表彰属于激励机制的重要内容,学生在学生阶段往往属于过于自信和过于自卑的矛盾结合体,应用创新创业表彰机制,有助于学生建立正确的自我认知,引导学生的创业倾向不断发展。学校建立创新创业能力考评机制,能够对学生的创业能力、专业素养、社会行为意识发展情况等内容进行综合性考察和分析,对考评结果较为理想的学生进行适当表彰,能够从专业角度对学生的创业能力储备情况进行分析,并在综合性评价中为学生提出有效指导意见,以实现创新创业能力及主观意愿的持续发展。

7. 创新创业学习条件

学生处于专业知识、职业素养及社会行为能力的发展阶段,持续性的学习活动有助于促进学生的全面发展,学习条件是决定学生学习成果的关键。高职院校的创新创业学习条件将会直接决定学生的学习态度和学习成效。通过问卷调查结果分析能够得出,有超过70%的学生认为所在学校的创新创业学习条件不能够满足自身的学习需求,学校的创新创业学习仅重视理论教学,在创业实践活动、创业项目孵化等硬件条件方面存在诸多不足,学校在创新创业学习条件方面存在的不足,使学生难以通过学习活动获得创业实践体验,进而影响学生的创业倾向发展[5]。

8. 创新创业课程体系

由于教学周期的影响和限制,高职学校学生的在校学习时间相对有限,为完成基础课程教学任务及专业教学任务,很多高职学校都没有建立完整的创新创业课程体系,学生也无法进行全面的创业知识学习。创新创业活动需要学生能够对专业知识、法律、财务、企业管理、综合服务等相关知识有所了解,创新创业课程体系也应当涵盖相关内容,学校没有建立与创业活动相应的课程体系,学生在创业知识方面也难以学有所得、学有所用,学生缺乏知识储备,便会限制其创新创业倾向和意识形成。

以上因素为影响学生创新创业倾向的主要因素,通过对调查问卷的调查结果进行分析,创新创业实践大赛、创新创业能力考评机制、创新创业社团的组织情况等其他关键考察点也会对学生的创业倾向造成一定程度的影响。为提升高职高专院校学生的专业创新及创业能力,需要建立创新创业教育协同支持体系,使更多学生愿意创业、敢于创业,为社会经济发展注入新的活力。

二、创新创业教育协同体系的组成要素

所谓教育协同,是指与大学生创新创业活动具有直接关系,且能够发挥教育引导作用的各主体要素,其中包括政府、高校、社会企业、大学生自身等部分内容,进行创新创业教育协同体系建设,需要将各方主体涵盖在内,充分发挥各方的协同作用[6]。

1. 政府

政府等行政职能机构应当发挥创新创业教育牵动作用。高职高专院校开展创新创业教育,是为未来社会储备经济可持续发展的人力资源基础,政府应当从行政层面为大学生的专业创新和创业活动搭建平台,整合教育资源,对高职学校的相关教育工作进行理论指导,为高职高专学校的创业教育提供咨询服务。同时各地方政府应当根据高职高专院校的专业技能型人才特征,制订相应的创业扶持政策,通过给予税费减免、银行信贷担保、法律援助等方式,为大学生营造良好的专业创新和创业环境。

2. 企业

企业是对大学生进行专业技能实践的重要途径,为发挥企业在创新创业教育协同机制中的协同作用,企业应当通过与学校合作的方式,提升高职高专院校的校外实践活动开放程度,建立专业实习基地、创业模拟演练基地,组织开办创业相关的知识讲座,使大学生能够在企业的环境和氛围中锻炼自身的专业能力,思考自身未来的发展方向,并通过专业实践过程,拓展学生的专业和职业发展视野,帮助学生建立自己的"创业梦"[7]。

3. 高职高专院校

高职高专院校是对学生开展创新创业教育工作的实施主体,在日常教学管理工作中,高职高专院校要结合自身的专业领域发展优势,将创业指导工作与专业教学相结合,提升创业教育工作团队的师资水平,使学生能够在专业技能学习和转化的过程中,便逐渐积累与专业创业相关的知识和能力,通过专业学习过程不断培养和历练学生的综合素质、专业发展能力,重视与政府行政主体、企业主体的合作,为学生提供多种形式的创业教育,包括理论指导、实践指导、政策指导以及市场指导等内容,从而为学生的未来创业活动奠定基础。

4. 大学生

高职高专院校的大学生为满足创业活动的实际能力需求,需要不断提升和

坚定创业意识,培养和提高自身创业精神[8]。通过创业指导教育活动,掌握创业相关的理论知识,能够全面了解当地在创业方面制订的利好政策,提高自身的市场风险防范意识,积极参与专业实践活动,全面提升自身的综合素养和社会行为能力,通过实践过程积累创业信息,为自身的创业活动做充足准备。

三、构建创新创业教育协同体系的有效措施

1. 政府与企业发挥协同作用

政府与企业能够在大学生创业方面提供诸多运行保障,创业项目孵化、市场信息咨询、创业资金扶持、法律援助等方面都能够体现政府的社会责任履职能力,而在场地、技术以及创业指导方面,企业又具有巨大优势。政府以及相关行业企业应当积极响应国家的"大众创业、万众创新"的号召,为大学生的专业创业提供便利条件,政府通过税惠政策鼓励和调动社会企业能够积极参与大学生创业项目的孵化工作,建立青年创业见习项目为大学生创业教育提供实践机会,通过政府和企业的协同作用,促进高校创业教育的可持续发展。

2. 高职高专院校与大学生的协同作用

高职高专院校开展创新创业教育工作需要结合学生的实际需求,不同专业学生的创业环境、发展契机和空间可能存在较大差异,学校需要发挥自身的教育资源优势,为学生提供专业信息、行业信息、市场信息等内容,组织多种形式的创业实训活动及实践训练项目,侧重对学生进行创业技能培养,引导学生的创新创业倾向发展[9]。同时学生也需要积极与学校进行有效沟通,及时向相关教师或者学校反映自身在创业实践中的需要,通过学校平台得到外界的教育引导和帮扶,树立创业意识,大胆实践和创新,以促进学校专业技能应用型人才培养目标的实现。

3. 评估机制与反馈机制发挥协同作用

高职高专院校作为倡导创新创业教育的主体,同时也是实现创新创业教育可持续发展的载体和平台,学校应当建立创新创业教育的评估机制和信息反馈机制,发挥自身的教育资源优势,将政府、企业、学校、学生各方,在创新创业教育和人才培养方面的有效信息进行沟通、互动。评估机制包括:对政府的政策、教学信息、资金扶持等方面的支撑作用进行评估;对企业的创业实践支撑作用进行评估;对学校自身的创新创业教育课程体系、教学方法以及教学活动进行评估;对学生在创新创业主观意识、能力发展方面进行评估。通过评估机制形成综合性评估结构,并将其形成评估信息转入到信息反馈机制中,教务管理部门根据相

关信息反馈情况,及时对参与各方进行组织协调和教育调整,提升创新创业教育的有效性[10]。应用评估机制与反馈机制的互动和系统,形成创业教育和学生创业需求的良性循环,保证学校的创新创业教育能够持续进行,进行源源不断的创新创业优质人才培养。

四、结束语

高职高专院校开展创新创业教育活动,需要结合学生的专业发展需要,引导学生树立创新创业倾向,并以学校为中心点,建立政府、企业、学生各方共同参与的协同支撑体系,对学生开展针对性的创业教育活动,使学生不仅具有专业知识,同时还要具备专业实践、创业实践的深层次能力,应用协同体系的教育力量,强化学生的创业素质和创业精神,为社会源源不断地培养高素质人才,为促进社会经济的持续发展贡献力量。

参考文献:

[1] 李阿利,邓小波,胡扬名.中西部本科院校创新创业教育效率研究——基于湖南15所高校的调查数据[J].湖南农业大学学报(社会科学版),2018,(3):92-96.
[2] 成鹏飞,吴玉婷,周向红,等.基于电子商务的大学生创新创业影响因素研究[J].当代教育理论与实践,2018,(2):31-35.
[3] 孙珊.众创时代高校创新创业教育实效性影响因素及提升路径[J].教育与职业,2018,(11):63-66.
[4] 刘宇,吴小钗.江苏大学生创新创业教育绩效的影响因素研究[J].黑龙江高教研究,2017,(1):121-125.
[5] 崔岩松,刘欣.高校大学生创新创业现状及多元孵化方式——以北京邮电大学创新创业教育实践为例[J].北京邮电大学学报(社会科学版),2018,(2):97-101.
[6] 刘建勋,雷亚萍,朱治安.非课堂因素对创新创业能力的影响因素分析及评估[J].西安工业大学学报,2016,(7):568-572.
[7] 齐立辉.基于生态理论的高职创新创业教育共同体构建[J].继续教育研究,2018,(9):43-49.
[8] 方毅,王艳艳.高职院校创新创业人才培养模式探索与实践[J].价值工程,2018,(26):219-220.
[9] 林琳.基于区域经济对接的高职创新创业人才培养模式研究[J].职教论坛,2018,(7):138-144.
[10] 金航飞,贾少华.高职创业型大学的建设路径探讨——基于创业学院视角[J].职教论坛,2018,(3):134-138.

高校课程思政协同育人机制构建路径及策略分析

滕跃民　韩　锋

摘要：思想政治教育是帮助学生端正思想、立德树人的过程，高校的思想政治教育工作内容复杂、受外界因素影响较大，需要全方位和协同性的育人体制机制建设。构建课程思政协同育人机制能够强化思政育人效果，提升思政教育的有效性和针对性。高校课程思政教育工作不仅仅局限于辅导员和思政教师，学校应构建多学科、全方位、系统性参与的协作机制，形成相互支撑、协同联动的教学育人体系。本文分析高校课程思政的重要作用以及当前课程思政教育工作面临的困境，探究高校课程思政协同育人机制构建的有效策略。

关键词：高校课程；思政协同；机制

随着新媒体技术和经济形势等社会环境的逐步发展，高校思政教育工作面临全新的任务和挑战，为契合教学环境以及教学任务的改变，需要高校能够形成课程思政的协同育人机制，将各学科教学活动中渗透思政教育理念，形成学科教育与思政教育的联动配合，促进高校学生综合素质和价值素养的有效提升，提高整体德育建设水平和思政教育合力，实现高等教育的教学目的。

一、课程思政的价值与任务

(一) 课程思政的价值需要课程体系的配合

虽然高等教育将专业区分得比较具体，但是每个专业和学科其实都与精神引导和价值观念密切相关，学生未来的工作和学习离不开这些思想的指导。这些课程其实可以密切联动起来，组成一张课程思政的交织网络，搭建一个立体的思政教育系统和"思政课程"体系,对大学生提升专业素养、提升精神境界、锻炼品格意志、培养文化内涵、形成政治素养都会有很大的帮助,统一完整的课程体系能够相互协调,深化学生的思想认识和理论认知,保证育人目标的顺利实现,相比于单纯的思政课程,效果将会明显不同。

(二)课程思政的根本任务是立德树人

思政教育引导学生转变思想观念,树立正确的世界观、人生观、价值观,培养出适合社会需要、全面进步的高素质精英人才。教学工作重在立德树人和价值引导,注重道德教育和思想政治教育,只有课程思政的有效推进和科学实施才能保证后续大学生的专业技能知识学习能扎实和稳固推进。高校思政教育必须以学生的发展需求作为工作方向,将社会主义核心价值观的重要思想融入思政教学中,使其深入学生的内心,结合各类课程和实验实训,完成立德树人的最终任务。思政教育工作应紧紧围绕育人目标,突出特色教学,明确教学理念,做好学生思想的引导工作。

(三)课程思政的价值具有多元性

高校的课程思政具有全面的、多维度的特点,其表现出的观念对学生的思想有良好的引导作用。思政课程需要衔接各类学科同时进行思想政治教育,不同课程的德育方法、实现方法不尽相同,不断加速实现"课程思政"载体的延伸配合。高校思想政治课是德育建设和思政教育的重要渠道,促进学生思想进步,进一步增强政治思想认同,是高校思政工作的重要基础,而其他学科在高校思政教育中也占有很重要的地位,课程思政将对大学生产生深远影响。

二、当前课程思政及融合工作出现的问题与困境

(一)思政教学理想信念需要进一步提升

当前社会风气中存在的拜金主义、享乐主义等不良思想对于大学生的思想意识也会产生不良影响,学生容易出现思想和价值观念的偏差,过分地重视个人利益,以自我为中心。错误的道德观念也可能引导学生失去行为底线。高校的思政教师教育理念需要进一步提升,部分教师课堂上利用课件进行简单的复述传达,将知识点灌输给学生,没有激发大学生的主动性、积极性,大学生对于思政课程存在认识上的误区和盲点,容易导致思想政治课程丢失了本应有的价值和应用意义。

(二) 思政课程教学改革需要进一步加强

高校思政课是国家政策方针及相关制度传播的重要路径渠道,对于引导大学生全方位成长成才具有重要作用。长久以来高校思政课程一般以理论教育为主,重理论轻实践、强政策弱应用的教学已经不符合课程思政的客观需要。理论知识需要进一步融合案例,相关政策规定需要进一步结合学生成长实际,需要突破传统教学模式和内容的限制,创新教学方式方法,提升思政课程的吸引力,改变实践教学形式单一、流于形式的困境,通过社会实践、校园文化活动、社会调查、校外参观等多种形式提升思政课程的效果,把理论知识点和社会实践内容紧密结合、系统衔接,强化思政课程教学改革与教学方式方法创新,促进思政课程课堂效能性。

(三) 高校内部思政教育体系需要进一步融合

完善思政教育整体性目标和具体性目标是目前高校思政体系工作需要进一步加强的重要工作。高校内部的教学分工越来越细,导致了很多部门自成体系,单独运行,拥有自己的管理体系、组成结构、考核标准和任务目标,过分独立化致使各系统内部的教师做法不一,同时部分高校的考核制度不完善,对各部门的情况缺少有效的绩效管理,没能将各部门和教师联系起来,对授课效果和教学进度缺少重视,致使教师在执行具体工作时随意性比较大,高校整体的目标没能得到执行和落实。学校需要构建专业型、多层级、全方位的课程思政育人体系和课程机制,使"课程思政"理念深入人心,逐步凸显"课程思政"的育人效果和思政效能,巧妙地将社会主义核心价值观和各类政策规定的精髓要义融于各类专业性课程的课堂教学之中,在潜移默化中推进德育目标和思政教育功能的实现。

(四) 思政教育协同工作需要进一步加强

高校思政教育工作的主要力量一般由两部分组成,一部分是学校的思政任课教师,另一部分则是每个学院系部的辅导员。辅导员在学生管理工作中起到了很重要的作用,但是其自身职能体系和责任分工存在部分困境。这些情况导致辅导员队伍主动协调能力不足,在很大程度上限制了思政工作的协同育人进程。由于职责划分并不明确,辅导员通常还被安排了一些其他工作,影响了他们推动思政工作有序向前的步伐。在全员育人的思政教育背景下,需要进一步融合辅导员、思政专业教师、学校职能部门工作人员等多个队伍,全方位、多角度地进行思政工作,真正实现思政教育工作的协同育人。

三、高校课程思政协同育人机制构建的有效策略

（一）引导教师树立正确的育人理念。一些高校的教师对思想政治教育的深刻意义认识不足，思想政治教育和人才培养之间的联动意义没有充分认识，对教育任务和德育建设存在认识上的偏差，立德树人的重要性需要进一步提升。思政教育工作包含人才培养的多个方面，高校应引导教师树立正确的育人理念，各学科教师、辅导员队伍、行政管理人员都应该有立德树人的使命感，做好此项工作，发挥自身的作用。高校思政教育不仅仅是思政课教师和辅导员的任务，应该是所有教师的共同目标，所有的教师不仅要教会学生专业知识和技能，同时还应肩负传递正确思想的任务，引导学生树立积极向上的思想观念，养成健全的人格，使思政教育贯穿整个教学过程，体现在每个教学环节上，教师做到教书育人、实践育人、管理育人、文化育人，形成长效化的育人机制。高校需要加强教师的教育培训和引导，使教师具有思政教育人人有责的观念，在思想上做到协同育人。

（二）建立注重实效的考核制度。高校的育人目标应做到一致性，保证各部门的目标与学校宏观战略目标相契合，将各系统有效联合在一起，这就需要高校落实管理制度，做好理想信念的引导，建立有效的评价机制，使教师的思想和行为都围绕立德树人的目标展开。高校思政工作协同机制的建立一定要有考核制度的支撑，学校可以完善相关制度，以育人实效作为考核的重点，在考核中体现多学科协同育人的目标，重视立德树人的落实，做好个人与部门考核的一致性。例如，学校可以在考核中突出体现立德树人思想的任务分解与相互协作，对于需要共同完成的任务进行共同考核，从而促进各部门之间的协同工作；相关部门对各个学院进行考核，考察科研、教学和思政工作的平衡性；调整教师考核和职称评定的规则，提高对思政育人工作的要求，将思政工作作为重要考核项目。

（三）建立教学与学生工作的协同育人机制。高校思政工作复杂而繁重，学校应对关键资源进行整合，将学生的日常行为管理和教育工作进行融合，建立各学科教学与学生工作协同育人机制。高校可以建立教学与学工协作考核机制，经常组织各学科教师与学工人员进行工作讨论，使工作内容、考核方向上有一些共同之处，加强合作，实现一定程度的融合；加强师德师风建设，帮助教师对课程思政的相关理念有清晰的认识；教学与学工共同开展学习竞赛、课外实践和创新活动，并将学生的这部分表现纳入学分体系，实现课堂与课外的协同管理；制定

学校特色理念与立德树人教育目标一致的教学计划和人才培养方案,对教学内容进行优化设计,发挥教学与学工协同育人的作用,将教学与学工的优势有效融合到人才培养过程中,使思政课教师摆脱单一的课堂教学模式和说教模式,通过做学生工作来完成思政教育;使辅导员提高自身思政教育的水平,做到既能站得上讲台讲得了时政课和思政课,又能从学生学习生活等各个方面更高效地引导学生的成长,使学生的道德水平和思想政治素质提升。

(四)打造协同育人信息平台。思想与制度的统一是协同育人的基础,想要使协同育人发挥最好的效果,就需要建立有效的协作机制。高校可以打造一个用于协同育人的信息数据平台,利用平台对各方资源进行整合,对大量的信息进行有效处理。思政工作人员和各科教师都可以通过网络平台与学生进行深入对话。新媒体时代,网络舆情使思想政治教育环境复杂化,对受教育者的学习生活、思维方式、思想观念、政治观点、道德判断、价值取向等产生广泛而深刻的影响。需要进一步加强新媒体时代网络新技术和平台建设步伐,网络信息技术为思政教育工作带来了巨大的便利,很大程度上降低了人工成本和资源消耗。平台可以将教育、科研、新闻热点、图书等各种内容纳入其中,实现信息共享,记录所有师生的任务活动,促进师生互动,切实有效地进行教学与学工协同育人工作,使课程思政与日常管理变得更加清晰,有利于顺利执行,有效地避免了一些不确定因素导致的协同育人工作流于表面,执行不彻底、不长久的状况。

四、构建高校课程思政协同育人机制有效策略的可行性

实现高校课程思政协同育人机制的建设目标,需要从教育理念、教育内容设计、教育工作管理以及教学资源等方面进行优化,以保证相关教育工作的顺利实施。传统思政教育仅限于思政课程教育环节中,建立课程思政协同育人机制,需要体现不同课程的协同作用,将思政教育融合于各学科教学活动中。教育管理工作是保证教学工作顺利开展的关键,教学与学工的协同育人能够为教学管理工作的顺利开展奠定基础,使"课程思政"理念深入人心,逐步凸显"课程思政"的育人效果和思政效能。协同育人信息平台建设能够实现思政教育模式的优化和革新,同时实现高校思政教育的与时俱进。

思政教育是高校教学的重要部分,对于大学生的世界观、人生观、价值观产生重要影响。高校德育工作的根本任务,就是促使大学生树立科学、开放与发展的世界观、人生观和价值观。学校应转变教师的观念,树立正确的育人理念,建

立切实有效的考核制度和联动育人机制,加强多学科教师与辅导员、班主任的协作,创建思政教育信息平台,形成高校课程思政协同育人机制和联动配合体系,有效完成思政教育工作和德育建设目标,进一步提升学生的综合素养和专业技能。

参考文献:

[1] 高锡文.基于协同育人的高校课程思政工作模式研究——以上海高校改革实践为例[J].学校党建与思想教育,2017(24):16-18.

[2] 石丽艳.关于构建高校课程思政协同育人机制的思考[J].学校党建与思想教育(高教版),2018(10):41-43.

[3] 王海威,王伯承.论高校课程思政的核心要义与实践路径[J].学校党建与思想教育,2018(14):32-34.

[4] 朱小芳.当前高校思想政治教育工作协同机制研究[J].学校党建与思想教育,2018(3):19-21.

[5] 李首鹏.高校思想政治教育资源整合路径探究[J].山西能源学院学报,2018,31(2):53-54.

[6] 韩锋.新媒体时代高校思想政治教育环境的舆情困境及优化路径[J].新闻传播,2017(18):4-5.

[7] 贾洪岩,韩锋.多维视角下大学精神的德育功能[J].中共云南省委党校学报,2017,18(3):109-112.

《山西能源学院学报》2018年第6期

高职院校广告传播专业课程的德育融合探究

张　翠　马前锋　张玉华

摘要：本文主要探讨高职院校广告传播专业课程与德育之间的融合之路，提出高校的德育应该将思想政治教育融入专业课程教学和改革的各环节、各方面，围绕"知识传授与价值引领相结合"的课程目标，实现立德树人目标。在新的媒体环境下，高校广告专业课程要和德育工作相结合，为学生的专业学习把握方向，引领正确的价值观，提升广告专业学生的社会责任感。

关键词：德育融合；广告传播；新媒体；价值观

一、国内外高校对学生德育素质培养的现状

国内外高校历来重视学生德育素质方面的培养。从国际方面来看，教育强国是美国实施的全面道德教育方式，即将道德教育融合在各科教育之中，而不专门开设一门道德教育课程。这在一定程度上实现了德育素质教育的全方位融合，避免了由于专门开设道德教育课说教为主而使学生产生抵触。

亚洲的韩国也相当重视德育的融合，提出"德育的总目标是发展价值判断能力，以解决在人类不同的社会环境中由于价值观的冲突而造成的各种道德问题；形成实践这种价值判断的强大意志力；热爱自己的国家、民族和传统文化"。韩国的道德课程经历过多次改革从而不断完善。这种不断改革道德课程体系的过程，也是不断强化在不同历史时期和阶段学校德育的过程。

我国经济、科技、文化等方面迅猛发展，与世界各国交往、合作的程度也越来越高。在这种背景下，避免一部分大学生的德育与智育失衡甚至分离，德育内容匮乏脱离实际，应探索哲社科学课程、专业课程育人的功能，目前是高校德育课

程改革的目标。以专业教育课程为载体,来落实思想政治理论教育,在此方面,上海一些高校开展了改革试点并获得了成功的经验。高德毅,宗爱东在《课程思政:有效发挥课堂育人主渠道作用的必然选择》中提出:上海外国语大学实施"关于在外语课程教学中挖掘思想政治教育资源"教学改革,必修课"中外时文选读"课程,由思政课教师梳理提供我国国家领导人在国外大会上的演讲或最新报刊上发表的文章,由专业课教师在课堂上进行讲解,受到学生的欢迎,对"课程思政"的理念和实施方案进行了初步的探索和实践。[1]

二、高职院校德育工作存在的主要问题

作为培养实用技术型人才的高职高专院校,加强学生专业知识和专业技能的培养是首要任务,同时,加强学生的思想品德教育也是高等职业院校义不容辞的责任。目前我国高校的思想品德教育主要是以思想政治理论课为主渠道,教学方式比较单一枯燥,学生普遍接受度不高,说教的内容容易产生抵触情绪。笔者认为存在的问题主要来自以下两方面:

1. 缺乏健全的德育机制和科学理念。长期以来,大学生思政教育似乎自成一体,高校阶段的"学科德育"并未深入人心,高校思想政治教育存在"孤岛"困境,未能根本改变。从整体看,思政教育与专业教学"两张皮"的现象仍然存在,两者并未有机融合起来。该问题具体体现在:① 在教育理念上,不能正确认识知识传授与价值引领之间的关系;在队伍建设上,教师育德能力和育德意识有待提升;在人才培养上,各门学科思想政治教育资源没有得到充分挖掘;在管理机制上,多部门合力推进思想政治教育的机制体制有待进一步完善。② 过去那种只依赖思政课老师进行大学生德育教育的局面亟待转变为每一位老师都要成为学生德育的主力,将思想政治教育贯穿于学校全员育人的全过程,将教书育人的内涵落实于课堂教学的主渠道,坚持"以德树人"。特别是与学生密切联系的专业课教师更要转变观念,将育人的理念贯穿于专业课堂中。

2. 德育内容脱离实际,方法单一。当前很多高职院校所传递的德育内容和信息比较单一,大多展示的都是传统教育方面的内容,知识比较陈旧和枯燥,内容更新速度慢,语言也不够生动活泼,所以对学生缺乏吸引力。德育课程的教学没有跟上社会的发展,因而脱离实际。随着当今社会的巨大变化,学生思想转变速度也非常快,德育教科书上单一的结构和教条的内容难以凸显新时代大学生的个性,课堂教学缺乏互动,忽略了大学生个体的情感需求和个体差异,因此,学

生对于教师在德育方面的教育缺乏共鸣并难以接受。传统的课堂德育方法也比较单一,多通过课堂灌输的方式让学生接受教育,虽然教师通过多媒体技术手段如制作PPT课件、播放小视频等方式活跃课堂气氛,但也只是从感官方面刺激学生,而忽略了学生对德育内涵的理解。如今在新媒体的自由开放环境下,价值观也呈现出比较多元的现象,如果还依赖单一的德育方法,就容易使德育脱离学生的生活实际,无法发挥其作用。实际上,高职院校的德育建设应该重视与专业课程的结合与社会实践,让学生在专业课程学习、素质拓展、团队活动等多种多样的形式中获得深刻的情感体验和实践经验。

三、广告传播专业开展德育工作的重要性

探讨高职院校广告传播专业课程与德育之间的融合之路,提出高校的德育应该将思想政治教育融入专业课程教学和改革的各环节,围绕"知识传授与价值引领相结合"的课程目标,实现立德树人润物无声,是一种"隐性思政"。将德育和专业课程教育之间相互融合,把思想品德教育渗透到专业课的教学当中,弥补了上述单一思政课的不足,而从专业课程的多个角度和层次落实德育内容,强化德育工作全面育人的历史责任,大大开阔了高校德育视野,拓宽了高校德育的内涵。

实施广告传播专业的"隐性思政",其重要性主要体现在以下两方面:

一方面,高职院校广告传播专业的课程内容交叉性强,属于专业覆盖范围相当广泛的年轻学科。在市场经济环境下,广告早已成为成熟商业社会的一部分,充斥于人们的日常生活。大众媒体的信息传播范围覆盖面非常广,不良的广告信息容易产生负面的社会影响。广告专业作为实践操作性非常强的一门学科,急需将职业技能学习和德育思想教育两者有机融合,培养学生正确的价值观、人生观,设计并制作出符合社会主义核心价值观的优质广告作品。

另一方面,随着互联网的迅猛发展,新媒体形式不断出现,各种门户网站、微博、微信、聊天工具、BBS平台、智能手机等媒体不断迭代更新,带给师生大量的即时的信息和数据,极大地影响着高校师生的思想、学习、生活和行为习惯[3]。加之全球化进程不断推进,这使得价值观也呈现出多元化的趋势,新媒体、全球化正悄然改变人们以往的传播形态。广告传播专业学生有着高度的媒体敏锐感,尤其是新媒体的接触触角更加广泛,学生对于媒体信息的理解、受到媒体的影响也较之其他专业更深刻。

因此,在新的媒体环境下,德育工作的开展和渗透就显得尤为迫切。高校广告专业课程要和德育工作紧密结合,为学生的专业学习把握方向,引领正确的价值观,尤其是互联网时代加强对广告专业学生的思想道德教育,能够培养大学生良好的道德品质和提升社会责任感,为传播社会正能量提供人才保障。

四、广告传播课程与德育的融合

要使广告专业的相关课程与思想政治理论课同向同行,注重以专业技能知识为载体开展育人工作,挖掘广告传播专业课程中蕴含的思想政治教育资源,从课程目标、课程内容和教学环节、教学方法与策略、教学资源分配等多方面制定课程方案和编写教学指南,并在此基础上提出相关建设意见和方案,具体做法可以考虑从以下几点入手:

1. 新媒体环境下,引领学生树立正确的价值观

广告传播专业与社会连接紧密,与媒体的发展更是息息相关,广告专业学生接触新媒体的机会也更多,容易受到不良信息的影响。在专业学习的过程中,教师尤其要注意正确引领学生的价值观。以往德育大多采取单一说教的灌输式教育,脱离学生的实际生活。而采用新媒体形式与学生平等交流,承认价值的多元化,注重吸收其他民族文化中的优秀元素,让受教育者成为知识信息的参与者和共享者,有利于改变他们被动地接收信息的状况。大一阶段开设的广告专业基础课"广告原理与实务",教师可以带领学生开展社会实践活动,走上街头采集具有正能量的精彩广告案例,尤其是公益广告作品,弘扬社会新风尚,摒弃不良的广告宣传,让学生了解到广告传播的信息需要通过正规的媒体渠道,用正面的形式来表现。

2. 提高学生的人文修养,营造良好的校园环境

大学校园是育人的一方沃土,开展具有鲜明特色的校园活动来丰富校园文化也是育人的一个重要因素,呵护校园的精神文化能够提升学生的人文修养和精神境界。[4]对于广告传播专业的学生来说,提高其人文修养和道德修养是德育的主要目标。因此,教师要根据广告专业的特色开展丰富的校园文化活动,如"广告摄影与摄像"课程就可以开展"最美校园、最美瞬间"等摄影评选活动,发现生活中的美好,用恰当的镜头语言记录下来,提高学生的人文素质修养。"广告文案创意"课程可以注重培养学生对经典文学作品的沉淀和积累,引导学生注意吸取中国传统文化中优秀的精神财富,如仁爱、重义、自律、奉献等精神,也可以

将西方的自由、平等等观念加以吸收,形成正确的价值观和广告文案作品。同时,重视高校学生专业社团的建设工作,加强对学生专业社团的指导,尤其是可以利用广告专业老师的各自专业特长成立广告文案、平面设计等社团,充分发展学生的创新意识。开展独具特色的传统文化活动,体会中华优秀传统文化的独特魅力,增强民族自豪感。

3. 努力开展有特色的实践教学育人模式

高校的德育过程是师生共同参与、互动共进的过程。在德育过程中,高校要创新育人方式,根据大学生身心发展的特点和品德发展的情况探索独具特色的育人途径。广告专业尤其要和时代接轨,和社会接轨,在专业课程学习中可以多鼓励学生参与假期社会实践,开展多样化的实践教育形式,让学生参与到广告影视拍摄的项目过程中,让学生产生积极的情感体验,切实提高德育的实效性。开设于广告大一、大二暑假期间的小学期实践课提供了一个很好的实践教学平台,教师可以让参与实践的小组同学真实参与到社会项目中,通过参与社会实践,接触多样化的广告形式,感受广告作品在社会媒体上传播的巨大力量,从而"感恩社会,心系责任",培养学生的社会责任感,激发学生内在的学习动力和强化对传播事业的责任心。

4. 加强专业教师的专业度和思想修养

上文提到高校德育存在的问题教师的队伍建设也有待加强,尤其是非思政教师的育德能力和育德意识有待提升。因此,专业教师要始终以身作则,在课堂上起到良好的德育示范作用。专业任课教师必须对中国优秀传统文化有深刻的见解,自身素质过硬,具备较高的思想道德水准,表现出较高的文化素养和专业能力,才能做好学生的思想引领工作。专业教师不但要加强专业方面的再学习和知识升级,在学生中树立专业的威信,增强德育的影响力,同时,还要注重提高育人意识,充分利用自身学科在德育方面的积极因素,重视自身良好品格的塑造,潜移默化地影响学生的道德观念和价值取向,培养学生严谨的治学态度,求真务实的治学作风,良好的职业道德和强烈的社会责任感。例如,广告专业课程"广告法规"尤其要引导学生注意广告信息传播的基本原则,熟稔广告法的相关条款,深刻认识到广告内容要真实、可信,不用过分夸大的语言来描绘商品的功能,坚决杜绝虚假广告和恶俗广告的传播和扩散。

对于高职院校管理者而言,也应重视专业教师的专业性发展,为教师创造良好的进修和再深造的机会,提供更多学术交流的场所和平台,使德育工作者的专业知识和道德理念与时俱进。

习近平总书记在全国高校思想政治工作会议上强调,"要用好课堂教学这个主渠道,思想政治理论课要坚持在改进中加强,提升思想政治教育亲和力和针对性,满足学生成长发展需求和期待,其他各门课都要守好一段渠、种好责任田,使各类课程与思想政治理论课同向同行,形成协同效应。"高校培养的人才不仅要掌握丰富的科学技术知识,还应具备和谐的身心发展和完善的人格,发挥德育功能是高等职业院校人才培养中应特别重视的问题,应充分将德育渗透到专业课程的学习中,培养出德才兼备的优秀人才。

参考文献:

[1] 高德毅,宗爱东.课程思政:有效发挥课堂育人主渠道作用的必然选择[J].思想理论教育导刊,2017(1).
[2] 高德毅,宗爱东.从思政课程到课程思政:从战略高度构建高校思想政治教育课程体系[J].中国高等教育,2017(1).
[3] 朱淼.新媒体发展视域下高校职业指导与德育融合探析[J].佳木斯职业学院学报,2014(9).
[4] 李欢."校园读书节":高校文化素质教育与德育融合的范例[J].长沙铁道学院学报(社会科学版),2012(3).

《思想政治课研究》2018年第1期

高职院校专业课程思政德智融合路径探究

石利琴

摘要：专业课程思政着力于将价值观的培育和塑造以"基因式"方式植入于专业课程，在专业教育教学全过程中发挥立德树人功能。在专业课教育教学环节实施德智融合的过程，更是学生心智模式的德智融合、促进自身综合素养提升的过程。对于以培养高素质技能型人才为办学目标的高职院校而言，在专业课程思政中实施德智融合多元路径研究，是深化课程思政理念的有益探索与实践。

关键词：高职院校；专业课程思政；德智融合；实践模式

立德树人是教育的根本任务。将学科资源、学术文化转化为思政育人资源，推动"思政课程"和"课程思政"同向、同行协同育人，是当前高校思想政治教育工作实现全员育人、全过程育人、全方位育人的重要支撑。对于以培养高素质和高技能人才为办学目标的高职院校而言，在专业课程教学中有效实施德智融合，是深化"课程思政"理念的有效实践和探索。

一、课程思政与德智融合的内在逻辑关系

1. 课程思政的内涵阐述。习近平总书记在全国高校思想政治工作会议上强调，"要用好课堂教学这个主渠道，……其他各门课都要守好一段渠、种好责任田，使各类课程与思想政治理论课同向同行，形成协同效应"。这是对教育教学全过程中将立德树人作为中心环节的工作要求。因此，课程思政的概念，可以理解为指课程的思想政治教育内涵的彰显和功能的发挥。[1]课程思政，是对立德树人这一教育理念的贯彻和落实。课程思政的内涵可以从目标、路径和功能三个方面诠释。目标上，课程思政是构建思想政治理论课、综合素养课程、专业课程

"三位一体"的高校思想政治教育课程体系,是"三全"育人的重要支撑,是致力于提高大学生的思想水平、政治觉悟、道德品质、文化素养的高校思想政治工作新理念新模式。实施路径上,课程思政是以课程为载体,以立德树人为根本,充分挖掘蕴含在专业知识中的德育元素,实现通识课、专业课与德育的有机融合,将德育渗透、贯穿教育和教学的全过程,助力学生的全面发展。[2]在功能和作用上,课程思政是着力于将价值观的培育和塑造以"基因式"方式植入于所有课程,将思想政治教育贯穿于学校教育教学全过程,将教书育人内涵落实于课堂教学主渠道,将知识传授与价值引领结合起来,真正实现在价值传播中凝聚知识底蕴。在知识传播中强调价值引领,于润物无声中立德树人。[3]

2. 德智融合是课程思政的实施路径。我国教育的目标要求是培养德智体美全面发展的社会主义建设者和接班人,大学生思想政治教育必须贯穿教育教学全过程,是大学生健康成长、全面发展的必要保证。而专业知识技能教学是引导大学生逐步掌握某一领域专业知识和具备专业能力素养的过程。在专业课程教学中,脱离了德育的知识技能传授,只是培养了工具人、操作人。"人才培养一定是育人和育才相统一的过程,而育人为本,人无德不立,育人的根本在于立德"。[4]因此,思政必须寓于课程,课程中必须融入思政。

3. 德智融合是课程思政的目标导向。课程思政要求突破专业课程与思想政治教育的壁垒,把两者变为一个协调进步、相互促进的过程。[5]课程是保障专业教学的关键载体和支撑。课堂教学过程本身就是育人最主要的过程和途径。知识传授与价值引领是育人的基本实现形式,也是学校最具效能的实现形式。[6]课程思政的立足点是在注重培育人的综合素养过程中根植理想信念。专业教学课程思政的具体实施就是将德育元素渗透到专业教学的过程,在专业教学中深化德育效能的过程,在专业教学中拓展思政教育作用的过程。通过德智融合手段,使得大学生的智能和德能得到共同提升。

二、专业课程教学中实施德智融合的三个要素

1. 学生是课程思政实施内容、方法和效果的基础要素。注重高职学生身心发展特点,是专业课程中实施德智融合的第一步,是实施课程思政的内容、方法和案例设计的基础。首先要把握好高职学生的学习特点。大多数高职学生的学习兴趣和动力持久性较弱,学习行为上一般具有散漫性特征,学习目标和发展方向较为模糊,因此,指向性明确、针对性明显是专业课程德育元素的挖掘和渗透

过程的关键。其次是必须重视高职学生的思想观念偏差,注重引导与纠正的潜移默化。大多数高职学生习惯将专业相关课程的学习视作"正业",将思想政治教育相关课程和实践看作"副业",养成习惯性将学习内容二元分割,以及学习态度上区别对待的思维定式。同时,传统的德育课程内容过于强调理想化、格式化、政治化,单调的说教模式容易使高职学生产生排斥或旁观心态,在主动代入意识、自我反思和看齐意识的建立上存在不足,进而对德育效果的评价和需求上无法表达真正意愿、想法,甚至出现言行不一的现象。因此,了解高职学生的学习特点和德育需求,才能决定课程思政供给方式,并在教学内容、教学方法和教学手段上不断完善和优化。

2. 课程是德育元素蕴含、挖掘、渗透的载体要素。专业教学内容"隔行如隔山",专业课程中的德育却是"隔行不隔理"。专业课程中的德育元素量大面广,有马克思主义哲学思想、党的方针政策、社会主义核心价值观和职业素养等不同层面。而且不同课程之间有共性的德育元素和个性的德育元素,共性和个性的把握和提炼,是课程思政深化和拓展的关键。因此,首先对所教授的专业课程以及课程体系进行重新审视,分析每一门课程的情感、态度和价值观,有效挖掘其蕴含着的德育元素;其次,以德育元素频次和重要性为衡量指标,结合学校实际循序渐进推进课程思政,德育元素的分布设计要科学合理,在专业课程的知识技能教学中,有效实施德育渗透。最后,德育实施过程决定了德育元素内化为大学生素养的效能,德智融合的过程需要逐步学、思、践、悟。因此,提升教学的人文性、思想性,深化教学的内涵,采取多元化教学手段,才能提升专业课程教学中德智融合的效能。

3. 教师是专业课程思政实施德智融合的关键要素。不同学科背景专业教师的育德素养有差异,不同门类专业课程呈现德育要素的难易有差异,这些差异导致在评价专业教师育德能力上的复杂性。因此,专业教师育德能力的培育和提升,首先,要通过常态化培训、伙伴式学习帮助专业教师掌握思政教育的内容体系,逐步掌握思政教育的特征、规律和话语,提高思政教育体系的运用能力[7]。其次,是鼓励专业教师在课程思政实施中采取形散神聚式教学方法和关注大学生德智融合效果的生成状态。德育元素融入专业课堂,不是思政课和专业课在内容和时间组成上的生硬拼凑,也不是在每堂课或每个章节都刻意地融入思政教育,而是找准契合点有机融入,并在启发学生领悟的过程中予以正向强化,逐步使学生养成德智融合的内化自觉和外化表现。最后,是通过政策措施,激励专业教师在教学相长中不断提高育人能力,积极实践,边干边学,积累经验,提升能力。

三、高职院校专业课程思政实施德智融合的路径

1. "授课+实操"是保证德智融合成效的基本路径。针对高职学生对灌输知识接受力稍弱、领会知识接受度高的特点,高职院校专业课程在教学设计上,应强调以工作任务为导向,以项目为载体,围绕工作任务的完成来阐述相关理论知识和实践知识。因此,在专业课程思政中,德育元素的挖掘、渗透,也要将理论中的德育元素与实践中的职业素养对应统一到项目(任务)中去。如学校广告专业的"广告文案创意"课程,教师在引导学生对经典文学作品的沉淀和积累的同时,培养学生对中国传统优秀文化精神财富的吸收以及文化自信。[8]在公益广告文案创意的项目实践中,将社会主义核心价值观作为设计主题,学生在反复酝酿构图意境、文字形式、色彩运用等表现形式过程中,使理想信念教育得到有效植入和内化。再如包装专业的"包装标准与法规"课程,该课程思政中蕴含的诚信、遵纪守法的德育元素,需要通过"包装安全和测试"实验课程予以强化,学生通过严格遵守操作规程、反复测试各项指标、认真填写实验数据、综合评价实验结果,将德育元素内化为遵纪守则、严谨务实、诚信的职业素养。[9]因此,专业课程的思政教育必须关注言传知识的传授,注重默会知识的积累和内化过程,强化感性体验和知性认识的叠合,使德育元素得到深入、稳定、根植,实现教学形式的德智融合到学生心智的德智融合的传递。

2. "课内+课外"是强化德智融合成效的辅助路径。要将思政教育贯穿教育教学全过程中,必须实施"一、二、三"课堂的有机融合。第二课堂的学生社团、学术活动、科技活动,是助力专业课程思政实施德智融合的重要环节。专业教师主动融入学生社团指导、学生社团积极融入科研活动、项目实施主动融入创新创业教育,促进德智融合提升,有效夯实专业课程思政成效。如开设跨专业科技社团,每个社团有 2—3 名专业老师作社团指导老师,再分别与多个院系的科研团队、大师工作室对接,指导学生参加挑战杯、世界技能大赛选拔和各类专业竞赛以及创新创业活动。以教师科研团队所承担的科研项目为契机,主动引领部分学生参与科研项目的开发实践。通过第二、第三课堂,促进学生的理论知识和专业技能全面发展的同时,将德育元素渗透到社团活动实施的各环节,在德智融合中提升学生的职业素养。学生在参与教师团队的科研项目时,可以从观摩或参

与辅助性事务中体验老师对待科研项目的严谨认真态度,在项目阶段性成果中,学生拓展专业学习知识和尝试综合应用跨学科知识,学会体悟文化与技术的传承与创新之美,养成科学思维能力,培养学以致用、实事求是、严谨务实、开拓创新、百折不挠的工作作风,以及团队配合及协作的意识。

3."线下＋线上"是深化德智融合成效的拓展路径。"95 后"大学生是伴随互联网成长起来的新生代,他们的学习、生活、交友等方方面面都离不开网络,也被称为是网络"原住民"。当下大学生具有更注重互动体验的认知特点,因此采用线上线下教学相结合的形式,可以充分调动教与学的积极性,促进专业课程思政实施的多元化,深化学生德智融合成效。目前,高职院校都结合数据资源库建设、慕课教学以及易班等平台丰富教学形式。如在慕课教学中,一般由 3—5 名教师组成团队,严格遵循教材内容,注重理论知识传授的系统性和完整性,根据高职学生学习习惯将课程中的核心知识点分解,将每个知识点制作成 5 分钟左右的微视频,再将多个知识点分类组合整合成微案例。德育元素由此融入相关知识点,以讲故事、穿插案例视频、融入同辈感悟等形式吸引学生。学生可以根据自身情况随时随地主动学习,积极思考,投身实践。教师也可以通过课程微信群、QQ 讨论组等形式予以补充,加强师生线下线上互动、课下资料分享交流,增加学生的课堂投入度,强化德育元素的浸润作用,使专业课程思政实施既做到将价值观的培育和塑造"基因式"植入,又能促进知识、能力和素质三位一体教学目标的实现。

总之,立足专业课实施课程思政德智融合成效,既取决于课程、学生、教师的状况,又取决于各高校的课程思政实施环境状况。因此,高职院校专业课程思政德智融合实施路径具有多元化的特点,其呈现内容和表现模式也具有多样性和丰富性,只有不断探索和实践专业课程思政,才能充分体现课堂教学在育人中的主渠道、主阵地地位,真正体现专业课程思政的价值。

参考文献:

[1][7] 陆道坤.课程思政推行中若干核心问题及解决思路——基于专业课程思政的探讨[J].思想理论教育,2018(03):64-69.

[2] 吴月齐.试论高校推进"课程思政"的三个着力点[J].学校党建与思想教育,2018(01):67-69.

[3][6] 高德毅,宗爱东.课程思政:有效发挥课堂育人主渠道作用的必然选择[J].思想理论教育导刊,2017(01):31-34.

［4］习近平.习近平总书记2018年5月2日在北京大学师生座谈会上的讲话[N].人民网,2018-05-03.
［5］吕宁.高校"思政课程"与"课程思政"协同育人的思路探析[J].大学教育,2018(01):122-124.
［8］张翠,马前锋,张玉华.高职院校广告传播专业课程的德育融合探究[J].思想政治课研究,2018(01):34-36+49.
［9］马前锋,腾跃民.高职思想政治理论课融入专业实训课的改革探索[J].山东商业职业技术学院学报,2015,15(05):67-69,74.

[基金项目:本文系2018年度上海市思想政治教育专项重点项目课题"高职院校印刷包装类专业教育融入思想政治教育路径及成果研究"(项目编号:18SZZX010)阶段性成果](作者单位:上海出版印刷高等专科学校)

《改革与开放》2018年第17期

从冰冷的美丽到火热的价值
——矩阵思维下的社会主义核心价值观解读

薛中会　滕跃民　马前锋　周晓中

摘要：课程思政是践行"培养什么人、怎样培养人、为谁培养人这一教育工作根本问题"的重要抓手，是实现中华民族伟大复兴相关教育方针的新理念、新思维。选取矩阵知识点为育人的载体，站在矩阵思维的角度审视社会主义核心价值观的三个层面，深入挖掘社会主义核心价值观中的矩阵思想，进而利用矩阵相关理论对社会主义核心价值观进行了矩阵思维下的解读尝试。

关键词：矩阵思维；课程思政；社会主义核心价值观

课程思政是有效发挥课堂育人主渠道作用的必然选择。[1]坚持立德树人，把培育和践行社会主义核心价值观融入教书育人全过程，将学科资源、学术资源和中国优秀传统文化资源转化为育人资源，使学生树立正确的人生观、世界观、价值观。[2]线性代数是大学较为重要的基础课之一，本门课程是上海出版印刷高等专科学校校级课程思政重点建设项目之一。瑞典数学家Lars Garding在其名著 *Encounter with Mathematics* 中说："如果不熟悉线性代数的概念，要去学习自然科学，现在看来就和文盲差不多。"因为通过线性代数的学习，可以使学生得到逻辑思维能力、运算能力、抽象及分析能力、综合与推理能力的严格训练，这种思维方式和思想方法对一个人能力与灵魂的培养与塑造比学习代数知识本身更具有时效性、理喻性、拓展性和实用性。美国心理学之父威廉·詹姆斯指出："只要站在历史的角度进行讲授，可以赋予任何学科以人文价值。"李克强总理说："无论是人工智能还是量子通信等，都需要数学、物理等基础学科作有力支撑。我们之所以缺乏重大原创性科研成果，'卡脖子'就卡在基础学科上。"[3]

作为站在讲台的一线教师，面对处在世界观和价值观形成阶段的青年学子，我们应该思考也必须思考如何在数学课堂融入思政元素，引导和帮助他们形成科学的世界观和社会主义核心价值观。如何提高课堂教学效率，怎样把抽象的概念讲解得更通俗易懂，怎么去超越具体专业问题，在更大范围分析思考问题，提高语言幽默性和思维逻辑性，进而提高教学的说服力，培养学生登高望远、综合分析的能力。是每一位作为成年人、"过来人"的老师，都要考虑和积极实践的。在这方面上海出版印刷高等专科学校的滕跃民教授等对此进行了归纳总结，给出了课程思政的"道""法""术""器"方法，具有较强的可操作性和指导意义。[4]笔者利用矩阵思维对社会主义核心价值观的内涵进行了解读尝试，希望能对同行的教学工作有所启示。

一、矩阵概念和新时代中国特色社会主义核心价值观

2014年5月，习近平总书记在北京大学师生座谈会上的讲话中指出："知识是树立核心价值观的重要基础。"[2]毫无疑问，总书记高屋建瓴地指出了知识的广义范式和德育价值，为立德树人指明了方向。高职高专线性代数知识点一般包括矩阵、行列式和向量和线性方程组的解，其中矩阵概念及其相关的知识点是线性代数所有知识点的核心。正所谓"无课程，不思政"，知识是源头，是载体，是基础，我们以矩阵知识点的讲解为切入点进行"思行善政"。关于矩阵的知识和社会主义核心价值观的理论有大量书籍、文献和资料，在此不做赘述。[5]

二、社会主义核心价值观——中国人的国民素质矩阵

对于线性代数课程的学习来说，课程中的每个知识点是狭义知识，也就是我们常说的"书本知识"。而课程中包涵的文化内涵、思想价值等方面的知识也是"知识"，是"大知识，大学问，大道理"。如司马光在《资治通鉴》中对德与才的论述："才者，德之资也，德者，才之帅也，是故才德全尽谓之圣人，才德兼失谓之愚人，德胜才谓之君子，才胜德谓之小人。"[6]清代诗人袁枚在《续诗品·尚识》中说："学如弓弩，才如箭镞，识以领之，方能中鹄。"[7]用新时代的解释就是，"学问的根基如弓，人的才能如箭，真知灼见（学识）引导箭头射出，才能命中目标。比喻没有学问，才能不能发挥，没有学识指导人生，就没有正确的方向。"站在社会主义价值观和人才观的角度去审视，我们会发现袁枚说的"学识"，就是"大格局""大视野""家国情怀"，也就是习近平总书记所讲的"大德"，即社会主义核心价值

观,是才华和才干的统帅。我们倡导的"富强、民主、文明、和谐,自由、平等、公正、法治、爱国、敬业、诚信、友善"的社会主义核心价值观包含三个层次——国家层面的价值、社会层面的价值和个人层面的价值,正如习总书记所讲就是一个字"德","国家的德决定了这个国家是一个什么样的国家,社会的德决定了这个社会是一个什么样的社会,个人的德决定了这个人是一个什么样的人。"[8]

笔者认为可以矩阵的方式构建如下的矩阵:A_3 伊 3∶3 伊 3 阶的"价值矩阵"(简记为 A),矩阵 A 中的元素分别为:a_{11}=国家层面,a_{22}=社会层面,a_{33}=个人层面。B_3 伊 4∶3 伊 4 阶的社会主义核心价值观矩阵(简记为 B)。矩阵 B 中的元素从 b_{11}=富强,b_{12}=民主,b_{13}=文明,b_{14}=和谐,b_{21}=自由,b_{22}=平等,b_{23}=公正,b_{24}=法治,b_{31}=爱国,b_{32}=敬业,b_{33}=诚信,到 b_{34}=友善,按照从左到右,从下到上的顺序分别对应社会主义核心价值观的 12 组词。C_3 伊 4∶3 伊 4 阶的国民素质矩阵(简记为 C)。矩阵 C 中的元素 c_{11} 到 c_{34}。按照从左到右,从上到下的顺序,与 c_{11}=国家富强,c_{12}=国家民主,c_{13}=国家文明,c_{14}=国家和谐,c_{21}=社会自由,c_{22}=社会平等,c_{23}=社会公正,c_{24}=社会法治,c_{31}=个人爱国,c_{32}=个人敬业,c_{33}=个人诚信,c_{34}=个人友善相对应。如此进行形式上和结构上的统一,矩阵 A、B、C 的具体表达式如下:

$$A_{3\times 3}="价值矩阵"=\begin{bmatrix}国家层面 & 0 & 0\\ 0 & 社会层面 & 0\\ 0 & 0 & 个人层面\end{bmatrix}=\begin{bmatrix}a_{11} & 0 & 0\\ 0 & a_{22} & 0\\ 0 & 0 & a_{33}\end{bmatrix}$$

$$B_{3\times 4}="社会主义核心价值观"=\begin{bmatrix}富强 & 民主 & 文明 & 和谐\\ 自由 & 平等 & 公正 & 法制\\ 爱国 & 敬业 & 诚信 & 友善\end{bmatrix}=\begin{bmatrix}b_{11} & b_{12} & b_{13} & b_{14}\\ b_{21} & b_{22} & b_{23} & b_{24}\\ b_{31} & b_{32} & b_{33} & b_{34}\end{bmatrix}$$

$$C_{3\times 4}="国民素质矩阵"=\begin{bmatrix}国家富强 & 国家民主 & 国家文明 & 国家和谐\\ 社会自由 & 社会平等 & 社会公正 & 社会法制\\ 个人爱国 & 个人敬业 & 个人诚信 & 个人友善\end{bmatrix}=\begin{bmatrix}c_{11} & c_{12} & c_{13} & c_{14}\\ c_{21} & c_{22} & c_{23} & c_{24}\\ c_{31} & c_{32} & c_{33} & c_{34}\end{bmatrix}$$

根据矩阵乘法理论(相关详细的规则可以参考任何一本的线性代数书籍),用 A 的第 i 行各个数(这里 i 的取值为 1,2,3)与 B 的第 j 列各个数(这里 j 的取值为 1,2,3)对应相乘后加起来,就是乘法结果中第 i 行第 j 列的数,可以得到如下三个矩阵之间的关系式(1):

$$\begin{bmatrix}国家层面 & 0 & 0\\ 0 & 社会层面 & 0\\ 0 & 0 & 个人层面\end{bmatrix}\times\begin{bmatrix}富强 & 民主 & 文明 & 和谐\\ 自由 & 平等 & 公正 & 法制\\ 爱国 & 敬业 & 诚信 & 友善\end{bmatrix}$$

$$=\begin{bmatrix}国家富强 & 国家民主 & 国家文明 & 国家和谐\\ 社会自由 & 社会平等 & 社会公正 & 社会法制\\ 个人爱国 & 个人敬业 & 个人诚信 & 个人友善\end{bmatrix}$$

即：$\begin{bmatrix} a_{11} & 0 & 0 \\ 0 & a_{22} & 0 \\ 0 & 0 & a_{33} \end{bmatrix} \times \begin{bmatrix} b_{11} & b_{12} & b_{13} & b_{14} \\ b_{21} & b_{22} & b_{23} & b_{24} \\ b_{31} & b_{32} & b_{33} & b_{34} \end{bmatrix} = \begin{bmatrix} a_{11}b_{11} & a_{11}b_{12} & a_{11}b_{13} & a_{11}b_{14} \\ a_{21}b_{21} & a_{21}b_{22} & a_{21}b_{23} & a_{21}b_{24} \\ a_{31}b_{31} & a_{31}b_{32} & a_{31}b_{33} & a_{31}b_{34} \end{bmatrix} = \begin{bmatrix} c_{11} & c_{12} & c_{13} & c_{14} \\ c_{21} & c_{22} & c_{23} & c_{24} \\ c_{31} & c_{32} & c_{33} & c_{34} \end{bmatrix}$

$A_{3\times 3}$ $\qquad\qquad$ $B_{3\times 4}$ $\qquad\qquad\qquad\qquad\qquad\qquad\qquad\qquad$ $C_{3\times 4}$

(1)

用矩阵符号语言表示，即：AB＝C。在矩阵概念引入的章节，引导学生利用矩阵二维文字图表的形式对社会主义核心价值观中的内容和层次进行训练。一方面对于学生理解矩阵的外在形式有益，同时对于社会主义核心价值观的熏陶和建立也是一个不错的方法。尤为重要的是在提升数学思维和创新能力的同时，对社会主义核心价值观和矩阵都有了更加清楚的理解。德育的融入和社会主义核心价值观的形成，不是"轻轻松松，敲锣打鼓"就能完成的事情，必须要下"真功夫"、真下功夫。要在课堂上不断地"熏"和"熬"，方能让青年学子入脑、入心，从而身体力行，而矩阵知识为我们提供了很好的载体，在这个载体的基础上，以中国优秀的文化为良导体，实现智育和德育的统一。在课堂进度到了矩阵方成理论环节，我们根据矩阵方程理论，假设社会主义核心价值观用 X 来代替，引导学生得到如下(2)矩阵方程式的变形(3)和(4)式：AX＝C；AX＝姿 X(A－姿I)X＝0 根据矩阵方程有解的相关理论，上式有解的条件是(4)式成立，即：国家价值－姿 000 社会价值－姿 000 个人价值－姿＝0 其中 A 代表"价值矩阵"，X 代表"习近平新时代中国特色社会主义核心价值观"，姿是"价值矩阵"A 的特征值，因此 X 也就是和特征值对应的特征向量。根据习近平新时代中国特色社会主义思想，求解(5)式，可得：姿＝"德"；再将姿值反代入公式(3)，即可求出 X 的值，即社会主义核心价值观矩阵。

$$\lambda X = 德 \times \begin{bmatrix} 富强 & 民主 & 文明 & 和谐 \\ 自由 & 平等 & 公正 & 法制 \\ 爱国 & 敬业 & 诚信 & 友善 \end{bmatrix} = C$$

$$= \begin{bmatrix} 国家富强 & 国家民主 & 国家文明 & 国家和谐 \\ 社会自由 & 社会平等 & 社会公正 & 社会法制 \\ 个人爱国 & 个人敬业 & 个人诚信 & 个人友善 \end{bmatrix}$$

(2)

下面我们就结合矩阵相关理论，对(2)式和(3)式的思想意义做初步探究：式(1)告诉我们，在价值矩阵 A 的引导下(国家层面的价值引导，社会层面的价值引导，个人层面的价值引导)，社会主义核心价值观矩阵 B(B_3伊 4 的简写)成为新时代中国人的国民素质矩阵 C(C_3伊 4 的简写)；根据矩阵的逆及其相关理论,可以看出社会主义核心价值观转变成国民素质矩阵,需要付出的是国家、社会和个人的不懈努力。根据矩阵方程理论,公式(3)可以转变成公式(4)来求解特征值和特征向量(矩阵)。价值矩阵 A 的"特征值"是"德",即国家的德,社会的德,个人的德。2014 年 5 月 4 日,习近平总书记在北师大指出,核心价值观,其实就是一种德,既是个人的德,也是一种大德,就是国家的德、社会的德[2];价值矩阵 A 的特征向量(矩阵)就是社会主义核心价值观矩阵 B_3 伊 4。"秩"等于"1","秩"矩阵中用来表示行行或列列之间关系的词语,做一个简单的延伸,即国家的德。社会的德和个人的德是相互联系的统一整体,都要靠具有新时代社会主义核心价值观的人来实现,都要依赖于合格的建设者和可靠的接班人来建设和传承。"三个层次"之间是内在融贯的统一体,维护社会的和谐有序运行,哪一层次的核心价值观都不可或缺。[9]

矩阵向量的线性相关性告诉我们三者之间是相关的,也就是矩阵的"秩"等于"1"。也就是国家层面的"富强、民主、文明、和谐"离不开社会层面的"自由、平等、公正、法治"和个人层面的"爱国、敬业、诚信、友善",反之亦然,用矩阵理论解释就是行向量相关。

社会主义核心价值观在学生中的建立不是容易的事情,正如习近平总书记所言,绝不是轻轻松松,"敲锣打鼓"就能完成的事情,需要国家、社会、学校和家庭多方面的努力。也正因为不易,才有树立的必要,俗语说但凡容易做的事都不会长久,但凡不动脑的事情大家都会做。也正应了那句话:肯努力的庸人会变成圣人,不肯努力的圣人会变成庸人。

总之,用矩阵思维来解读新时代中国特色社会主义核心价值观的课程思政教学实践表明,在"智育"的同时,可以巧妙地进行"德育",从而实现立德树人的培养目标。更重要的是为青年学子提供了一种把握社会主义核心价值观体系的方式方法。英国数学家怀特海说"只有将数学应用于社会科学的研究之后,才能使得文明社会的发展成为可控制的现实"。旨在借助矩阵思想引导学生去客观认识和宏观把握外部世界,认识和推进社会的发展。因此,只有主动适应新时代对高职高专人才培养的要求,夯实"德",以德为帅统领技能和才能的发展,才会不辜负习近平总书记对职业教育"努力培养数以亿计的高素质劳动者和技术技能人才"的殷切期待。高职的课程思政改革刚起步,但过去积累的经验和成果不少,对打好这场职业教育领域人才培养和水平的攻坚战,高职人充满自信。

参考文献：

[1] 习近平.把思想政治工作贯穿教育教学全过程开创我国高等教育事业发展新局面[N].人民日报,2016-12-09(01).
[2] 习近平.青年要自觉践行社会主义核心价值观：在北京大学师生座谈会上的讲话[N].光明日报,2014-05-05(02).
[3] 李克强.在国家科学技术奖励大会上的讲话[N].人民日报,2015-01-10(02).
[4] 滕跃民,张玉华,肖纲领.高职专业"课程思政"的"道法术器"改革[J].辽宁高职学报,2018(8)：53-55.
[5] 同济大学数学系.工程数学：线性代数[M].6版.北京：高等教育出版社,2014：33-57.
[6] 司马光.资治通鉴[M].北京：北京联合出版公司,2016：403.
[7] 袁枚.诗品集解：续诗品注：中国古典文学理论批评专著选辑[M].北京：人民文学出版社,2005：13.
[8] 辛鸣.光大生长于中华文化沃土的道德光辉[EB/OL].光明网.[2018-08-02].http：//cul.china.com.cn/zt/2014-12/11/content_7436363.htm.
[9] 龚群.三层次社会主义核心价值观及其内在关系[N].光明日报,2013-01-05(01).

《辽宁高职学报》2019年第3期

从"思政课程"到"课程思政"

——论上海高校思想政治理论课改革的切入点

杨 涵

摘要："课程思政"，其实质是一种创新的教育理念，它既不是指具体的思政课程，也不是要新增几门思政课替代现有的思政课程，而是通过深入挖掘专业课和综合素养课的德育内涵和德育因素，促进显性教育和隐性教育相融合，构建思想政治理论课、综合素养课、专业课三位一体的高校思想政治教育课程体系和思政课教师、专业教师、校内外专家协同联动的育人体系，促进实现从"思政课程"主渠道育人向"课程思政"立体化育人的创造性转化。"课程思政"扬弃了传统的教育理念，突破了传统的教育范式，搭建了全新的教育载体，明确了高校思政理论课和其他各类课程对大学生思政教育过程中应该承担的功能定位，对于破解思想政治理论课"孤岛化"窘境和思政教育与专业教育"两张皮"现象，实现各类课程与思政理论课同向同行、协同效应具有重要意义。上海大学首先跨出实施思政课教学改革的第一步，首创《大国方略》特色课程。上海高校创新思政课教学改革，为推进从"思政课程"到"课程思政"的创造性转化提供了出路，为全国范围内推进思想政治教育改革提供了一个可资借鉴的范本。

关键词：思政课程；课程思政；思想政治教育工作

高等教育发展水平是一个国家发展水平和发展潜力的重要标志，实现中华民族伟大复兴，教育的地位和作用不可忽视。习近平在全国高校思想政治工作会议上强调，高校思想政治工作要坚持把立德树人作为中心环节，把思想政治工作贯穿教育教学全过程，实现全程育人、全方位育人，努力开创我国高等教育事业发展新局面。要用好课堂教学这个主渠道，思想政治理论课要坚持在改进中加强,提升思想政治教育亲和力、针对性,满足学生成长发展需求和期待。不能把思想政治工作只当作思想政治理论课的事,其他各门课都要守好一段渠、种好责任田,使各类课程与思想政治理论课同向同行,形成协同效应。[1]这是国家对高校思政工作出台的最新的系统性、纲领性要求,为新时期做好学生思想政治工作提供了新思路。

一、从"思政课程"到"课程思政"转换的必要性及原因解读

1. "思政课程"与"课程思政"的概念界定。2005年中宣部、教育部发布《关于进一步加强和改进高等学校思想政治理论课的意见》(即"05方案")规定:四年制本科的必修课课程设置为4门必修课,同时开设"形势与政策"课,另外开设"当代世界经济与政治"等选修课。《意见》对专科层次和硕士、博士层次、各成人高等学校和其他高等教育机构的思想政治理论课课程设置也做了相应规定。《意见》还进一步明确了高校思想政治理论课的定位和功能,强调指出,高等学校思想政治理论课是大学生思想政治教育的主渠道。[2]"课程思政",其实质是一种创新的教育理念,它既不是指具体的思政课程,也不是要新增几门思政课替代现有的思政课程,而是通过深入挖掘专业课和综合素养课的德育内涵和德育因素,促进显性教育和隐性教育相融合,构建思想政治理论课、综合素养课、专业课三位一体的高校思想政治教育课程体系和思政课教师、专业教师、校内外专家协同联动的育人体系,促进实现从"思政课程"主渠道育人向"课程思政"立体化育人的创造性转化。"课程思政"教学体系下,高校思想政治理论课定位为对大学生进行社会主义核心价值观教育的核心课程,在大学生思想政治教育中发挥价值引领作用;综合素养课程强调在培育人的综合素养过程中牢筑理想信念,在大学生思想政治教育中发挥浸润作用;哲学社会科学专业课程凸显其在强化社会主义意识形态教育方面的作用,在大学生思想政治教育中发挥强化作用;自然科学专业课程注重对学生科学思维、职业素养的养成教育,在大学生思想政治教育中发挥拓展作用。[3]"课程思政"着力于将价值观的培育和塑造"基因式"植入所有课程,将思想政治教育贯穿于学校教育教学全过程,将教书育人内涵落实于课堂教学主渠道,将知识传授与价值引领结合起来,真正实现在价值传播中凝聚知识底蕴、在知识传播中强调价值引领,于润物无声中立德树人。[3]

2. 从"思政课程"到"课程思政"转换的必要性。深化思政课教学改革,要树立问题意识,坚持问题导向,从"思政课程"到"课程思政"的转化是由现实问题倒

逼而采取的应对措施。当前思政课教学现状中,学生课前"出勤率"低、课堂"亲和力"差、课上"抬头率"低,专业课程重视对学生专业知识的传授和具体技能的训练,弱化对人文素养的关注度,忽视对思想政治教育资源的挖掘,马克思主义理论学科协同性弱、思想政治教育课程融合度低,思政课教师陷于"单兵作战"的尴尬境地,思政课教学困于"孤岛化"窘境;教师队伍中部分教师育德意识、育德能力有待提高,思政课价值引领作用得不到有效发挥;在高等教育中存在着马克思主义被边缘化的现象,即在一些学科中"失语"、在教材中"失踪"、在论坛上"失声";高校各部门各行其是推进思想政治教育工作的管理体制和运行机制也使得思想政治教育缺乏体系性。总体来说,当前思政课教学的深层次问题可以归纳为:学科横向贯通不够,"思政课"教育实效性不强,全员育人意识不强等问题。而追根究底,则是教育理念发生倾斜、人才培养机制不健全、管理制度不完善等所致。这些都说明当前思想政治理论课在高校立德树人的战略地位还有待提升,哲学社会科学、自然科学专业课育人功能有待强化,这些也催生了思政课教学改革的产生。

3. 从"思政课程"到"课程思政"转化的意义。"课程思政"扬弃了传统的教育理念,突破了传统的教育范式,搭建了全新的教育载体,明确了高校思政理论课和其他各类课程对大学生思政教育过程中应该承担的功能定位,对于破解思想政治理论课"孤岛化"窘境和思政教育与专业教育"两张皮"现象,实现各类课程与思政理论课同向同行、协同效应具有重要意义。

(1) "课程思政"注重在价值传播中凝聚知识底蕴、在知识传播中强调价值引领。"课程思政"采取价值引领和知识传授相结合这一最具效能的育人基本实现形式,在专业知识的传授中融入价值观的引领,实现知识传授与价值引领的同频共振,改变单纯的理论说教授课模式,采用学生能够接受的方式,改善了学生对思政课的认知态度,增强了思想政治教育说服力和感染力,扭转了专业课程重智轻德的现象,真正实现将思政课建设成为大学生真心喜爱、终身受益、毕生难忘的优秀课程的终极目标。[4]

(2) "课程思政"探索课堂教学、社会实践、网络运用三维课程组织形式。"课程思政"扬弃了传统思想政治理论教育的局限性,彻底变革了陈旧的教育理念。首先,积极创新教学方法,更新教学内容,丰富教学手段,改善教学状况,防止思想政治教育形式化、表面化,不断强化课堂主渠道的育人功能;其次,在学生学习了基本知识和经验的基础上,促发学生的情感体验和社会实践,实现学生个体知识的内化,帮助学生实现完整精神与独立人格的成长[5];最后,利用新媒体技术实现师生良性互动,提升教学实效性,如复旦大学积极运用互联网新媒体技术新渠道、新载体,推出《思想道德修养与法律基础》"慕课","线上""线下"翻转课堂,使思想教育工作更接地气、更有活力[2]。

(3) "课程思政"突出显性教育和隐性教育相融通。"课程思政"将高校所有课程划分为思想政治教育显性课程和隐性课程,显性课程即是高校思想政治理论课,隐性课程包含综合素养课程(即通识教育课、公共基础课等)和专业教育课程(包含哲学社会科学课程和自然科学课程)。通过构建思想政治理论课、专业课、综合素养课三位一体的思政教育课程体系和思政课教师、专业教师、校内外专家协同联动的育人体系,协同推进思政课的显性价值引领和专业课程、综合素养课程的隐性价值渗透的有机融合,使得学校教育有效发挥了360°德育"大熔炉"的教育合力作用,构建起全员、全方位、全过程的高校思想政治教育体系。

二、上海"课程思政"教学改革的案例分析

上海市作为全国高校重镇,是先进教育理念实施的主阵地之一,对于全国范围内的思想政治教学改革起着重要的引领作用。过去的十多年里,上海市一直在实行学校思想政治理论(德育)课程综合改革,从中意识到了提升高校思想政治教学实效性的重要性,在区域工作实践层面产生了推进"课程思政"的工作设想。上海大学首先跨出实施思政课教学改革的第一步,首创《大国方略》特色课程。课程一经开讲,便在学生中间引起了巨大反响,一堂冷清的思政课上出了热度,课堂上没有了"低头族",有的是积极参与、思想碰撞;课堂内容不再是僵硬的输入,而变成了真正的入耳、入心。上海大学《大国方略》课程的成功,迅速辐射到沪上其他高校,刮起了一阵推进思政课教学改革的风潮,紧接着出现了一批"中国系列"课程,如复旦大学"治国理政"、华东理工大学"绿色中国"、上海师范大学"闻道中国"等,"中国系列"课程在组织保障、教学方法、课程选题、教师队伍等多方面进行了创新。

1. 从"大国方略"到"时代音画":上海大学"课程思政"教学改革路线图。近年来,上海大学除了进行传统的思政课教学外,不断创新教学模式、优化师资结构和课程设置,挖掘通识教育课蕴含的思政资源,以"大国方略"课为起点,到"创新中国",接着到"创业人生",再到"时代音画"——一系列不是思政课的"思政课"逐一亮相,与思政课"同向同行"地教育引导学生,形成"4+1"的思政课教学

品牌课程,取得了良好效果。中国是一个大国吗?中国梦,谁的梦?中国能第一口咬到苹果吗?2014年上海大学首次推出"大国方略"通识课程,引导学生"开眼界",以"中国"为主题设问,吸纳各人文社会科学专业的知名教授担当授课老师,创新搭建"课程思政"新平台,引导90后了解国情、把握时代进程,同时对青年的思维方式、爱国理念进行引导,将国家"大势"与个体"内在"更好对接。[6]接着2015年通识课创新2.0版"创新中国"上线,进一步引领学生站在世界角度"看中国","创新中国"所涵盖的学科跨度更大,课程采用专题式教学,聚集各个领域顶尖人士担任授课老师,在多维视野中展现中国融入世界、影响世界的进程,在展示专业领域研究成果的同时融入思想教育的因素,激励学生为中华民族伟大复兴中国梦奋斗。随后2016年,通识课3.0版"创业人生"上线,教导学生在面对新世界新问题时"如何做",邀请创业者分享创业经历,搭建教师、学生、创业者产学研一体化平台,围绕学生关心的创业问题从不同层面设置课堂主题,切合大学生的需求,激发大学生脚踏实地、不断创新的激情。2017年,推出通识课最新版"时代画音",以时代为脉络,将音乐与建筑、历史与书画相融合,讲述了近代中国史、诗、音、画发展历程,吸纳了来自音乐学院、美术学院等多个学院的优秀教师,从多个角度实现师生互动,具有很大的创新性。

2. 注重知识教育与情感教育的有机统一:上海中医药大学"课程思政"改革。高校思想政治理论教育是一项塑造人的思想面貌和精神状态的系统工程,要用足用好课堂主渠道、主战场,注重把知识传授和价值引领结合起来,把培育和践行社会主义核心价值观融入教书育人全过程。上海中医药大学创新教学模式,扭转专业课教学重智轻德现象,以专业技能传授为载体加强大学生思想政治教育,让课堂主渠道育人功能实现最大化。如何在专业知识教育的过程中融合进德育因素是创新育人工作的重点。《人体解剖学》是一堂传统的专业课,除了在课堂上讲解专业理论知识外,另外安排学生拜访遗体捐献者及其家属,感受捐献者"宁愿你们在我身上划错千刀万刀,也不愿你们在病人身上划错一刀"的奉献情怀,[7]极大地引起了学生的心理共鸣。这一教学方法的开拓创新,在形散神聚中增强了教育教学的吸引力和感染力,将知识教育和能力教育、价值观教育有效结合起来,将社会主义核心价值观的精髓要义寓于多样化的课堂教学之中,避免附加式、标签式的生硬说教,引人入胜、润物无声地引发学生知识、情感和行为的认同。

3. "大水漫灌"与"精准滴灌"相结合:上海师范大学探索思政课新举措。长期以来,思想政治教育采取类似农田粗放作业"大水漫灌"的方式,无法满足学生的发展需要和期待。上海师范大学在坚持突出人才培养核心地位的原则下,探索多样化课程组织形式,对学生进行精细化、针对性指导,变"大水漫灌"为"精准滴灌",极大地提高思政教育精准度和实效性。2017年新学期伊始,上海师范大学在全校范围内开设"人生导师"系列专题沙龙,教学模式拒绝传统的大班教学,采用小范围的专题沙龙,授课教师由一批学术造诣高、教学能力强的"大咖"组成,授课形式采取师生"互动式对话",课堂主题的选择不拘一格,突破某一专业领域的限制,更多的是就大学生本身所关心的价值观确立、治学方法、文化研究、处世哲学等进行探讨,选课实行全校所有不同学院、不同专业学生在线自主选择、自主报名、自主参加。[8]最终致力实现思想政治教育由"教导"向"引导"转变,由"教化"向"文化"转变,极大地调动了学生学习的积极性,促使学生主动学习,主动思考,收获良多。上海高校创新思政课教学改革,为推进从"思政课程"到"课程思政"的创造性转化提供了出路,为全国范围内推进思想政治教育改革提供了一个可资借鉴的范本,其中的做法和经验可以总结如下:其一,挖掘专业课和通识课的德育因素和德育内涵,用足用好课堂主渠道、主战场,实现知识传授与价值引领相结合,强调显性教育和隐性教育相融合;其二,坚持遵循教育规律,探索多样化课程组织形式,创新教学模式,改进教学方法,提高思政教学针对性和实效性;其三,将思想政治教育工作真正纳入高校全部的教育教学和管理服务工作之中,落实高校所有教师育人职责,把培育和践行社会主义核心价值观融入教书育人全过程,实现全员、全方位、全过程育人有机融合。

三、深入推进"课程思政"教学改革的实施路径

实现从"思政课程"到"课程思政"的创造性转化,具体可从以下几个方面采取措施:

1. 构建全员、全方位、全过程的立体化育人体系。"不谋万世者,不足谋一时;不谋全局者,不足谋一域"。思政课教学改革是一个系统工程,必须要做好思政课教学改革的顶层设计。一方面,所谓"课程思政",并不是指增开一门课,也不是增设一项活动,而是通过深入挖掘专业课和综合素养课的德育内涵和德育因素,实现思想政治课程教育目标与专业课程知识点的精准对接,促进显性教育和隐性教育相融合,切实改变思想政治理论课教育单一化、标签化取向,构建思想政治理论课、综合素养课、专业课三位一体的高校思想政治教育课程体系;另

一方面，"课程思政"实质是一种教育理念，引导专业课教师、综合素养课教师、辅导员老师、校内外专家等加入思想政治教育体系师资团队，提升高校每一位教师的育德意识和育德能力，将高校思想政治教育融入课程教学各个环节，于润物无声中立德树人，实现知识传授和价值引领相统一，达到思政课教师、专业教师、校内外专家协同联动，构建全员、全方位、全过程立体化育人体系。

2. 牢牢把握思想政治理论课程的核心课程地位。高校思想政治理论课（4门必修课＋形势政策课），是对大学生进行社会主义核心价值观教育的核心课程，因此要牢牢把握思想政治理论课在高校思想政治教育体系中的核心地位，强化思想政治理论课课堂主渠道育人功能，实现显性价值引领，具体来说建议实施高校思想政治理论课建设体系创新计划，从教学方法、教学模式、教师队伍建设等方面进行创新。一是课堂教学活动的开展注重融合多种教学方法，采用多种教学模式，讲授时循循善诱、层层剥笋，遵循认知规律，调动课堂氛围，引导学生主动思考，使得学生有兴趣学，真正学到东西，这样可以培养学生多方面能力，实现全面培养人才的目的。例如，上海理工大学理学院开设的 STS（Science, Technology & Society）德育课程融合了渗透式教学、独立式教学、社会文化、实践活动等教学模式，有效培养学生的问题意识和解决问题的能力，促进理工科大学教育的价值理性和工具理性的统一。二是教师队伍建设要突破某一专业的限制，吸纳不同领域的优秀教师，强调多员组合。例如：上海交通大学组建了一个多元组合的教学团队，包括校长、校党委副书记及校内外教学名师，形成跨越专业、学科交叉的"客座教授"机制。三是制定创新高校思想政治教育课程体系的实施意见和教学规范，把握课程标准审核、教案评价、课堂教学和教学成效评估等关键环节，合理设置教学规模，严格落实课时规定。四是推进思想政治理论课教学话语体系转化。具体来说，就是推进思想政治理论课学科话语创新；推进话语内容创新，推进话语方式创新，推进话语语境创新。[9] 要达到上好思想政治理论课程的教学目标并不能局限于以上几个措施，另外还需要建设思政课教师实践教学基地，落实思想政治理论课专职教师任职资格制度，保证教师资源，如实施名师引领计划，推行特聘教授制度，建立特聘教授资源库，尝试党政干部、研究人员参与思政课教学等。

3. 强化综合素养课和专业课育人功能。综合素养课、专业课和思政课一样同为育人主阵地，要牢牢把握专业成才和全员育人的共通点，努力实现教育主体由单一到多元，强化综合素养课和专业课的育人功能，实现隐性价值渗透。突破思想政治教育过于集中于"点""线"的瓶颈,把思想政治理论教育与专业教育变为一个协调同步、相得益彰的过程。[10]首先,必须将社会主义核心价值观教育融入教学过程,在课堂上对学生根植正确的理想信念,坚定政治立场,强化思想引领。其次,要制订综合素养课程建设实施标准,从专业维度、社会维度、价值维度等多方面入手,设计德育阶梯式推进路径,创新体制机制,优化课程设置,严格教师选聘,改善教学方式,修正通识教育体系,明确课程建设标准,加强课程管理。再次,专业课程要注重以专业技能知识为载体开展育人工作,立足学科学术内涵,发挥自身特色,提炼出社会责任和爱国情怀、科学精神与人文精神等德育因素和德育内涵,挖掘课程中蕴含的思想政治教育资源。如对于哲学社会科学课程,强化意识形态属性;对于自然科学课程,强化创新能力、职业素养和工匠精神养成。最后,课程内容的设置要立足中华优秀传统文化根基,紧扣时代,回应学生。"博大精深的中华优秀传统文化是我们在世界文化激荡中站稳脚跟的根基。"[11]要推动中华优秀传统文化融入教育教学工程,注重学科交叉融合,争取创设出一批文理结合、医儒相通的示范性课程。

4. 提高教师育德意识和育德能力。实践证明,提高教师育德能力和育德意识,有助于改变专业教师"只教书不育德"、思想政治教育教师"单兵作战"的现象,从而使思想政治教育从专人转向人人。但是现实中教师往往忽视了"育人先育德"这一主题,重智轻德现象成为一种普遍的倾向,如何解决这些新问题,实现新目标?具体来说:一是实施教师育德意识和能力提升计划,完善教师评价激励体系,把育德能力作为教师评教、职称评聘、评优评先、绩效考核的重要内容,纳入高校教学质量评估指标体系。二是研究开发专题培训课程体系,编制教材,扎实开展职前、职初、职中培训;从培养对象设定、培训层次划分、培训内容设置多方面着手,采取多渠道培训策略。三是完善课堂教学效果评价体系,将课堂教学效果评估向人文素质、科学态度、社会责任感、环境伦理道德、全球意识等维度延伸,引导教师加强对学生根植正确理想信念和树立正确价值观的教育。四是设立"课程思政"教学改革专项激励计划,鼓励广大学科教师开展课程思政教学研究与实践,推出示范团队、精品课程、优秀教案等,引导教师群体共同学习与探索,增长道德智慧。同时,在学校各类讲课比赛、教学演示中,加入德育评价指标,引导教师在教学过程中践行全过程、全方位育人理念。

5. 辅导员精准高效地开展思政工作。高校辅导员是学校教师队伍和管理队伍的重要组成部分,具有教师和干部的双重身份,是大学生日常思想政治教育和管理工作的组织者、实施者,所以辅导员的日常思政工作也是高校思政课改革中重要的一环,其工作开展的好坏也将关系到思政课改革工作的大局。思政工作是做人的工作,必须围绕学生、关照学生、服务学生,面对新形势、新要求,唯有"扣好扣子"不忘初心,"撸起袖子"继续前行,才能不辱使命、不负时代。思政工作是一件相当复杂而细致的工作,辅导员要实现精准高效的思政引导需要做到以下三点:

首先要构建起自己与每一名学生的"关系链条",这是基础;其次要主动联系(班)导师、专业教师、宿管人员、家长等,构建起学生的全员育人"关系网络",全面掌握学生动态;最后就是要对这些"关系链条""关系网络"进行分类管理。而要进行分类管理,就离不开对教育规律、思想政治工作规律、学生成长规律以及对学生思想特点和发展需求的研究和掌握,因此,辅导员在扎实做好思政基础工作之外,还必须学会找规律、重实践、求实效,不断提高自身工作的科学化、精细化水平。

6. 发挥高校党委政治核心作用。党的领导是全面实施构建高校思想政治教育课程体系的保证。要始终坚持高等教育的社会主义办学方向,完善高校党的领导体制,发挥高校党委政治核心作用。建议成立"课程思政"教学改革指导委员会,抓好推进思政课改革工作的顶层设计,具体来说:首先,坚持和完善党委领导下的校长负责制,实行党委对党建全面负责,履行管党治党、办学治校主体责任,掌握意识形态话语权,执行政治纪律和政治规矩,发挥领导核心作用,保证办学方向。其次,强化院(系)党的领导,发挥院系党组织政治核心作用,建立健全高校基层党组织,督促其履行政治责任,贯彻执行党的路线方针政策及上级党组织决定,把握教学科研管理等重大事项的政治原则、立场和方向,在干部教师队伍建设中发挥主导作用,把好政治关。第三,将高校党委、各部门和教师队伍等动员起来,将教师教书育人和职能部门服务育人结合起来,调动基层主动性和师生员工积极性,建立全员动员的育人主导机制,共同致力于高校课程思政体系的构建。[12]实践证明,三位一体的高校思想政治教育体系,一方面使得专业课程、综合素养课程与思想政治理论课程实现了同向同行,专业课老师、校内外专家和思政课教师达到了协同一致;另一方面保证了思想政治理论课的核心地位,同时充分发挥了其他课程的育人价值,真正做到显性教育与隐性教育融会贯通,实现思政教育从专人向人人的创造性转化。同时,高校"课程思政"改革不是一日之功,需要我们发扬"久久为功"的精神,不断完善体制机制保障,主动应对多元开放社会环境的挑战,切实强化思想文化阵地的建设,深入推进网络文化建设管理和创新,探索拓宽高校思想政治工作的有效途径,把思想政治工作贯穿于学校工作的方方面面,实现为党治国理政服务、为社会主义建设培养人才的目标。

参考文献：

[1] 习近平在全国高校思想政治工作会议上强调:把思想政治工作贯穿教育教学全过程开创我国高等教育事业发展新局面[N].人民日报,2016-12-09(1).
[2] 雷儒金.高校思想政治理论课教学方法改革研究[D].武汉:武汉大学,2012.
[3] 高德毅,宗爱东.从思政课程到课程思政:从战略高度构建高校思想政治教育课程体系[J].中国高等教育,2017(1):43-46.
[4] 中央宣传部教育部关于印发《普通高校思想政治理论课建设体系创新计划》的通知[EB/OL].(2015-07-30)[2017-11-15].http://www.moe.edu.cn/srcsite/A13/moe_772/201508/t20150811_199379.html.
[5] 肖杰,刘贤芳.思政课程实践教学方式创新探索——以设计艺术学专业为例[J/OL].新教育时代电子杂志(教师版),2017(32):187.[2017-11-15].http://www.fx361.com/page/2017/0905/2262443.shtml.
[6] 顾晓英.创新思政课程培育合格人才[J].思想政治工作研究,2017(1):23-24.
[7] 姜澎.上海中医药大学探索全员育人和全过程育人——育人功能从思政课向专业课全面覆盖[N].文汇报,2016-15-06.
[8] 李晓丹.上海师范大学:"三导"队伍创新全面育人[EB/OL].(2017-05-03)[2017-11-15].http://www.sh.xinhuanet.com/2017-05/03/c_136253357.htm.
[9] 张海琳.高校思想政治理论课话语体系创新研究[J].课程教育研究,2016(31):16-17.
[10] 高德毅,宗爱东.课程思政:有效发挥课堂育人主渠道作用的必然选择[J].思想理论教育导刊,2017(1):31-34.
[11] 习近平谈治国理政[M].北京:外文出版社,2014:155-173.
[12] 王学俭,杨昌华.立德树人:中国特色社会主义高校的立身之本[J].新疆师范大学学报(哲学社会科学版),2018(1):54-62.

《扬州大学学报(高教研究版)》2018年第2期

高校课程思政改革的实现路径分析

郝红梅

摘要：高校课程思政改革旨在建立"大思政"格局,增强高校思想政治工作的实效性,关键是及时总结经验使之深化、优化、固化,建立高校思想政治教育的长效机制。从课程思政改革以来各大高校的改革实践可以概括出"寓道于教"的改革路径,其中,"教"是课程思政改革的核心,"道"是"教"所要实践的对象,"寓"是"教"实现"道"的方法。笔者旨在提出通过拓展"教"的外延、模块化"道"的内涵、创新"寓"教的方法,为高校课程思政的持续推进提供可借鉴的方案。

关键词：课程思政；寓道于教；思想政治；大思政

2016年全国高校思想政治工作会议确立了高校"立德树人"的人才培养目标后,课程思政就成为目前高校教学改革的重要方向。各高校因地制宜,实践出了不少成功的做法,涌现了一批精品课。如教育部牵头,各地教委负责,集中各地名师的"学习新思想千万师生同上一堂课"已在各地陆续开讲；由复旦大学、上海交通大学等高校承担的"创新中国""治国理政""读懂中国""中国道路"等"中国系列"课程,集中优质师资,讲授内容紧扣中国发展和学生关切；武汉大学推出了"院士课堂",把面向大一新生的"测绘学概论"通过两院院士的言传身教,将专业学习与爱国教育有机结合；上海中医药大学在"遗体解剖课"中加入了感恩遗体捐赠的第一堂课,引导学生思考生命的价值。课程思政旨在建立"大思政"的格局,其关键是打造课程思政的长效运行机制,及时总结经验使之深化、优化、固化下来。综合来看,各大高校课程思政的改革实践可以概括出"寓道于教"的改革路径。此路径中"教"是高校课程思政改革的核心,"道"是"教"所要实践的对象,"寓"是"教"实现"道"的方法。

一、抓好课堂教学，守好思想政治教育的主阵地

如何实现高校"立德树人"的目标，课堂教学无疑是主阵地。但课堂教学不限于传统的思想政治理论课课堂，也包括专业课堂和综合素养课课堂。课程思政改革就是为了解决思政课程和非思政课程未能协同育人的状况，使思政课与专业课和综合素养课在思政教育上协同发力、同向同行。具体而言，思政课程仍是对大学生进行思想政治教育的传统阵地，但其他课程也要树立思想政治教育的意识，和思政课程一起，合力承担好"立德树人"的工作。

习近平总书记在2016年全国高校思想政治工作会议上强调："思想政治理论课要坚持在改进中加强，提升思想政治教育亲和力和针对性，满足学生成长发展需求和期待"。[1]"思想课程"在"课程思政"中的作用有以下两个方面：

1. "思政课程"仍是大学生思想政治教育的最重要的传统阵地。思想政治理论课是对大学生进行系统思想政治教育的专门课堂，如何应对多元化的非主流思潮的影响，这对于传统的思想政治教育提出了更高的要求。传统的思想政治理论课程，如何以学生为本，回答好、解决好学生的关切，增强学生的思政课获得感，必须从内容和形式上不断创新。从内容上来讲，思政课不仅要系统的介绍马克思主义的世界观和方法论，培养学生的马克思主义观，树立共产主义的远大理想，坚定共产主义的理想和信念，还需从中国特色社会主义的探索实践中讲好中国特色社会主义理论、制度和道路形成历史必然性和现实合理性，增强学生对中国特色的社会主义的认同感。此外，还要讲清当下中国国内外的形势，使学生认清中国面临的机遇和挑战，明确青年人的使命，自觉投身于中国特色社会主义建设的伟大事业，将各人梦想主动融合于民族梦想，为民族复兴和中国特色社会主义努力奋斗。从形式上讲，思想政治理论课要本着寓教于乐的理念，创新教学方式，利用好新媒体，提高学生的课堂参与度，调动学生的积极性，形成师生间的良性互动，使思政课真正入脑入心。

2. "思政课程"要在"课程思政"中发挥引领作用。因为思政课教师是从事思政教育的专门教师，在大学生思想政治教育方面具有专业优势，因此，"思政课程"在"课程思政"的实施中必须发挥好引领作用。一方面要做好马克思主义世界观和方法论的凝练，做好中国特色社会主义理论最新成果的凝练，为马克思主义和中国特色社会主义最新理论成果走进其他课堂提供理论支撑。另一方面还要做好课程思政改革的理论研究工作，及时总结经验，积极探索课程思政改革的

创新机制，积极推动课程思政改革长效工作机制的形成，为课程思政改革提供方法论支撑。

二、拓展思想政治教育的外延，打造协同育人体系

高校课程思政"寓道于教"的实现路径中的"教"除了课堂教学中老师的言传和身教，还渗透于高校日常教学管理中，渗透于各种教育和管理的规范中，渗透于高校教育和教学的各项机制中。课程思政实施之前，各高校之间、高校的各系部和部门之间在思政教育上各自为营的多，协同育人的少。而课程思政目的就是共筑协同育人的大思政格局。这个协同育人的大思政格局，除了前文分析的是思政课程和其他课程同向同行合力进行思政教育的问题，也是学校内部各职能部门和系部之间协同育人的问题，还是各高校之间资源整合协同育人的问题。从学校内部来讲，从学生的培养计划和方案，到学生和老师的行为规范和守则，到各职能部门和各系部的职能设置和日常工作都要体现课程思政的要求，将"立德树人"作为高校运行的总目标，真正解决好"高校培养什么样的人、如何培养人以及为谁培养人这个根本问题"，[2] 共筑全员育人和全体系育人的机制。课程思政改革以来，为推进课程思政，各高校都成立了以党委牵头的课程思政改革推进小组，课程思政的意识也由最初的排斥转到重视。但课程思政改革要取得实效就必须把工作做细做实，避免浮于表面，避免一阵风，避免当作政治任务来抓。要使课程思政改革的成果巩固下来，需建立课程思政工作的长效机制，因此，必须加强课程思政的制度化建设，用制度化的文件明确各系部职能部门的职责，明确考核标准，责任具体到人。同时，要及时总结课程思政的经验，将成功的实践写入教学大纲和学生的培养计划中，写入学校的管理规范当中。从学校外部来讲，各高校之间也要发挥好各自优势，共筑协同育人机制，这方面已有一些尝试。如由复旦大学、上海交通大学等沪上高校承担的包含 42 个专题的"中国系列"课程，在选题上既有总体设计，包括了新时代中国内政和外交的主要方面，同时又发挥了各校的专业特色，是搭建跨学科思政教育平台的成功尝试。最近由教育部牵头，由各地教委具体负责，集中了各地名师的"学习新思想千万师生同上一堂课活动"已在全国各地陆续启动，这也是高校发挥各自优势、协作育人的范例。各地应该加强这方面的探索，在现有的协同育人机制的基础上，探索新的形式，充实新的内容，形成高校间协同育人的长效机制。

三、模块化处理"道"的内涵,明晰课程思政的实践对象

习近平总书记指出:"我国高等教育肩负着培养德智体美全面发展的社会主义事业建设者和接班人的重大任务,必须坚持正确政治方向。"[3]高校课程思政改革首先要解决的是社会主义大学的办学方向问题,也就是为谁培养人的问题,社会主义大学培养的是社会主义建设者和接班人。这些人才首先必须认同中国特色社会主义理论,认同中国特色社会主义制度,认同中国特色社会主义道路,认同中国特色社会主义文化,坚定中国特色社会主义的理论自信、制度自信、道路自信和文化自信。为此,必须确立马克思主义在高校意识形态领域的主导作用,强化马克思主义世界观、方法论及社会主义核心价值观在高校意识形态工作的领导地位。唯有此才能抵御形形色色的非主流价值观的不良影响,坚定社会主义人才培养方向,培养社会主义合格的建设者和接班人。合格的社会主义建设者和接班人除了能坚持正确的政治方向外,还需要"德、智、体、美"全面发展。因此在课程思政实施的过程中,除了贯彻好马克思主义的价值观和方法论,还要将人文素养教育、职业素养教育、法治观教育等现代公民教育贯彻其中。为实施好课程思政,在重视思政课教师培训的同时,也要重视非思政课教师在思想政治教育方法和内容上的培训,强化非思政课教师思政教育的意识,提高非思政课教师的马克思主义理论修养。同时,为保证课程思政有抓手,能落到实处,应将"道"的内容模块化,让非思政课教师有可以参照的模板。总体说来,这个模块既要包含大学生思想政治教育的主要方面,同时也要简便易操作。一般说来,这个模块大致包括:马克思主义唯物史观和辩证法教育,中国特色社会主义理论、道路、制度和文化认同教育,共产主义理想和信念教育,青年人的使命担当教育,现代公民的职业观、民主观、法治观教育等。各校可基于此编写一些简单易行的小册子,便于非思政课教师参与课程思政。

四、创新"寓"教的方法,增强课程思政的实效性

思想政治教育传统的灌输论已无法适应现代思想政治教育的要求,特别是在课程思政的大背景下,专业课也要体现思政教育的功能,只能将思政教育的要素嵌入到非思政课程当中。需要做到"寓"道于教,春风化雨,润物无声。如何实现好"寓"教,综合课程思政改革来的各校实践,可以总结出专题嵌入式、元素化合式、画龙点睛式、隐形渗透式等寓教的方式。

1. 专题嵌入式。在讲授具体专题时,嵌入"道"的元素,将知识目标和课程思政的目标有机融合。如上海中医药大学的"人体解剖学"课程"将教学目标分为知识目标和情感目标"[4],不仅强调解剖技能的传授,更注重学生对生命意义的思考。使课程既让学生敬畏生命、感恩回报,也为之后的实践操作奠定了情感基础。如上海出版印刷高等专科学校在"印刷过程与控制"的课程中讲授专题"水墨平衡"也采用专题嵌入式。[5]平版胶印是现今应用最广泛的印刷技术之一,其著名原理就是"水墨平衡"。许多学生都误认为"水墨平衡"就是"油水不相溶"。但在现代平版胶印过程中,印刷中的"水"和"墨"是在高速、高压的过程中相互接触、相互作用的。如果以相对静止的观点去分析这一问题,将无法正确理解水墨平衡的概念。实际情况是"水"和"墨"两种互不溶解的液体在高速高压状态下,油水间的相互作用发生了显著的变化,一种液体以微滴的形式分散到另一种液体中,产生了"乳化"现象,形成"油包水"型稳定的乳状液。且乳状液中"水"和"墨"的比例也是动态变化的,但只要控制在一定的范围内,平版胶印就可以顺利印出高质量的产品。在"水墨平衡"的讲授中,嵌入对立统一规律的阐述,既揭示了印刷过程中的矛盾运动发展、两点论、重点论、量变到质变规律,又加深了学生对"水油平衡"的深度理解。

2. 元素化合式。$2H_2+O_2=2H_2O$ 中 H 元素和 O 元素的结合后生成了水。元素化合式的改革思路就是以马克思主义世界观和方法论作为具体课程的指导方法,使该课程成为以马克思主义为指导的全新的理论学科。如复旦大学"国际关系学导论"课程将马克思主义国际关系理论有机地结合起来,站稳马克思主义基本立场。[6]用马克思主义及其中国化的理论成果方法,将古今中外的国际关系知识尽可能地转化,形成以马克思主义为指导的课程内容体系,使该课程在科学性上有了一个质的变化,成为一个全新的以马克思主义为世界观和方法论的课程。

3. 画龙点睛式。关键点精准发力,往往效果事半功倍。在知识点的传授过程中,讲清楚基本知识点后,将思想政治教育的内容加上,往往能起到画龙点睛的作用。如 $y=\int f(x)dx$ 积分公式的本义是通过把不能求长度的曲线,通过无限次分割成为无限小的可以求长度的小段。在求出小段的长度之后,将这些无限的小段累加求和最终就会得出曲线的长度。如果把 dx 看成一个量(可大可小),f(x) 看成所做到的事,$\int$(积分)就是量的积累的过程,y 值就是最后所能达到的结果。不论是好事还是坏事,即使 dx 是个很微小的量,但经过 $\int$(积分)不断地累积,就会达到一个可以测量的量,好似从量变积累到一定程度就会产生质变的结果。勿因善小而不为,正如习近平总书记所言"每个人的生活都是由一件件小事组成,养小德以成大德"。勿因恶小而为之,坏事做得多了积累到一定程度也会产生非常坏的影响。因此,在讲完有些知识点后,用思想政治教育的要素,让知识点变得鲜活,让课堂变得生动又趣,从而起到画龙点睛的效果。

4. 隐形渗透式。言传不如身教,教师的专业储备、政治人文素养以及认真敬业的态度就是专业教育和思政教育的有机结合。教师为人师表、以身作则、言传身教,对学生的道德及课堂纪律的严格要求,都会对学生产生潜移默化的影响。教师不仅要加强自身专业储备,注重科研,满足学生在专业上的要求,还要加强自身政治和人文素养的培养,在潜移默化中做好学生的引路人。

综合来看,课程思政的"寓"教改革对于非思政课程而言,就是以专业知识和技能为载体开展思政教育,因而必须深入挖掘课程中蕴含的思政教育资源,从教学目标、教学内容和环节、教学策略与方法、教学资源分配等方面融入价值引领内容,在显性的专业技能中融入隐性的思政教育。总之,课程思政要真正取得实效,必须使课程思政的举措落地做实。为此,必须模块化"道"的内容,创新"寓"教方法,抓好课堂教学,同时拓展大学生思想政治教育的外延,打造协同育人体系,推进课程思政长效机制的制度化建设,进而扭转目前高校意识形态工作的无力现状,开创高校思政工作的新局面。

参考文献:

[1][2][3] 习近平.把思想政治工作贯穿教育教学全过程开创我国高等教育事业发展新局面[N].光明日报,2016-12-09(1).
[4] 邓晖,颜维绮.从"思政课程"到"课程思政"——上海探索构建全员、全课程的大思政教育体系[N].光明日报,2016-12-12(8).
[5] 德智技融汇,课中课贯通,开启人才培养新征程[EB/OL].[2018-01-04].http://news.sppc.edu.cn/37/16/c916a14102/page.htm.
[6] 查建国.从思政课程到课程思政[EB/OL].[2016-11-22].http://econ.cssn.cn/gd/gd_rwhd/rwhd_tpxw/201611/t20161123_3286776_1.shtml.

《新课程研究(中旬刊)》2018年第8期

《财经法规与会计职业道德》课程思政教学的设计与实践

张　静　陈礼茂

摘要：我校会计专业积极响应贯彻"课程思政"改革的思路。先行将财经法规与职业道德课程纳入课程思政改革试点，重新设计制订教学计划、教学大纲、教案等相关教学资源。采用模块化教学将专业课的知识点、技能点，与政治方向、思想引领、价值引导和德育内涵的知识点进行深层次的融合或化合，形成富有新意的案例、故事、任务。采用项目教学法，模拟结算中各种角色、完成票据结算。引入快乐教学，虚拟现实等手段，将思政内容融入教学考核等一系列课程。思政教学改革措施有计划、有步骤地将思政教育贯穿于高校教育教学的全过程，将教书育人落实到课堂教学之中。

关键词：课程思政;课中课;模块教学;价值观引领

一、课程简介

财经法规与会计职业道德是会计专业学生三年制高等职业教育的专业必修课。因为该课程较为综合，需要先学习会计专业的一些基础学科如会计学基础做铺垫，才能更好理解、掌握本学科内容。所以本课程在我校会计专业放在第二学年学习。通过对教材内容整合，本课程教学内容包括：模块一，会计法律制度和会计职业道德;模块二,结算法律制度;模块三,税收法律制度;模块四,财政法律制度等相关内容。本课程教学目标是：1. 树立正确人生观、价值观,培养学生良好的职业素养,能自觉遵守各种财经法律制度,遵守会计职业道德,具有高尚的道德情操和自我约束能力。2. 促进学生职业能力,具备利用会计法规的理论知识,较快地将理论联系实际,培养学生财务信息处理能力。

二、财经法规与会计职业道德课程思政建设的意义

（一）首先,"课程思政"是一种整体性的课程观,有助于突破思想政治理论教育集中于思想政治理论课的瓶颈,缓解思想政治理论课"孤岛化"现实困境。其次,"课程思政"有助于高校思想政治教育内涵和外延的丰富和拓展。"课程思政"将不同学科课程进行功能融合,使其融入思想政治教育的总体格局,大大拓展了思想政治教育的内涵体系。最后,为提高思政教育的时效性,要充分发挥课堂育人的主渠道作用,努力将学科、学术等资源转化为育人资源,能够实现"知识传授"和"价值引领"的统一,进而推动"思政课程"向"课程思政"立体化育人的转型,尽力发挥各门课程的育人作用。

（二）从现实分析,大学阶段是学生的心理趋于成熟、发展变化较大阶段,也是人生观、世界观、价值观形成的重要阶段,为使学生树立正确的人生观、世界观、价值观,促进学生全面发展,针对会计专业的高职高专学生,教师在财务会计核算技能教学的同时,应结合《财经法规与会计职业道德》课程的特点,选取合适的内容,不失时机地对学生进行思想品德教育很有必要。

三、财经法规与会计职业道德课程思政建设的有效途径

（一）"课中课"模式教学。在课程中融入思政教育功能,将思政内容融入各类教学资源,在制定教学计划、教学大纲、教案等教学资源时,坚持马克思主义思想,加强对高校学生道德建设,通过思政实践课教学形式对其进行管理,将思政德育融入在财经法规与会计职业道德的教学中。让学生树立正确的人生观、价值观,自觉遵守各种财经法律制度,遵守会计职业道德,具有高尚的道德情操和自我约束能力。教学中积极发掘教学内容蕴含的思想政治教育价值和资源,坚持将思政教育贯穿到会计专业知识的学习中,将本课程教学与会计职业生涯规划、职业素养教育相结合。通过视频、案例等教学方式,不断强化学生的会计职业意识与职业素养,提升思政教育的亲和度和专业课程的正确价值导向。例如：为增强会计人员社会责任感,减少企事业主体财务人员违法或不规范行为,将"中国梦"放在课程引言中学习。学习"四个全面",从全面依法治国的高度掌握各项法律制度的要求。把"三严三实",将全面从严治党,反腐倡廉的思想融入第四章财政法律制度的学习中。用马克思主义唯物史观分析具体实践,将社会主

义核心价值观中的"自由、平等、公正、法制、爱国、敬业、诚信、友善"贯穿整个教学实践,坚持不懈地引导会计专业学生树立社会主义核心价值观。

(二)模块式教学。课程结构重新设计融入思政内容,财经法规与会计职业道德的传统教学以老师灌输为主,学生上课参与度积极性不高。为了丰富课程体系提高学生上课的抬头率,为了将思政内容有效融入课程教学中,把本课程按模块来教学,课程结构重新设计。重新设计后的课程包括四个模块,模块一:会计法律制度和会计职业道德;模块二:结算法律制度;模块三:税收法律制度;模块四:财政法律制度。

(三)案例式教学。本课程结合案例教学,将思政内容恰当地镶嵌在教学过程中。将专业课的知识点、技能点,与政治方向、思想引领,价值引导和德育内涵的知识点进行深层次的融合或化合,形成富有新意的案例、故事、任务等。现列举一个教学案例:

教学知识点,(第一章第三节)会计核算对会计资料的基本要求:会计资料的生成、提供必须符合国家统一的会计准则制度规定;提供虚假会计资料是违法的。教学案例:××农业开发股份有限公司不按照国家统一会计准则制度生成和提供会计资料,为了达到上市目的粉饰报表,提供虚假会计资料、涉及财务造假。在2008—2010年,该公司还未上市却累计虚增销售收入大约为46 000万元,营业利润大约虚增11 298万元;该公司上市后,根据其披露的2011年年报和2012年半年报,销售收入累计虚增44 500万元,营业利润虚增10 070万元,同时隐瞒了重大停产事项。另外,相关中介机构也没能勤勉尽责。某证券公司、某会计师事务所和某律师事务所在执行相关业务过程中也未能保持必要的独立性和职业谨慎性,出具了不实报告。

案例解析:(1)首先,××公司会计资料造假违反国家统一的会计准则制度规定,违反了会计法。《会计法》第十三条规定,会计凭证、会计账簿、财务会计报告和其他会计资料,必须符合国家统一的会计制度的规定,任何单位和个人不得伪造、编造会计凭证、会计账簿及其他会计资料,不得提供虚假的财务会计报告。(2)本案例中某证券公司作为保荐机构、某会计师事务所作为审计机构和某律师事务所作为法律服务机构在相关业务执行过程中均未能保持应有的独立性和谨慎性,出具存在虚假记载的报告,违犯法律均受到了应有的处罚。(3)思政内容升华:当今,我国大力加强社会主义法治建设,全面依法治国,培育社会主义法治观念和法治思维。法律成为最高准绳,无论是个人还是组织,都要遵守法律。只有依法治国,社会主义市场经济才能有序进行,中国共产党的执政地位才能稳固,中华民族的伟大复兴才能实现。当前我国建立了比较完备的社会主义法律体系,任何逃避法律规范的企图都是错误的。这个案例也再次表明,手莫伸,伸手必被捉。"十九大"提出了要深化依法治国的实践。我们要贯彻好"四个全面"中的全面依法治国,坚持厉行法治,积极推进科学立法、严格执法、公正司法、全民守法。作为财务人员要自觉遵守各项法律制度,恪守会计职业道德,知法、守法、敬法,不做违法的事情。

(四)采用项目教学法。比如,第二章关于票据计算方式采用大量的项目教学法,进行任务驱动,采用小组模拟收款人、付款人,收款人银行、付款人银行等角色、完成票据结算,引入快乐教学,虚拟现实等手段。

(五)积极引导学生参与,将思政内容融入课程期中考核。适时预留小组作业,让学生搜集现实生活中的案例,做成课件,进行课上 10—15 分钟讲述分析,分析时要求学生融入思政内容,增强学生的爱国主义教育、责任意识等,使学生积极主动地遵守会计法律法规和职业道德。

四、课程思政建设的成效与思考

(一)课程融入思政教学后,课程内容更丰富生动,学生上课积极性大大增加。财经法规与会计职业道德教学课程本身就是会计专业的一门思修课,再加些大思政内容的有机结合,内容设计丰富有趣,学生上课抬头率比以前大大提高了。课上学生积极发言参与课中,课下学生也会针对感兴趣问题提问探讨。有学生在小组作业中书写自己的感受:财经法规与会计职业道德是我们会计生涯里的思想必修课,融入大思政的内容后,课程更丰富有趣,作为学生的我们,会始终牢记我们肩负的使命与责任,自觉遵守会计法律制度和会计职业道德,做个新时期合格的财务人员。

(二)从该门课程的课程思政改革的成效来看,习总书记提出的"课程思政"育人理念对高校的思想政治教育确实很有成效。学校专门针对试点课程召开了学生座谈会,学生对财经法规与会计职业道德的课程思政教学方式很满意。绝大多数同学反映,这样开展教学让本来枯燥无味的思政课程学起来更加有趣了。在专业课教学中重视价值观的引领,不但能够把握思政课在社会主义核心价值观教育中的核心地位,也可以充分发挥其他课程的育人价值。所以高校可以进一步推进课程思政改革的步伐,让更多课程参与到课程思政的改革中,教师注重将马克思主义贯穿在教学和研究的全过程,并深入挖掘各类课程的思想政治教育资源,让各门课程都实现育人功能。

参考文献:

［1］闵辉.课程思政与高校哲学社会科学育人功能[J].思想理论教育,2017,11(15):21-25.
［2］高德毅.有效发挥课堂育人主渠道作用的必然选择[J].思想理论教育导刊.2017(1):31-34.
［3］宁喜斌,晨凡.高校"食品安全学"课程思政教育的设计与实践[J].安徽农学通报,2017,17(23):153-154.
［4］张雪芬."财经法规与会计职业道德"教学策略探讨.[J]现代交际.2016(12):207-208.

《安徽文学》2018年第9期

《实用综合教程》教材价值取向分析

龚珍蕾 俞 嘉 卢美凤 陆茵垠

摘要：文章通过对英语教材的分析，发现其价值取向特点，提出课堂教学时需要注意的方面。

关键词：实用综合教程；价值取向；英语学科

《实用综合教程》教材是我校公共英语课的主要教材，对这套教材进行价值取向分析，有助于教师进一步改善教学方法，提高学生的跨文化交际意识并树立正确的价值观和道德观。按照克拉克洪与斯乔贝克的价值取向理论，我们对该教材中选取的课文主题、内容等进行了具体分析。我们发现该教材在文章的选材上偏重于反应西方社会的人文和科技，其中所反映的价值观主要包括以下三类情况：

一、需要批判和矫治的负面价值取向

西方文化中常见的负面价值观就是以"个人主义"为中心的重利轻义价值观。这种思维方式以实现个人利益、维护个人尊严等作为出发点，支配各种社会人际关系的调节，进行价值评价，并产生出相应的行为方式和态度。例如，第一册第1单元课文 Education Does Count 一文中有这样一段话：In my company's early years, we had a bright part-time programmer who planned to drop out of high school to work. 这名中学生因为想要赚钱而考虑效仿比尔·盖茨辍学打工，从中可以看出西方人的利己主义价值观。随着中国经济的发展，许多中国学生也很容易受到这种价值取向的影响。因此教师应当在课堂中帮助学生树立大局观，引导学生正确看待大家与小家、个人利益与集体利益、国家利益的关系。

二、值得肯定与学习的正面价值取向

价值取向是一种在经历漫长历史发展、文化沉淀之后而产生的思想精髓。毫无疑问，西方价值观之中也有值得我们肯定与学习的正面价值取向，比如公平原则，创新精神，以及社会制约机制都有其积极可取的一面。以我们的教材为例，第一册第 6 单元课文 Looking for a Part-Time Job 就是一个值得好好探讨的话题：As a college student, I find that I am more and more in need of a computer. But I don't have enough money to buy one. Asking my parents for help is not a sensible solution, for it is already a heavy burden for them to pay my tuition and provide my living expenses in college. I must earn the money by myself.作者表示要通过自己打工赚钱来买电脑，这在西方国家的大学生中是非常普遍的现象，他们认为自己已经成年，向父母伸手要钱是不可取的，对于自理能力不足，无法顺利"断奶"的中国大学生来说，这种独立精神正是他们需要学习的。

三、东西方价值观差异与互相影响

跨文化交际是语言教学的重要方面之一，这需要我们对西方文化和习俗进行正确的解读，了解东西方语言背景和文化背景的差异以及由此引发的价值观差异。教师应当特别提醒学生注意这些差异，防止出现误会或矛盾。例如，西方人强调人格的独立性，他们通常独来独往，不关心也不过问别人的私事。以第一册第 3 单元课文 The Rules for Gift Giving 为例，其中写道：Be modest with your gift; do not buy expensive gifts. Be careful in giving alcoholic drinks as a gift.西方人送礼的价值观与中国人的传统正好相反。通常来讲，对待这一类情况，我们一方面要学习了解西方的文化传统和风俗礼仪，从文化的角度注意区分东西方的不同之处；另一方面还要深入理解之所以产生这些区别的思想根源，对其中所体现的价值观进行分析与思辨，从根本上去体会不同的价值观所带来的影响。综上所述，语言教学是一门重要的学科，既是学习语言，又是学习文化，而且会对学生的思想道德价值观产生一定的影响。面对这些影响，尤其是负面影响，我们应采取什么样的态度呢？首先，我们要对西方价值观进行深入的分析，搞清楚价值观与社会民主政治体制和市场经济的内在关联。其次，我们要对西方价值观作公正的评价，既要反对全盘接受或完全否定的片面化倾向，又要反对把西方价值观归结为资产阶级和个人主义价值观而不加分析的简单化倾向。最后,我们要提高自身的鉴别与选择能力,对西方价值观做出合理的取舍。身为一名大学英语教师,我们需要通过教材内容这一特定的视角,进行有意识的引导,对学生循循善诱,去伪存真,更好地完成教学任务。

参考文献:

[1] KLUCKHOHN C. & KELLY D. The Concept of Culture[A]. In Linton R(ed). The Science of Man in the World Crisis[C]. New York:Columbia University Press,1945.
[2] 王守仁.实用综合教程第二版[M].上海:上海外语教育出版社,2013.
[3] 郑晓红.论文化价值取向在大学英语教材中的呈现[J].外语界,2009(2).

如何在英语教学活动中渗透德育思想

沈 联 唐桂芬 徐耀辉

摘要：学生的德育发展是教师的责任之一，其不仅关乎学生身心的健康发展，同时也关系到其未来在社会中发挥的功效。因此，各级教师在教学活动中都需积极做好德育思想的渗透和教育。然而纵观我国当前的教育现状，德育途径较为单一，尤其在大学教学过程中，仅有思政课及辅导员对学生进行灌输式的德育，方式被动低效，也忽视了其他学科渗透德育的隐性辅助作用。英语作为大学生的必修课，并且大学英语教学大纲中明确指出实施素质教育是大学英语教学的一个组成部分，因此英语教学不仅是培养学生良好的外语技能和素养，同时还需在教学活动中适当地对学生进行必要的道德素质教育，才能促进大学生的良好和全面发展。本文主要探究了在英语教学活动中渗透德育思想的相关策略。

关键词：英语教学活动；渗透；德育思想

学生道德素质的培养是素质教育的根本，因此，英语教师在教学活动中，在传授学生英语技能的同时，还需采用有效的教学方式将德育教育渗透于教学活动中。而英语作为一门语言类教学课程，在语言的学习过程中，本身就包含了人文素养的学习，鉴于我国当前大多数学生的整体心理发展水平处于成熟而未真正完全成熟阶段，再加之多元化对学生意识形态产生的影响，导致做学生的德育思想工作较为困难，为此英语教师在指导学生语言学习的同时，还需结合课程的特点，积极地将德育教育渗透于英语教学活动中。

一、在英语教学活动中多引用日常用语进行对话，将德育教育寓于礼貌用语中

文明礼貌用语是人类共同的传统美德，并且礼貌用语也是思想道德教育的

基础,因此教师在教学活动中,需经常引导学生使用你好(hello)、打扰了(Excuse me)、对不起(sorry)、谢谢(thank you)、不客气(you are welcome)等生活中经常用到的日常用语进行对话,这样不仅能使学生在日常生活中更好地与他人相处,且还会使其对帮助过的人产生感恩之心和感受到助人为乐的美好,进而在以后的学习和生活过程中也能尽自己的力量帮助他人。除了引导学生多运用日常用语外,还需引导其多采用建议性的语言表达自己的想法,如 Shall I？Would you please？等,这样的表达习惯能够充分体现出对他人的尊重。学生在学习过程中经常性的使用到这些日常文明用语,不仅能使其从中获得良好的文明礼貌教育,还能有效提升其对英语日常用语的实践运用能力。

二、利用名人名言、英语谚语进行德育教育

与中文发展同理,英语作为全世界应用最为广泛的语言之一,其在生成和发展过程中也蕴含了创造者的丰富情感,并且能够反映出社会的道德观和价值观,因此在教学过程中应用德育相关的英语谚语和名言对学生进行教学,不仅能使学生学到地道的英语口语表达技巧和提高其对英语语言的运用能力,还有助于其遵守英语的道德规范,不断改进自身不良的行为习惯,从而树立正确的人生观和价值观。

三、在英语教学活动中巧设教学情境

为了使学生认识到英语教学活动中渗透的德育教育思想和道理,以及不断激发其在日常学习和生活过程中能够积极主动的践行道德行为,教师在教学过程中还需积极地为学生创设良好的教学情境,例如进行 western festivals 一课教学时,教师能够将其进行扩大和延伸,使学生认识到感恩节和母亲节是西方国家两个较为重要的节日,并且在课堂上,教师还可要求学生进行自行分组,各小组编排一个与感恩或母亲节主题相关的短剧或小品节目,然后表演出来,最后由教师进行综合点评和分析。这样不仅能加深学生对西方传统节日的印象和理解,且通过自身在情景剧中的感知和体会,还会使学生对父母的无私付出和他人的恩情付出有了更加深刻的认识。

四、组织丰富多彩的英语活动

除了引导学生掌握和运用日常的文明用语,建立正确的、积极向上的道德行

为习惯外,教师可定期组织学生开展与德育相关的演讲比赛、辩论活动,例如围绕环境保护、关爱社会(Environmental protection, caring society)展开的演讲和辩论比赛,不仅能使学生感知到环境保护的重要性和紧迫性,同时在讲述或激烈争论、交流的过程中,还能不断提升学生的英语口语表达能力。

五、结语

著名教育学家赫尔巴特提出了教学的教育性,他认为教学的过程应是实现文化知识传授和实现教育的终极目的——德育教育的有机结合,只有将教学和德育教育完整的统一起来,才能促进学生的全面和健康发展。因此各级教师在教学过程中,都需在知识教育中有效的渗透融合道德教育,而在英语教学活动中则可以采用多引用日常用语进行对话,将德育教育寓于礼貌用语中、利用名人名言和英语谚语进行德育教育、在教学活动中巧设教学情境或引导学生进行角色扮演,使学生亲身体会德育教育。组织丰富多彩的英语演讲比赛、辩论活动,丰富英语德育教育的形式,才能在教学过程中有效地提高学生对英语口语的运用能力,并且在运用文明用语以及学习与德育教育相关的名人名言过程中,使自身的认知水平、道德素质不断得到升华和提高,因此在英语教学活动中有效地渗透德育教育是增强道德教育,开发人才的内在要求和有效途径。

《校园英语》2017 年第 47 期

大学生思想政治隐性教育效果强化的路径探析

赵文蕾　张华欣

摘要：思想政治隐性教育自提出以来，经过理论和实践的反复探讨和摸索现已日趋成熟。本文分析了当前高校思想政治隐性教育现状，探析了强化隐形教育效果的路径，以期提高大学生思想政治教育的实效性。

关键词：思想政治隐性教育；大学生；效果强化

近年来，思想政治隐形教育虽然取得显著成效，但随着时代的快速发展，90后，尤其是00后新一代青年进入大学，原有教学模式明显后劲不足。面对新情况、新问题，思想政治工作者需要从教育实践中不断探索强化思想政治隐形教育效果的路径。

一、思想政治隐形教育的内涵及特点

隐形教育源于美国教育学家杰克逊(P・W. Jackson)1968年所著的《班级生活》(Life in Classrooms)中提出的隐形课程概念，后来学者借助于隐形课程中对学生进行教育的过程和方法提出隐形教育。我国从20世纪80年代末开始引入、研究隐形教育，并将此概念运用到思想政治教育之中，以此弥补传统"灌输式"教育方法的不足。

1.思想政治隐形教育的内涵隐形教育具有隐蔽性和自然性，它强调以"潜移默化""润物无声"的方式将教育内容渗透到受教育者的思想、观念之中。隐形教育融入思想政治教育，即让思想政治教育在不知不觉中开展，使学生在潜移默化中认同教育内容并转化为自觉行动。即以受教育者的"无意识"为教育过程的开端，随之转化为"有意识"的结果。思想政治隐性教育是除形势政策报告会、灌输式课堂教育等实体性思政教育之外的隐形教学活动。它借助各种载体和社会实践活动,以生动活泼、喜闻乐见的形式渗透到受教育者的日常生活之中,不会被受教育者明显感知和重点关注。同时,这种隐形并非封闭的教育,是开放的,不受时间和空间限制,教育过程不仅发生在课堂、活动中,还存在于任何一个角落中。

2. 思想政治隐形教育的特点与显性教育相比,思想政治隐形教育淡化了教育形式,强调顺其自然的教育模式,其具有如下鲜明的特点:

(1) 教育目的和内容的潜隐性:思想政治隐性教育的开端是无意识的教育,实施过程中通常把教育目的、内容潜藏在受教育者的各种活动中,激发受教育者的兴趣,使其在不经意间接受熏陶,不露教育痕迹。正是这一特点,受教育者在接受隐形教育的过程中没有感受到任何明确的外部强加的意图,从而能以自愿、自主的状态选择和参与教育活动。

(2) 教育载体和方式的多样性:思想政治隐形教育是开放式教育,其载体潜存于学校各种教育资源中,能够传递教育内容的一切具有教育功能的环境、活动等要素的集合,不仅包括学校的物质环境,还包括整个精神文明环境。对应不同的教育载体,多种形式的教育方式将教育内容融于各个载体之中,采取受教育者乐于接受的形式,使受教育者自然而然的通过直观思维、情感体验等方式接受教育内容,并转化为自己的思想品质和道德行为。

(3) 教育效果的持久性:隐形教育使受教育者在无意识的状态下接受思想道德长期熏陶,并内化于心从而形成稳定的素养,比显性教育载体灌输说教短暂形成的知识记忆更加稳固、更加有效。形成的稳定素养有助于受教育者自觉约束、调整和规范自己的行为,引导受教育者有意识地做出正确的行为选择。

二、大学生思想政治隐形教育现状

大学生是思维活跃、善于且能够迅速接受新鲜事物的群体。随着隐形教育在高校思政工作中的应用,大学生在理想、政治意识、价值观上表现出积极的一面。但由于当前高校隐形教育仍存在不足之处,影响了大学生思政工作的效果。

1. 积极方面

(1) 以动态式教学模式为载体,大学生思想政治水平普遍较高。近年来,高校思政工作创新教学方法,课外改传统的灌输式教学模式为体验式的实践模式,将社会主义核心价值观、中国梦等重要内容灵活地融入思政教育之中,通过参观爱国纪念馆等实践教学,引导学生在正确认识和分析形势政策前提下,坚定社会主义理想信念。课堂改单一式灌输模式为互动式教学,让大学生主动与思政教师讨论时事,积极辩论、探讨问题。动态的教学模式能激发大学生主动参加政治学习,在思考中提高思想觉悟。(2)以志愿服务活动为抓手,大学生道德素质主流积极。当代大学生是志愿服务活动的中坚力量。高校大力支持志愿活动的开展,引导大学生积极主动地参加志愿服务活动。在北京奥运会、世博会、青奥会等多种志愿服务活动中,社会都能感受到当代大学生的蓬勃朝气。志愿服务活动能使大学生在现实服务过程中深入接触社会实际,培养他们的爱心、责任心,强化社会责任感、团结合作的精神和帮扶弱者的意识。积极、健康向上的道德素质是当代青年大学生的重要标志。(3)以自我教育为重点,大学生自律、独立、主体性强。为了迎合当代大学生个性独立的鲜明特征,思想政治隐形教育围绕道德主体意识和能力的培养,引导大学生加强自我管理、自我教育和自我服务,使大学生在接受思想政治教育过程中培养自主意识,在认识、意志、情感等方面更注重主体性,从而能够自觉运用自己的思想鉴别和选择道德行为去应对变化多端的社会道德生活。

2. 不足之处

(1)教育内容单一,大学生心理问题突出。目前,高校思政的隐形教育多停留在概念认知层面,聚焦在以思想政治课为突破口,加强学生的思想上,忽视了学生的心理教育、情感教育也是思想政治教育中重要内容,导致高校的心理教育效果较弱,大学生心理健康问题日益突出。据调查,有17%的大学生具有焦虑、抑郁、心理压力大等心理问题,大学生心理健康问题影响其综合素质的提升。

(2)教学载体简单,大学生实践积极性低。当前,思想政治隐形教育的载体多体现为纪念参观活动、志愿服务活动等,形式单一,学生参与度不高,简单的活动形式也难以调动学生的积极性。同时,大多数参观活动也没有任何后续教学形式对活动价值进行延伸,教育效果具有短暂性而无法发挥长久效应,实践活动效果得不到很好的提升。

三、思想政治隐性教育效果强化路径

新形势下,针对目前思想政治隐形教育存在的不足,挖掘隐性教育的新内容、新载体,探析强化思想政治隐形教育效果的路径,是改进思想政治工作的重要保障。

1. 丰富教育内容,构建隐形思想政治教育系统工程思想政治隐性教育不仅针对大学生的思想道德教育,也要重视他们的心理教育、情感教育等其他教育内容。在不同内容教育中挖掘与学生生活密切相关的内容,并建立能够为学生带来益处的操作路径,以强化思想政治隐形教育的效果,这是一项系统工程。

(1) 加强心理教育。大学生很多思想问题由心理问题引起。因此,从大学生的心理入手,能够加强教育者与受教育者之间的情感沟通、心理交流,受教育者更容易对教育者产生亲近感和信任感,如此开展思想政治教育也能事半功倍。重视思想政治隐形教育中的心理教育环节,课堂以案例探讨、课下以"5.25"心理日为契机开展心理主题活动,从心理上给予大学生及时的关注,有利于大学生思想问题的解决。

(2) 重视情感教育。从无意识的开端到有意识的行为转化,受教育者在接受隐形教育过程中不可避免地会获得相应的情感体验。创新多种表现形式丰富的大学生情感体验,在实践过程中加强大学生的情感培养和引导,有助于他们在将思想内化于心、外化于行的过程中及时调整心态、美化心灵,从而加深思想认知和认同。

2. 利用教育资源,加强思想政治隐形教育载体建设建设有效的思想政治隐形教育载体,拓宽多样化的表现形式,以满足大学生求新求变、标新立异的性格特征是实现思想政治隐形教育效果持久性的现实需要。

(1) 优化校园文化载体。校园文化以隐藏的、渗透的方式对大学生的态度、行为等有潜移默化和深远持久的影响,包含以校园建筑、图书馆为代表的物质文化、以校训、校史、科研精神为代表的精神文化和以校级校规为代表的制度文化。充分利用这些文化载体,营造积极向上的学习氛围、安全文明的生活氛围、公平正义的法治氛围,使思政隐形教育在高校任何角落全覆盖无死角,使大学生在优美的校园环境中陶冶情操、砥砺德行。

(2) 挖掘专业课程德育功能。专业课程不仅拥有系统的专业知识,还蕴含深刻的育人价值。每一门专业课程的授课教师不仅要对学生进行科学知识的传授,也要重视专业人文的传授。专业教师在介绍专业的传统和历史过程中培养学生的课程兴趣,并引导学生对专业历史中产生的伦理、道德问题进行思考。同时对专业知识学习摸索的过程也是培养独立思考、积极进取的奋斗过程。教育者要充分发挥专业课程的德育功能,不失时机、恰如其分地传递渗透符合社会要求的价值观念、生活态度和社会规范,使专业课成为隐形教育的有效途径。

（3）发挥隐形意见领袖影响力。大学生生活在群体中，必然受到同辈群体的影响，其中意见领袖的隐形影响力在同辈群体间发挥重要作用。正如"权威所具有的强大力量会影响我们的行为"，思政工作者不仅要积极发现和树立大学生中的隐性意见领袖，还要善于培养，对隐形意见领袖开展先进理论的教育，帮助他们不断总结提高。通过改善隐性意见领袖思想，引导群体组织的思想向好的方向转变。

（4）利用各类信息载体。高校是各类信息的汇聚地，有网络、杂志、报纸等多种信息载体，具有传播范围广、时效性强等特点。合理利用各类信息载体，通过文化无意识的传播对大学生进行不经意的影响，以新时代大学生喜闻乐见的传播方式，将先进理论糅合进新的传播途径，创新出更多易于渗透到教育中来的表现形式，使学生在浏览网页、观看报纸杂志时达到入眼到入心的隐形教育效果。同时，利用这些信息载体建立一个信息反馈系统，及时发现学生思政教育中的薄弱环节，尽早发现，尽早找到对策，尽早实施并评估实施效果。通过循环往复的教育过程，不断强化理论对于社会风气的指导。

总而言之，思想政治教育工作是一项艰巨的任务，应引起全社会的高度重视。思政教育工作者要迎合时代的进步，在实践中积极探索、勇于创新，把思想政治隐性教育落到实处，使之达到最佳效果。

参考文献：

[1] 周旭萍.大学生思想政治隐形教育刍议[J].德育研究,2007(20)：85-86.
[2] 段鹏飞.新时期思想政治教育中隐性教育的必要性及其实现途径[J].思想政治教育研究,2009(4)：51-52.
[3] 罗伯特·西奥迪尼.影响力[M].沈阳：万卷出版,2010.

《改革与开放》2017 年第 13 期

工匠精神培养与高职校园文化建设融合育人机制研究

贾洪岩　刘惠娟

摘要：培养具有工匠精神的技术技能型人才已成为高职院校新的历史重任。在分析高职院校工匠精神培养必要性的基础上，通过调查研究，结合实际，提出从推进校企融合、深化教学改革、加强教风学风建设、开展特色文化、强化实践训练、引入非物质文化六方面出发的工匠精神培养与高职校园文化建设融合育人机制。

关键词：工匠精神；高职校园文化；融合育人机制

当前，中国正在由"制造大国"向"制造强国"迈进，正在"实现中华民族伟大复兴的中国梦"的征程之中。李克强总理在《2016年政府工作报告》中提出："要鼓励企业开展个性化定制、柔性化生产，培育精益求精的工匠精神，增品种、提品质、创品牌。"[1]培养具有工匠精神的技术技能型人才已成为高职院校新的历史重任。

一、"工匠精神"的基本内涵

对于"工匠精神"的界定，学术界还没有一个权威的定义。科隆大学学者罗多夫将"德式"工匠精神的特点总结为"慢、专、创新"[2]。王丽媛将工匠精神定义为"从业人员对待职业的一种态度和精神理念，其内涵包括精益求精、注重细节、严谨、一丝不苟、耐心、专注、坚持、专业"[3]。徐健则认为，"工匠精神是指敬业奉献的工作态度、技艺精湛的工作能力、精益求精的工作追求"[4]。从以上定义中可以总结出"工匠精神"具有以下特点：坚持不懈、敢于创新、精益求精。

二、高职院校工匠精神培养的必要性

1. 培养"工匠精神"是社会经济发展的需求目前,中国经济进入"供给侧结构性改革"的重要阶段,需要解决低端供给与高端需求,贸易经济与实体经济,直接效益与长期效益之间的矛盾。产业结构的整体转型要靠人才队伍素质的提高来实现,"工匠精神"所指出的人才要求恰恰是适应产业结构转型的需要。

2. 培养"工匠精神"是高职院校加强职业素质教育的需要我国高等职业教育起步较晚,职业素质教育尚处于初级研究阶段。理论研究和具体实践都还不够成熟,使职业素质教育的目标、内容、课程等因素未能达成共识,从而无法形成相应的职业素质培训体系。而"工匠精神"的培育恰好为职业素质教育提供了一个有力的支点。

3. 培养"工匠精神"是提高学生职业能力的需要高职学生要成为优秀的技术人才,必须经过实践的磨炼。工匠的精神内涵包含着坚持不懈、追求卓越、敢于创新和超越自我,为高职院校学生的技能磨砺和素质提高指明了方向,并具有良好的规范作用。

4. 培养"工匠精神"是校园文化建设的需求"工匠精神"与高职院校校园文化建设的融合,有助于高职院校更好地找到自身特色,有益于学校品牌形象的树立,扩大高职院校的社会影响力,从而强化高职院校的办学特色,创建品牌。[5]为高职院校的校园文化带来更多的生命力和智慧,从而增强校园文化的趣味性、创新性和有效性。

三、工匠精神培养与校园文化建设现状及问题

通过对上海部分高职院校在工匠精神培养与校园文化建设方面进行调查研究,发现存在以下问题:第一,校企合作力度和深度仍需增强。高职院校在专业的设置、培养方式、课程安排等方面与企业的实际需求还未完全匹配,校企联合培养人才方面的制度还未完全。第二,重技术轻人文观念仍存在于职业教育。调查发现,当前高职教育中仍然是传统的过多讲授专业知识和技能培训,没有考虑学生长远的发展,应重视学生人文知识的学习和职业素质的培养。第三,思想政治教育重视程度仍不高。一直以来,高职院校的定位就是培养和发展学习的专业技能,而不重视思想政治方面的教育,导致学生在道德素质和文化素质方面的"短腿",也让学生更功利性和机械化。当前,很多高职院校也存在着不重视思

想政治和人文教育课程的开设,培养出来的学生也大多是具备专业知识而缺乏人文文化,有学历而缺真正的人文底蕴,工匠精神在这样的环境下根本得不到弘扬。第四,校园文化对工匠精神的塑造缺乏创新。校园文化建设在高职教育中占据重要地位,它能丰富师生生活、调节人际关系、塑造师生品格。但是,目前大多高职院校的校园文化建设却是千篇一律的模仿与搬弄,没有根据自身院校传统特色,将工匠精神与校园文化建设充分融合。学生对当前的校园文化建设缺乏认同感,也得不到工匠精神的感染。

四、构建工匠精神与校园文化建设融合教育的机制

《高等职业教育创新发展行动计划(2015—2018年)》提出,要将"职业技能和职业精神"相融合放在更重要的地位,要"充分发挥校园文化对职业精神养成的独特作用"。"工匠精神"作为职业精神的重要体现,校园文化在对工匠精神文化的培养具有非常重要的作用。

1. 推进校企文化融合,强化职业岗位意识高职教育的培养目标是走向企业,服务企业,这决定了高职学生工匠精神的培育离不开企业的参与。高职校园物质文化建设方面,在校企共建的各种校内实习实训基地附近,可建造人文景观,融入工匠文化,激励学生成长成才;在精神文化方面,汲取企业文化中核心价值理念,并融入人才培养方案,使企业文化成为高职学生知识结构的一部分;在制度文化方面,构建职责分明、操作性强的具有职业特点的学生管理制度体系,实现学生管理制度与企业制度的衔接。

2. 深化专业教学改革,感受言传身教体验专业建设和课程改革是高职内涵建设的重要抓手,是人才培养的核心工作,同时也是弘扬工匠精神的主战场。课程设置方面,积极开发人文选修课程,邀请企业技术能手与民间能工巧匠进课堂,突出工匠精神对学生的职业素质、职业道德、职业操守等方面潜移默化的教育与熏陶;师资队伍建设方面,聘请行业专家、企业技术骨干担任专业骨干教师,对学生进行一对一、手把手地言传身教,传递专心专注、精益求精的工匠精神;在专业技能培养上,突出学生专长的培养,为学生未来成长为大国工匠提供有效支持。

3. 加强教风学风建设,培养严谨负责的态度。瑞士的钟表、德国的汽车、日本的相机、法国的香水等,这些产品之所以能够名满全球,一个重要的原因就是它们对产品质量近似苛刻的认真负责态度。这种专心雕琢、追求极致的态度也

恰恰是当前高职院校师生需要共建的品质。在高职校园文化中应融入工匠精神，运用学生评教、专家评教、督导评教等方式，加强对教师评价考评。敦促教师切实转变工作作风，通过严肃校风校纪，让遵守规则、严肃认真、严谨负责的风气在校园里蔚然成风。

4. 开展特色活动，营建文化氛围，精心开展体现工匠精神特色的校园文化活动。邀请企业联合举办如团队素质训练、技术创新竞赛、大学生创业"金点子"大赛等校园文化活动，将工匠精神、企业文化融入各类主题活动和社团建设之中，培养学生的职业素养和创新创业精神。此外，要大力宣传弘扬各行业、各领域技能大师和创新创业典型的成就与事迹，通过对"大国工匠"的事迹及其道德观、价值观、工作观等精神文化的宣传与展现，在学校营造一个良好的文化氛围，从而达到"润物细无声"的文化教育效果，使工匠精神、创新理念真正深入人心。

5. 强化实践训练，培养工匠精神，以职业技能、职业素养和职业理念为衡量尺度，在"校厂"合作的实践中，特意对工匠精神进行培养。一方面，为充实产生工匠精神的人力资源要大力推广职业培训；另一方面，也要通过制定相关制度，转变传统的"重装备、轻技工，重学历、轻能力，重理论、轻操作"的观念，为工匠精神的形成提供制度保证。转变职业教育评价方式，以"技能"评价为主，侧重学生技能达到的程度，最终实现工匠精神的培养目标。

6. 非物质文化进校园，引领工匠精神文化的滋养和价值的激励对于工匠精神形成更深层次的文化形态起重要作用。形成良好的企业文化，让工匠精神引领社会前进方向。非物质文化进校园，可以让学生知道非物质文化遗产在传统文化中的重要地位，也在不知不觉中发扬工匠精神。要鼓励学生在学习和创作中满怀激情，让工匠精神深入人心。

总之，"工匠精神"是时代发展和进步的需要。中国需要不断培养和建设具有高技能的知识人才，才能发展成为强大的制造业国家。高职院校在人才队伍培养和建设中承担重要责任，应将工匠精神融于教育之中，以文化体系支撑工匠精神，为培养具有工匠精神的知识人才而努力。

参考文献：

[1] 沈刚,邓崎凡.需要"大匠",更需"匠心"[N].工人日报,2016-03-09(1).
[2] 德日"工匠精神"怎么学？"慢工细活"不浮躁[EB/OL](2016-03-10)http://world.huan-qiu.com/hot/2016-03/8686355.html.

[3]王丽媛.高职教育中培养学生工匠精神的必要性与可行性研究[J].职教论坛,2014(22):66-69.

[4]徐健.工匠精神:职业素养的极致绽放[J].江苏教育,2015(11):38.

[5]徐晓梅."工匠精神"与高职院校校园文化建设的互动性思考[J].时代教育,2016(23):237.

《改革与开放》2018年第10期

世界技能大赛对印刷职业院校高技能人才培养的启示

王东东　张淑萍

关键词：世界技能大赛；印刷媒体技术专业；高技能；人才；启示

由世界技能组织举办的世界技能大赛每两年举办一次。世界技能组织成立于1950年，截至2017年6月共有77个正式国家和地区成员。中国于2010年10月正式加入世界技能组织，成为第53个成员国。世界技能大赛是各成员国职业技能展示和职业交流的重要平台，其理念和技术标准对于我国职业院校有积极的引领作用。到目前为止，我国已参加了3届世界技能大赛。

全国印刷行业职业技能大赛是国内印刷类最高级别赛事，众多印刷类职业院校积极组织学生参加。自印刷媒体技术项目加入世界技能大赛以来，越来越多的职业院校参与到"全国印刷行业职业技能大赛暨世界技能大赛印刷媒体技术项目中国选拔赛"这个技能竞赛交流活动，武汉大学、北京印刷学院等本科院校也每年选派学生参加。通过对世界技能大赛印刷媒体技术项目考核要求的熟悉了解，国内很多职业院校将世界技能大赛的技术文件、技术标准引进课堂，购置世界技能大赛对口设备，提升学校软硬件设施，加强学生技术技能培养。参加世界技能大赛印刷媒体技术项目对我国职业院校印刷媒体技术专业建设有积极的促进作用。各职业院校通过比赛，加强技术交流，借鉴国内、国际参赛经验，积极推动我国职业院校高技能人才培养向更高层次发展。笔者曾是世界技能大赛的参赛选手，之后又成为世界技能大赛选手培训的专业指导教师，结合3届大赛的经验，谈谈世界技能大赛对职业院校高技能人才培养的启示。

一、世界技能大赛印刷媒体技术项目介绍

1. 印刷媒体技术项目参赛情况。2013年,中国首次参与世界技能大赛印刷媒体技术项目的角逐,在第42届世界技能大赛德国莱比锡赛场上,上海出版印刷高等专科学校王东东获得中国首块奖牌,成为该项目的铜牌获得者;2015年,在第43届世界技能大赛巴西圣保罗赛场上,上海出版印刷高等专科学校张淑萍获得该项目的银牌;2017年,上海出版印刷高等专科学校杨慧芳参加了10月在阿联酋阿布扎比举办的第44届世界技能大赛印刷媒体技术项目。

2. 印刷媒体技术项目考核模块。第43届世界技能大赛印刷媒体技术项目需要完成4天共计15个小时的工作。考核的项目有平版印刷、数字印刷、维护保养、附加任务四大模块。其中平版印刷模块包含4色产品2+2印刷:(1)四色产品2+2印刷;(2)四色产品印刷、专色产品印刷、正面四色反面一色产品印刷共5个任务。数字印刷模块包含自带封面骑马订小册子印刷、自印封面骑马订小册子印刷、可变数据印刷共3个任务;维护保养模块包含橡皮布拆装、橡皮布包衬选择、墨辊拆装、墨辊压力平校共4个任务;附加任务包含SHOTS模拟软件印刷、印刷弊病鉴别、专色墨调配、成品裁切(自带封面骑马订小册子印刷)、成品裁切(自印封面骑马订小册子印刷)、成品裁切(可变数据印刷)共6个任务,共计18个任务需在4天内完成。

3. 印刷媒体技术项目选手所具备的综合能力。世界技能大赛考量的是选手的综合能力,涉及各个方面,除技能水平外,还有心理素质、适应性、应变能力、身体素质、英语水平等。2017年中国技能大赛——第44届世界技能大赛印刷媒体技术项目2进1选拔赛6月刚刚落下帷幕。纵观整个比赛过程,从选拔赛开始到最终确定一名参赛选手,经历了学校选拔、上海市选拔、全国选拔、中国集训队选拔4个阶段共9轮的选拔,最后加上选手出国比赛前的赛前提升集训,整个赛事总耗时2年左右。整个训练过程的长期性与重复训练的枯燥性,对选手的耐力和毅力提出了很高的要求。根据世赛竞技项目要求,中国集训队对选手的体能、英语、心理等方面进行全面培训,要求选手每天进行晨跑锻炼体能;每天进行英语口语、专业英语方面的练习;其中每一阶段选拔赛都模拟世赛考试环境,以英语施工单对选手进行要求,同时适时安排心理专家对选手进行心理方面的疏导和培训。

二、印刷高技能人才培养存在的问题

1. 理论与实践脱节。世界技能大赛以操作技能为主,要求选手有很高的专业技术操作技能。而国内大环境下的职业院校教学一度混同于普通高等院校的培养模式,相当一部分执教人员遵循普通高等院校的教学方式,流于照本宣科。职业教育不仅要重视理论,而且要重视现场实践教学,不能仅限于理论知识灌输而轻视实际操作。例如,学生在学习印刷机械结构这部分内容时,大部分老师只是通过PPT课件呈现机械结构图。因为没有看到实际印刷机,学生难以理解PPT上呈现的东西,也无法在脑海里形成概念。在重视学生实践操作技能的同时,也不能忽视基础理论知识的学习,学校不应培养只会机械式操作的技能人才。"色彩学原理""印刷品质量检测""数字印前技术"等专业课程可以有效帮助学生学习印刷的各个环节内容,了解产品印刷质量控制的基本原理。一些学生因为缺乏理论知识的认知,只会简单地操作完成产品印刷,没有如何控制产品质量的概念,这也是理论与实践脱节的表现。职业院校在培养学生时,应该注重理论与实践相结合。

2. 忽视技能训练的质量控制与过程控制。世界技能大赛追求的目标是质量第一,过程精细控制,不刻意追求完成时间的长短,不以完成快慢作为主要考核方式。印刷媒体技术项目主要以客观评价为主,每一考核项目又细分成几十甚至上百个打分点,每个打分点最低0.5分,最高2分。考核是以过程中完成哪一项获得该项得分,未完成不得分作为依据。第43届大赛中,巴西选手在平版印刷这个环节虽然完成的速度较之哥伦比亚选手慢了很多,但过程控制与质量控制较好,最终产品的检测结果明显优于哥伦比亚选手。国内职业教育往往以结果为导向对学生进行要求,忽视了在技能培训过程中对质量控制与过程控制的严格要求,学生往往更倾向在规定时间内完成产品,以至于产品质量没有得到很好的控制。

3. 缺乏职业素养的培养,忽视规范化操作要求。世界技能大赛竞赛标准严格,既考验青年技能人才的技术水平,也考验青年技能人才的职业素养,对选手安全操作、工具摆放、环境保护、工作环境清洁等方面有很高的要求。在学生实训操作中,国内职业教育往往要求他们在最短的时间内完成质量较高的产品,学生在操作过程中为了追求速度,工具往往是用到哪里就放到哪里,没有用完放回原位的意识。工具用完归位是一个良好职业素养的体现,国内职业教育往往不重视对学生这方面的要求,忽视了职业素养与操作过程规范性的培养。比如在专色墨调配过程中,调出色差范围内的专色墨在国内职业教育中是十分关键的,但在世界技能大赛赛场并不意味着能拿到高分,在国际赛场上更加重视的是清洗是否干净、接触化学品是否戴手套、垃圾是否分类等规范化操作。严谨的工作态度和规范化操作都属于职业素养范围,参与世界技能大赛的过程暴露了我国职业教育在这方面培训的不足。

三、世界技能大赛对职业院校高技能人才培养的启示

1. 以世赛理念和技术标准为引领,提升职业院校高技能人才培养质量,对接世界技能大赛技术标准,设置相关课程。世界技能大赛对比赛内容的设计,对参赛选手的素质要求,反映的是实际生活生产或工作领域中,高技能人才应该具备的职业素质和技能水平。世界技能大赛各竞赛项目在多年比赛过程中,技术文件内容经过各成员国的努力已经制订得相当完善。通过研究世界技能大赛各项目的技术要求,以及考核所涉及的专业知识、技能标准,对照职业院校自身专业设置情况,对与世界技能大赛竞赛项目相关的专业建设,结合历届竞赛项目技术文件内容,拟定设置所开设的专业课程内容,对学生进行职业素质和职业技能的培养。世界技能大赛不是单一考核选手的技能,而是对选手综合技能的整体考量。世界技能大赛是按项目模块化对选手进行要求,检测选手对比赛项目各个模块的掌握水平。第43届世界技能大赛中国实现金牌零的突破,取得了5金6银4铜11个优胜奖的好成绩,证明了以世界技能大赛技术标准制订的高技能人才培养方案取得了良好效果。我国职业院校应以世界技能大赛为依托果断采取措施,借鉴参赛选手训练的成功经验,在世赛理念和技术标准引领下,围绕世赛竞赛项目内容,按照实际生产或工作领域需要的技能人才标准培养学生,让学生走上工作岗位时,已具备职场要求的职业素养和基本技能。

2. 对接世赛,加强"双师型"教师队伍建设。世赛考核题目设置反映了技能领域的最新变化,引领全球职业技能水平的提升,这就对职业院校教师专业技能水平和教学水平有较高的要求。职业院校教师应成为全面型、"双师型"教师,不但理论功底要扎实,还要不断提高自己的专业技能水平。世界技能大赛的评分制度就是体现技能人才的培养质量,这个质量跟教师的教学质量有直接关系,只有提高了教师的教学质量,学生的素质才能全面提高。以高质量的教学为基础,才能教出高质量的高技能人才。职业院校培养的技能人才是否满足社会的需

要,取决于教师对学生技能素质和职业素质培养的水平。职业院校要重视在校教师的在职培训,通过引进、培养、兼职、校企合作等方式,加强教师"双师"素质培养。鼓励教师赴企业进行实践挂职,一方面在实践中汲取新技术、新工艺、新知识、新方法等信息,通过加快自身技能更新频率来应对产业技术更新速度;另一方面熟悉企业的实际生产流程,充分了解企业文化、企业对员工职业素养方面的要求,以便培养符合未来职业需要的具有专业技能和职业素养的学生。对接世赛,提升职业院校教师素养,加强教师发展中心的职能,聘请国内外行业专家对在校教师的应用技术技能进行行业前沿培训。重视教师的国际合作与交流,通过国际合作与交流,促进专业教师把握行业发展的国际动态,着力培养具有国际视野的教师。

3. 培养学生工匠精神,提高学生职业素养。工匠精神是指工匠对自己的产品精雕细琢、精益求精的精神理念。职业教育就是要培养学生的工匠精神,培养学生全身心投入工作,认认真真、尽职尽责的职业精神;培养学生对每件产品、每道工序都凝神聚力、精益求精、追求极致的职业品质;培养学生注重细节、一丝不苟,反复改进自己的产品,有耐心、能专注提升自己产品质量的敬业精神。以赛促学,以赛促教,以世界技能大赛为契机,完善职业院校高技能人才培养机制,在注重技术技能培养的同时,加强对学生职业素养方面的培养。大赛对于选手的要求除最终的产品质量外,很大一部分是对选手规范化操作、职业素养方面的评分。应将世赛标准引进日常教学,职业院校要像训练参赛选手那样,全方位要求学生,不仅要培训他们的专业技能知识,同时也要培养学生从事技能工作时具有良好的职业素养,培养他们在使用仪器工具时用完归位的理念,在进行设备清洗、场地打扫时,要做到一丝不苟、精益求精的职业精神。

4. 完善高技能人才基地建设,加强校企合作。世界技能大赛参赛选手主要是22周岁以下的青年,经过专业的培训,他们能掌握比较综合的专业知识,具有规范的操作技能、熟练的操作技巧。但是他们缺乏实际的生产经验,印刷企业需要有实际生产经验的操作员,而这正是职业院校学生所不具备的。并且企业的实际生产条件也无法和学校相比,企业的设备因为长时间使用的原因也不会像学校的新设备一样容易操作,在操作过程中往往需要随时处理各种故障。因此企业并不认同学校通过大赛培训快速培养的一批应试型高技能人才,职业院校学生在学校学到一整套规范化操作流程,进入企业后并不能快速融入企业的现实生产中,在学校学到的经验与企业的现实要求还有一段差距,等等。目前职业院校教师的引进标准限定为硕士和博士,他们有很强的理论教学能力,而企业工作多年的高技术人员并没有很高的学历,实践经验却很丰富。为了更好地完善高技能人才队伍培养,职业院校应该加强实训基地建设,破格引入一部分有丰富实际操作经验的企业技术人员加入职业院校高技能人才培养队伍中。加强印刷媒体技术专业与企业间的合作,在日常教学中邀请企业一线生产技术人员给职业院校学生做培训,同时让选手入驻企业开展集训,了解实际生产,结合企业和学校两方面的培训,使学生真正成为高质量的高技能人才。在今后的技能型人才培养过程中,进一步拓宽校企合作层面,做到"人才共育,资源共享",使学校人才培养紧贴行业发展趋势,满足企业用人需求。

《印刷杂志》2017年第8期

世界技能大赛对接职业院校实训教学课程建设的探索与思考

王东东

关键词：世界技能大赛；印刷媒体技术；实训教学；高技能人才

目前我国技能人才总量不高。数据表明，就业人口中，技能人才仅占20%，而高技能人才只占6%；顶尖的工业制造项目人才稀缺，尤其生产一线高技能人才严重缺乏。目前，各行各业广泛开展的职业技能竞赛活动有利于快速发现和选拔高技能人才。世界技能大赛作为职业技能竞赛中最高层级的世界级赛事，一方面为各国青年技能人才提供技能交流与学习的平台，另一方面也为各成员国提供借鉴学习国际先进经验的机会，促进职业技能培训工作向更高层次发展。国家和各地方省市开展的职业技能竞赛，吸引了越来越多的企业和职业院校参与，借助职业技能竞赛提升人才培养的质量，在社会上掀起了一股"竞赛"热，受到广泛关注。国家层面对世界技能大赛等职业竞赛的宣传以及对技能的重视和推广，教育国民，引导舆论，这在一定程度上改变了家长和学生一定要上名校的观念，他们开始认识到学习和掌握一门技能的重要性，依靠技能赢得社会和市场的认同也是一件光荣的事。更多的学生在高考时不仅可以选择本科院校，同样也可以根据兴趣爱好选择职业技术学校，营造一个良好的学习职业技能、从事技能工作的宽松包容的社会环境。越来越多的莘莘学子选择学习技能，从事技能工作，选择为"中国制造"贡献自己的一份力量，这对职业院校的教学工作提出了更高的要求。笔者通过印刷媒体技术项目的参赛和选拔训练情况，谈谈世界技能大赛对职业院校实训教学课程建设的启示，探索世界技能大赛如何更好地对接实训教学建设。

一、世界技能大赛赛场上的"中国现象"

世界技能组织共有77个正式国家和地区成员。我国于2010年10月正式加入世界技能组织,成为第53个成员国。自2011年中国首次参加世界技能大赛以来,中国技能健儿屡获佳绩,不断刷新中国在世界技能舞台上的最好成绩。2011年10月,中国首次参加在英国伦敦举办的第41届世界技能大赛,中国代表团参加6个项目的比赛,获得1银、5个优胜奖。2013年7月,德国莱比锡第42届世界技能大赛,中国代表团参加22个项目比赛,获得1银、3铜、13个优胜奖。2015年8月,巴西圣保罗第43届世界技能大赛,中国代表团参加29个项目,获得5金、6银、4铜、11个优胜奖。2017年10月,在党的十九大召开之际,上海不仅成功获得2021年第46届世界技能大赛的申办权,中国参赛选手同时也向祖国提交了一份令人骄傲的成绩。阿联酋阿布扎比第44届世界技能大赛上,中国代表团参加47个项目比赛,获得15金、7银、8铜、12个优胜奖,位列金牌榜和奖牌榜榜首,工业机械装调项目选手以全场最高分获得"阿尔伯特·维达大奖"。目前中国已经参加了4次世界技能大赛,参赛项目越来越多,参赛规模越来越大,参赛成绩也越来越好,尤其第4次参赛就位列金牌榜和奖牌榜第一,令人惊讶。只获得一枚金牌的英国,其媒体惊呼"不可思议"。一直雄冠欧洲榜首的瑞士,再次以11枚金牌居欧洲榜首,但被中国甩到第二位,瑞士《每日新闻报》由此评论说:中国令西方工业相形见绌。中国代表团团长张立新在接受采访时说:"有惊喜,但不意外。以我国参赛规模和取得的成绩来看,均实现了历史性突破,这与我国是世界第二经济体的地位和实力相吻合。"世界技能大赛作为各成员国交流的平台,从世界技能大赛取得的成绩来看,中国无疑已经踏入世界技能竞技第一阵营。而此次取得的42枚奖牌大多数来自技工院校和职业院校,世界技能大赛中国集训基地在其中发挥了重要作用。经历几届世界技能大赛,无论是对技术规则、技术文件的研究,还是参赛经验方面,各项目集训基地较之前都有了显著提升。以世界技能大赛为平台,各项目基地都形成了一套卓有成效的高技能人才培养体系,一方面培养了优秀的世界技能大赛选手,另一方面培养了更贴合企业需求的高技能人才。

二、世界技能大赛人才选拔模式的思考

世界技能大赛是各成员国之间交流、展示技术的大舞台,体现了一个国家职

业教育的教学成果。作为承担为国家培养更多高技能人才的职业院校,肩负着重要的责任。根据世界技能大赛对各项目参赛选手的要求,最终能从全国范围内选出代表国家在世界舞台上交流、展示所学技能的职业院校学生,某些程度上代表了 22 周岁以下青年学生的最好技能水平。那么集中优势资源培训的少数人的成功,能否代表中国职业院校学生的整体水平?个别世界技能大赛获奖选手的成功,能否代表中国职业院校教学成果的成功?具体而言,从以下几方面论述:

1. 世界技能大赛选手短暂的技能学习过程对大多数项目而言,一名世界技能大赛选手的产生,选拔训练过程至少需要一年半左右的时间。世界技能大赛对于选手有年龄的要求,除了团队挑战等个别项目,其他项目要求选手年龄在 22 周岁以下。按照中国的教育模式,9 年义务教育结束后可以读中职和高中,高中毕业后可以选择读高职高专,所以一名选手接触技能的时间往往很短,从接触技能到参加比赛这个过程不超过 3 年。以印刷媒体技术项目为例,一年级新生开始接触印刷技能,并且在实训中心开始技能认知实训,大一快结束或者大二刚刚开学,学校开始校内选拔参加高技能人才培养的学生,他们开始接受系统技能培训,直至大三毕业。

2. 集中优势资源的世界技能大赛选手短暂的技能学习时间里培养出能在世界技能大赛赛场上取得优异成绩的选手,离不开国家的重视和倾尽全力的培养。这并不是有些人质疑的揠苗助长,某些程度上说可以是集中优势资源的培训结果。国家对各项目集训基地的建设不仅投入资金,而且有政策大力支持。学校成立以校领导为统筹的基地项目管理委员会,以印刷媒体技术项目为例,设立基地项目委员会办公室、技术指导组、教练组、宣传材料组、后勤保障组等全方位保障世界技能大赛选手的训练。为了保证选手训练质量,不仅会采购世界技能大赛比赛相同的设备和耗材,还会将世界技能大赛项目首席专家等国外专家请进来对选手进行技术指导和技术交流,同时也会组织选手出国参加赛前技术交流会。技术指导组、教练组、英语、心理等老师针对选手开发出最科学的训练方案,后勤保障组保障选手的衣食住行。一切都是为了培养出优秀的选手,让他具备可以站在世界舞台上的综合素质能力。其实纵观其他国家的世界技能大赛集训情况,他们也同样非常重视比赛,凡是参赛的国家和地区,为世界技能大赛都投入了大量的人力、物力、财力。从邻国韩国来看,他们基本上是 4 年一个周期备战世界技能大赛,比我国的训练周期还要长,准备还要充分。

3. 参加比赛的意义是提升学校人才培养水平参加世界技能大赛，一方面可以学习借鉴大赛先进理念和经验，同时也应该致力于研究如何更好地将其融入职业院校实训教学中去。在世界技能大赛上摘金夺银不应只是唯一目标，还要研究如何借助世界技能大赛，不断提升人才培养的能力。竞赛不应只成为少数人的"游戏"，参加比赛取得成绩和名誉的同时，职业院校更应该深究比赛带来的潜在教学助推力及开展围绕比赛进行的教学质量提升方面的研究。以世界技能大赛理念和技术标准为引领，提升职业院校高技能人才培养水平，以世界技能大赛为平台，推动职业院校教育教学质量全面提升。

三、依托世界技能大赛平台搭建实训教学平台

世界技能大赛的竞赛理念、技术标准、比赛规则、工作流程和组织方式，都代表了当今职业技能领域发展的先进水平。依托世界技能大赛平台搭建的中国集训基地，经过多年的参赛及赛后总结，对技术文件、技术标准有了深刻的研究。世界技能大赛集训团队的建设逐渐完善，形成了一套卓有成效的人才选拔培养机制。依托世界技能大赛平台，借鉴中国集训团队建设经验，以赛促教、以赛促建，搭建职业院校实训教学平台，建设一支高水平、综合型的实训教学团队。具体表现在以下几方面：

1. 以世界技能大赛为平台的实训基地建设。世界技能大赛代表职业技能发展的前沿水平，其考核模块设置、考核机型选择均具有一定的代表性。以印刷媒体技术项目为例，数字印刷这些年来发展迅速，在整个印刷市场占据的份额越来越高，所以相应的数字印刷权重在世界技能大赛中所占的比例也越来越多，最初的几届印刷媒体技术项目甚至没有数字印刷，而传统印刷、专色墨调配等项目比重逐渐减小。根据世界技能大赛对于新技术、新技能、新设备的要求，印刷媒体技术项目集训基地引进世界技能大赛考核设备海德堡SM52、理光数字印刷机等一系列大赛相同设备及其他辅助软硬件设施，并参照世界技能大赛对于考核场地的设置，真实模拟世界技能大赛场景搭建实训基地平台。硬件设施齐全的实训基地平台，是保障职业院校学生实训实习的前提基础。

2. 将世界技能大赛技术标准、技术文件融入专业课程标准、实训教学世界技能大赛技术文件详细地描述了对各参赛项目选手的综合素质要求，包括技能要求、职业道德与素养、环境与安全等。每项要求都有专门的文件具体详细说明，是课程开发设计和课程标准编制很好的借鉴。技术文件由各国技术专家根

据该项目技术发展现状、发展趋势等一起研讨出的一份关于下一届大赛的技术方向、出题范围的文件。每一届世界技能大赛对选手的技术要求都不是千篇一律的，都是根据行业最新的发展需求，制订竞赛考核范围。按照世界技能大赛的要求，职业院校应进行科学的规划，将新技术引入到课程标准中，研究新技术、新标准，设计新的课程体系，包括课程建设、资源库建设、实训基地建设等。第44届印刷媒体技术项目比赛过程中，世界技能大赛专家组在胶印模块换了一种考核方式，将印刷企业对于印刷品的质量控制要求融入考核过程中。起印正常印样质量要求色彩颜色达标、套准达标、无明显重大弊病。任何一项出问题都不许生产。此次改革并没有新技术，只是融入了企业对于交付样的标准，要想开机生产成品，必须要达到客户要求并按签样起印，更加贴近了企业标准。每次世界技能大赛结束后，职业院校在实训教学中应该将世界技能大赛考核过程中的改革及其他新方式考核、新技术要求融入日常训练要求中。

3. 将世界技能大赛考核题目转化为相关课程的学习任务。世界技能大赛竞赛题目是由项目专家根据行业技术工人实际生产工作而设立的，考虑了工作任务的代表性、技术工艺的先进性、使用材料的新颖性等，与企业发展和技术革新紧密相连。印刷媒体技术项目施工单包含了对于工艺、质量、材料、安全与规范、环境保护等方面的要求，在实训教学过程中将世界技能大赛题目稍加转化，将考核方面的要求融入日常实训学习任务中去，对学生施以技能水平提升训练，有效提升技能训练效果。印刷媒体技术项目中胶印的考核方式有很多，单面四色产品印刷、双面四色产品印刷、专色产品印刷等，总结历届印刷媒体技术项目施工单，将具有代表性的胶印考核方式转化到日常实训教学任务中。

4. 世界技能大赛的评分系统为教学评价提供借鉴。世界技能大赛考核过程将每一个考核模块都细化了，将考核过程细化成一个个小的考核点并加以配分，以印刷媒体技术项目为例，最低考核点配分为 0.5 分。世界技能大赛 CIS 评分系统是一个非常科学、精确的评价体系。该评分系统不仅评价选手的技能，还评价选手的整个工作过程，例如选手对工具的使用与放置、安全防护措施的执行、环境保护意识与职业道德素养等。CIS 评分系统对选手完成过程的全面细致考核而形成评价结果的方法，可以被应用到实训教学专业教学评价，对一体化课程教学体系评价有着积极的借鉴作用。将 CIS 评分系统引用到实训教学中，不仅可以对学生进行评价，还能培养更加贴合企业需要的人才，提升人才培养的质量。

5. 借鉴世界技能大赛集训团队建设经验，搭建实训师资队伍中国加入世界技能组织以来，已经参加了4届世界技能大赛，很多项目积累了较为丰富的参赛经验，逐渐搭建了一支技艺精湛、经验丰富、敬业奉献、精益求精的专家教练团队。一名走上世界舞台的选手，不仅需要掌握高超的技能，还需要具备一定的英语、体能、心理等综合方面的能力。所以一个结构合理的世界技能大赛团队由技术指导专家、技术翻译、教练、企业专家、心理辅导老师等构成，针对选手进行技能、体能、英语、心理等全方面的培训。技术专家组根据世界技能大赛技术文件及各国专家提议的下一届考题研讨制订出培训方案，教练组根据方案制订出合理的训练计划对选手实施训练，技术翻译负责选手专业英语与日常口语，心理老师定期开展心理培训。这种科学、全面的教练团队及培训方式，保证了选手的综合能力能在较短的时间内快速、全面提升。参加比赛不是目的，单一化的人才培养模式也不是目的，目的是通过比赛引领让更多人受益，更好地促进职业院校人才培养，培养出更多高技能人才。将世界技能大赛集训团队的成功建设经验转化到日常实训教学的师资队伍建设中，必能有效提升职业院校人才培养的质量。借鉴世界技能大赛集训团队建设经验搭建一支结构合理的实训师资队伍，为学校、行业培养更多的高技能人才。

四、结语

在尊重技能、崇尚工匠精神的伟大时代，会有越来越多的人改变"学而优则仕"的观念，投身到技能工作中，而职业院校则承担着为国家培养更多的高技能人才的历史使命。作为为企业输送高技能人才的桥头堡，职业院校应以世界技能大赛为契机进行教学改革，提升人才培养的质量。世界技能大赛其竞赛理念、竞赛标准、竞赛文件、竞赛组织和流程等为职业院校高技能人才培养方式改革指引了方向，借鉴世界技能大赛选手培养方式的成功经验，研究如何更好地将这种模式应用到职业院校人才培养模式上，促进职业院校教学改革和实训平台搭建。一个世界技能大赛获奖选手解决不了顶尖工业制造项目人才紧缺问题，只有培养千千万万个达到世界技能大赛选手水平的学生才能真正助力中国工业的腾飞。

技术技能型人才工匠精神培养路径探究

吴 娟

关键词：高职高专；技能人才；工匠精神；实践教学

2016年3月5日，李克强总理在第十二届全国人大四次会议政府工作报告中指出，要"鼓励企业开展个性化定制、柔性化生产，培育精益求精的工匠精神，增品种、提品质、创品牌"。"工匠精神"首次出现在政府工作报告中，除了令人耳目一新外，更多的是看到了国家的决心，同时也侧面说明了"工匠精神"在"制造大国"成为"制造强国"的过程中所能发挥的至关重要的影响力。高职高专院校作为培养工匠人才的重要阵地，加强工匠精神的培养，研究行之有效的培养路径势在必行。

一、工匠精神的内涵及溯源

1. 工匠精神的内涵与相关研究。工匠精神（Craftsman's spirit）属于职业精神的范畴，是从业人员的一种职业价值取向和行为表现，与其人生观和价值观紧密相连，是从业过程中对职业的态度和精神理念[1]。具体而言，它的内涵包括：精益求精、严谨、一丝不苟、耐心、专注、坚持、专业、敬业。在当下倡导互联网＋的形势下，"工匠精神"是对不可或缺的职业精神的回归。目前，国内研究"工匠精神"培养的论文屈指可数，一些研究者主要为职业院校的教师。如王丽媛对高职教育中培养学生工匠精神的必要性和可行性进行了研究，并对"工匠精神"给出了定义。[1]邓成从中职教育的角度对如何塑造和培养中职学生的工匠精神进行了研究。[2]陈劲提出了培育"工匠精神"的实施路径。[3]国外研究"工匠精神"的著作有美国作家亚力克·福奇的《工匠精神：缔造伟大传奇的重要力量》，[4]梳理了美国工匠精神发展史。作者从美国的第一位工匠富兰克林开始,讲述了工匠精神在美国是如何从萌芽走向爱迪生时代的高峰;如何随着工业的发展陷入低谷;又如何凭借新一代工匠得到复兴的过程。在亚力克·福奇的笔下,工匠精神摆脱了人们心中的固有形象,成为当之无愧的缔造伟大传奇的重要力量。提到"工匠精神",人们首先会想到德国。究其缘由,正如德国前总理科尔所言,德国"双元制"是战后德国经济发展崛起的"秘密武器",而"工匠精神"又是职业教育人才培养的关键所在。在德国,"工匠精神"已与德国的制造文化紧密融合,包括专注精神、标准主义、精确主义、完美主义、秩序主义和厚实精神等六个关键因素。[5]关于"工匠精神",相关的研究文章较多,可作为研究支撑。陈解放在《基于中国国情的工学结合人才培养模式实施路径选择》一文中,提出我国工学结合人才培养模式的实施条件相对短缺,以工学结合人才培养模式带动专业建设并引领课程改革,是国家示范院校在学习借鉴国外经验的时候,有必要结合国情对模式的主题、功能、结构等进行重新设定,选择多方位、全过程的实施路径。[6]董大奎在其《德国应用科技大学办学模式及其启示》一文中介绍了德国应用技术大学的教育面向应用、面向实际,在培养目标、培养方式和师资水平方面反映了其本质特征。它的成功经验对我国职业教育办学有借鉴作用。[7]马树超在其《新时期构建现代职业教育体系的基本思考》一文中提到,构建现代职业教育体系是我国近30多年来经济社会持续发展与世界网络信息技术高速发展历史性交汇的要求。适应发展需求,产教深度融合,中职高职衔接,职业教育与普通教育相互沟通,以及体现终身教育理念共同构成了现代职业教育体系建设的基本要素。[8]陈锡宝在其《探寻校企合作实现机制的有效途径》论文中,论述了高职教育作为培养生产、建设、服务第一线所需要的高素质技能型专门人才的中坚力量,是提高人才培养质量的关键。校企合作作为高职教育培养人才的有效形式之一,是人才培养模式形成的基础。[9]

2. 工匠精神溯源

工匠精神并非是一个新发明。中国古代技术文明的辉煌成就与先辈们传承、弘扬、实践工匠精神密切相关。切磋琢磨、游刃有余、庖丁解牛、出神入化等词语,是对工匠们出色技艺的描绘与认可。中国古代职业教育的艺徒制度就是一个明证。中世纪时期,西欧的工匠数量得到了长足的发展,职业姓氏就是一个非常有力的证据。如作为姓氏的卡朋特(Carpenter)代表木匠;同样地,史密斯(Smith)代表铁匠;贝克(Baker)是面包师傅;库克(Cook)是厨师;布彻(Butcher)

是屠夫;波特(Potter)是陶匠……欧洲中世纪城市的发展以及宗教改革为工匠提供了机遇,也为工匠精神找到了土壤。[10]

二、高职高专院校培养学生工匠精神的必要性

从国家层面来说,重视工匠精神的培育和传承是国际制造业强国成功的重要因素。职业教育就是培养应用型人才的教育。综观日本、德国、美国等发达国家,其产品总体上都做工精细考究,其原因是企业的精品理念和从业人员工作的一丝不苟、追求完美的态度。这些国家的从业人员能将职业与个人荣辱相挂钩,因此十分不起眼的工作也力求尽善尽美。其实,这应归结于这些国家职业教育中对准职业人灌输的职业精神教育。德、日既是制造业强国,又是职业教育强国。他们认识到了工匠精神的价值,并将其作为一项重要的职业精神纳入职业教育的范围,塑造和培养准职业人的工匠精神,并在实践中传承和发展这一精神。对工匠精神的重视、对品质的高度重视,使德、日凭借其制造业,尤其是高端制造业立足世界。[11]而这正是中国经济转型升级发展时期迫切需要的。能否使中国从"制造大国"升级为"制造强国",工匠精神将会发挥重要的作用。就企业层面而言,工匠精神是企业要生存、发展、做强的必要保障。据统计,截至2012年,全球创建并延续年限超过200年的企业,日本有3 146家,为全球最多;德国有837家,荷兰222家,法国196家。[12]究其原委,其发展历程离不开对工匠精神的重视,并将之内化到企业文化中。这对许多国家的企业发展不无启示作用。再从学校与个人角度来看,工匠精神是学校和个人发展的现实需要。高职高专院校是培养技术技能型人才的阵地,其培养的学生也是工匠人才的重要来源。强调工匠精神的培养,对二者均具有重要意义。

三、技术技能型人才工匠精神的培养路径

职业精神往往要通过实践才能内化为从业者的职业素质,工匠精神需要与具体的职业场景相关联,学生才能更真切地体会这一精神的价值与实质,并将其作为自己的职业信仰与追求。如何在实践教学中培养工匠精神?如何探究工匠精神的培养路径?都是值得探索的课题。

1. 技术技能型人才的目标导向

首先学校实践教学的目标定位须准确。高职高专院校要以市场需求为导向,以职业岗位群所需能力为目标构建实践教学体系,突出技术技能应用能力培

养；要建立具有高职教育特色和学校特色的，以基本技能、专业技能、综合技能为模块且相互独立的实践教学体系。[13]在确立人才培养方案时，要反复调研论证，制定出最符合学生发展的，突出实践教学的培养方案体系。其次，要改革教学手段和方法，将教、学、做融为一体，强化学生实践能力的培养。学校各层面需提高认识、统一思想，对实践教学目标有较为清楚地理解、认识与把握，并形成共同的实践教学理念与目标追求。

2. 实践教学质量保障与环节实施

要确保技术技能型人才的培养体系能顺利完成，实践教学质量保障与环节实施非常重要。首先要做好制度保障，完善实践教学管理体制和规章制度建设。高职院校应设立专门的实践教学管理机构，完善实践教学的规章制度，包括实践教学计划、实践教学课程大纲和教材、实验（实训）指导书、学生实验（实训）手册、实验（实训）报告、实习指导书等。其次，师资队伍的建设必须与之相适应。应通过在职教师的产学研锻炼、实践教学人才的引进、企业、行业人员作为兼职教师的聘用等途径来完善师资队伍，为教学提供保障。第三，加强实训基地建设。在高等教育中，实验室是培养人才的重要教学基地，学生实践能力和创新素养的提升均在实验室内完成。[14]而在高职高专院校，更多的实验（实训）室设在生产一线，强调其特有的实训功能。实训基地的建设，直接与工匠人才的培养密切联系。在建设实训基地时，需与专业人才培养方案以及学校发展、社会需求密切结合，建设能为学生带来真正实训效果的实验（实训）室。要提高实践教学环节的质量，还包括教学内容、教学方法和考核形式的改革。实践教学内容要按照技术技能型人才所需求的实践能力培养原则组织实施，充分体现以能力为中心的特点；教学内容则应紧扣需求岗位的技术要求。在教学方法上，要善于建立模拟场景，建设并运用好虚拟仿真类的实验（实训）室，激发并训练学生形成相关的职业能力与情感。若仅仅从理论上宣讲某种职业精神，往往较为虚幻，较难与职业现实接轨。上海出版印刷高等专科学校就设立了相关的校内仿真实训基地，训练学生的职业技术能力。如多媒体技专业的仿真动漫实训教学工作室；出版传播专业的仿真数字出版社实训基地；印刷工程专业的印刷媒体技术虚拟仿真实训室及VR/AR应用制作开发实验室；印刷商务专业的印刷市场营销仿真实训室等。这些实验实训室的设立为学生提供了仿真的实训场地，且虚拟现实的沉浸性和交互性，使学生在虚拟学习环境中扮演一个角色，全身心投入到学习环境中去，有利于学生技能训练。实践教学的考核形式也要采用符合实践教学特点的灵活多样的考核方法。考核标准的制订要吸收行业及相关企业的规定与实训要求。同时,在技能人才的培养过程中宜推行学历证书和职业资格证书"双证"模式。要求毕业生在获得高职学历证书的同时,必须取得相应的职业资格证书。这样既能提升学生的就业能力,也是对学校办学实力,特别是学生实践能力培养的一种认可。

参考文献：

[1] 王丽媛.高职教育中培养学生工匠精神的必要性与可行性研究[J].职教论坛,2014(22)
[2] 邓成.当代职业教育如何塑造"工匠精神"[J].当代职业教育,2014(10)
[3] 陈劲.要有"互联网精神",更要有"工匠精神"[N].解放日报,2015-4-17(14)
[4] 亚力克·福奇著,陈劲译.工匠精神：缔造伟大传奇的重要力量[M].杭州：浙江人民出版社,2014.
[5] 史世伟.工匠精神为何在德国根深叶茂[N].上海证券报,2016-05-04.
[6] 陈解放.基于中国国情的工学结合人才培养模式实施路径选择[J].中国高教研究,2007(7).
[7] 董大奎,刘钢.德国应用技术大学办学模式及其启示[J].教育发展研究,2007(7-8A).
[8] 马树超,郭文富.新时期构建现代职业教育体系的基本思考[J].职教论坛,2015(28).
[9] 陈锡宝,朱剑萍.探寻校企合作实现机制的有效途径[J].中国高等教育,2010(05)
[10] 徐浩.法律身份、人口比例和收入水平：论中世纪西欧工匠的几个问题[J].史学理论研究,2013(1)
[11] 朱佳丽.浅析高职学生的职业精神培养[J].全国商情(经济理论研究),2009(21)：104-105.
[12] 付守永.工匠精神：向价值型员工进化[M].北京：中华工商联合会出版社,2013年.
[13] 李海宗,冯旭芳.高职院校实践教学质量保障的作用与实现[J].中国高教研究,2010(3).
[14] 张静,赵英豪.高校实验室管理的问题及对策研究[J].产业与科技论坛,2012,15(17)：47-48.

《出版与印刷》2016年第4期

高职院校工匠精神培育研究

吴 筱 张 搏

摘要：职业教育的发展，需强化培育"工匠精神"，工匠精神是职业活动所必需的技能、知识和态度。作为为社会培养高技能人才的高职院校，是培养能工巧匠的摇篮和主要阵地，必然在培育工匠精神上承担重任。笔者阐述了培育和弘扬工匠精神的时代内涵和意义，通过借鉴德国"双元制"职业教育模式，从课程思政、校园文化建设、实训教学和校企合作等几方面，探究培育及塑造高职学生精益求精的工匠精神的途径，为中国制造2025国家战略提供人才支撑。

关键词：工匠精神；高职院校；职业教育

一、工匠精神的时代内涵及意义

2016年李克强总理在政府工作报告中指出："要大力弘扬工匠精神，厚植工匠文化，恪尽职业操守，崇尚精益求精，培育众多'中国工匠'，打造更多享誉世界的'中国品牌'，推动中国经济发展进入质量时代。"这让我们看到了重振工匠精神的信心，点燃了工匠们对产品"精益求精、精雕细琢"的热情，工匠精神成为时下一个热词。职业教育是与企业发展、科技进步、社会繁荣紧密关联的教育类型。如何顺应时代要求，培育优秀的新时代"工匠"是高等职业院校亟待解决的重要课题。高职院校是培养能工巧匠的摇篮和主阵地，在实际教学中要以市场为导向，加强对教育资源的整合，利用多样化的教育方法和途径，着重培养学生包含工匠精神在内的职业精神，不断实践强化学生的工匠精神，培养出具有优良综合素质的新型人才，让工匠精神在职业教育中扎根，促进学生就业和优良职业道德、职业素养的形成，进而对经济发展和科技进步产生"蝴蝶效应"。

二、高职院校培育学生工匠精神的必要性

工匠精神是高职院校价值的体现,把工匠建设融入高职教育的全过程,加强工匠精神的养成、体验和实践,从而使工匠精神与技术活动、技能培育有机结合,内化于学生的职业素养之中,塑造出具有优秀创新能力和创造能力的人才,以毕业生良好的社会声誉实现高职院校的可持续发展。培育工匠精神也是助推学生就业和个人发展的现实需要,在日益激励的人才竞争中,工匠精神对高职学生未来的职业生涯至关重要。高职学生应该意识到,具有较强的职业精神和良好的工匠精神和拥有较高的专业技能一样,是走向社会、立足社会的重要条件。

三、高职院校学生工匠精神培育途径

（一）将思想政治教育作为培育工匠精神的主阵地。思政教育是高职院校育人工作的重要组成部分,也是培养学生"工匠精神"的重要手段。思政课与专业课同为育人主阵地,把专业教育跟思想政治教育结合起来,落脚点就是职业素养。通过全方位教学设计,把职业素养课程化,将社会主义核心价值观"润物细无声"地融入教育教学,全过程引导推进。课堂教学知素养,走入企业看素养,实习实训练素养,以此来提升学生的职业素养。例如,"职业生涯规划"课程设计不仅有课堂式教学,也引入"工匠导师"访谈式、互动式的现身说法,课后还组织学生去企业走访探寻,让学生走进企业、走近工匠,感悟成才、创新之道。帮助学生了解和把握现代职业教育对人才的要求,树立良好的职业信用,引导学生在情感上高度认同劳模,在行动上立志争做工匠,培育新一代中国工匠和劳模。

（二）将工匠精神融入校园文化。校园文化作为一种教育文化氛围,是培育工匠精神的有效载体。在第二课堂中,根据学生的认知和成长规律,围绕工匠精神的形成要素和特质,科学设计和开展富含工匠精神的校园文化活动。以一种特殊教育的形式,寓教于各类活动之中,达到"技术与艺术相融,技能与人文并重"。例如,推动优秀产业文化进教育、企业文化进校园、职业文化进课堂;组织相关行业的社会成功职业人士做专题报告、经验分享、工作展示,组织学生采访优秀校友,用文字叙述"镜头下的印刷人",营造良好的职业精神教育氛围;积极创建培养职业软实力的各种学习型、创新型社团;开展各类创新创业大赛、大学生创意集市、技能大赛等具有工匠精神教育特色的活动,建立文化传播阵地,厚植学生文化底蕴,在实践中学会交往、包容、竞争和合作,潜移默化地使学生时

时、处处受到浓郁的技能文化环境熏陶，营造崇尚工匠精神的校园文化氛围，激发学生苦练技艺的职业情感，让学生在学习技能的同时能够践行工匠精神，帮助学生树立正确的职业理想，让工匠精神真正扎根于大学校园的沃土。

（三）将工匠精神渗透到专业课和实训教学中。教育部长陈宝生说过"我们既需要培养爱因斯坦，也需要培养爱迪生，需要培养鲁班"。数年来，我校将工匠精神的培养与专业课程、实训教学工作紧密联系起来，以技能大赛为抓手，借助大赛的平台磨炼学生的工匠精神，培养学生"一丝不苟、精益求精"的职业素养。把"星光杯"技能大赛、"挑战杯"创新创业大赛、世界技能大赛等选拔赛纳入实训教学环节，将技能大赛的项目转化为实训教学内容的一部分，将赛题及评分标准内化于实训操作中，以赛代培，以赛促教，以赛促改。在实训教学过程中，我校老师会吸取往年参赛经验，有意识地根据学生的理解接受能力和知识掌握的现状，优化培训方案，有针对性地制订培训计划，强化技能操作训练，精准模拟比赛环境，磨炼学生的应变及应对能力，驱动学生自觉地发现问题分析问题，最终解决问题的能力，促进他们不断探索和创新，增加获得感的同时培养其专注、执著的工匠精神。

（四）将工匠精神教育延伸到企业，提高校企合作成效。校企合作教育模式是发展职业教育的主要途径，在"大众创业、万众创新"的大背景下，企业也在积极拓展与高校的合作途径。铸就工匠精神需要切实加强校企合作，探索校企协同育人的长效机制，把校企合作"真做""实做"，才是培育工匠精神的基本条件。例如，"环版专"文化创意产业带建设-校企合作创新实践育人基地企业入驻、大师工作室等合作项目，将企业生产经营、高职院校人才培养、学生技能训练有机结合，建立"半工半读"实训模式，设置学生实习岗位，围绕生产过程循序渐进地完成实训教学。以企业环境来传递敬业意识，以兼职教师来讲授专业技能，培养创新精神，利用校企合作的平台，加强工匠精神的实践教育，不仅让学生真正学到专业技能，在真实的工作环境、生产任务中言传身教，培养学生对职业的敬畏、对技艺的执著，提升专业素养，同时也为培养"双师型"教师提供了有利条件。

因此，高职院校应在校企合作上不断地注入新思想，寻找新方向，以精确、精准、精细为要求，培育具有工匠精神的高素质技能人才。高职院校作为培育技能人才的摇篮，在塑造学生工匠精神工作中具有重大而深远的意义。在职业教育中，将学生的职业素质、工匠精神培育贯穿人才培养的全过程，为中国制造向中国创造转型升级输送大量具有推陈出新的工匠精神的技能人才。

参考文献：

［1］郭巍巍.高职学生工匠精神培育与核心素养提升研究［J］.齐齐哈尔大学学报(这些社会科学版),2016(12)

［2］曹畅."工匠精神"引领下的高职学生职业素养培育研究［J］.河南教育(高教),2016(12)

《大众文艺》2017年第16期

体育活动导向下大学生职业素养培养路径研究

胡摇华　张宏杰

摘要：以企业招聘人才时看重准入员工的职业素养为切入点，以体育活动为导向对大学生职业素养培养路径进行研究。通过查阅文献资料对大学生职业素养培养现状进行归纳，分析大学生职业素养缺失的原因，研究体育活动对职业素养培养的作用和优势，提出体育活动导向下职业素养培养的内容构建。运用教育学理论、逻辑分析归纳法提出构建体育活动导向下的职业素养课程、编写教材，选择教法，制定评价标准、组建多元化校园体育组织、加强体育教师培训力度、规范学校规章制度以及筹办校园体育活动赛事等培养路径，旨在对高职院校培养学生职业素养提供操作指引。

关键词：体育活动；大学生；职业素养；培养

职业素养是继劳动力市场以资历取向和能力取向为评价标准后发展而成的，现在大多数企业招聘人才时对准入员工的职业素养尤为看重，因为员工的职业技能可以通过专业的培训获得；员工的资历经验可以通过工作中积累；但员工的职业素养需要经过长期潜移默化的培养才能形成。如果员工的职业素养较低，可能会给企业带来不可估量的损失。因此，高职院校加大对学生职业素养的培养有利于学生的就业，并且能够在众多企业圈内获得较好的口碑，形成培养优质学生的长效机制，对学生的成长和学校的发展都能起到了更好的促进作用。学生职业素养的培养方式有很多。其中，体育活动对学生职业素养的形成具有很大的促进作用。笔者通过理论梳理和现实依据，运用系统分析法就体育活动对促进高职院校学生职业素养的形成具有哪些作用提出培养职业素养的路径，旨在对高职院校培养学生职业素养方面提供操作指引。

一、大学生职业素养培养现状研究

1. 职业素养内涵研究现状

目前,国内学者对职业素养的研究侧重点和定位不同导致出现了差异,但总体的研究趋势是相同的。陈再兵将职业素养划分为职业道德、职业意识、职业行为习惯和职业技能4个方面。职业道德包括职业义务、职业责任和职业行为上的道德准则;职业意识包括奉献意识、创业意识、竞争意识和协作意识;职业行为习惯则体现在主动进取、友好合作、服从服务和谦虚低调。[1]洪慧敏认为职业素养可看作是职业人综合运用自身所拥有的物质和意识条件,较好地完成职业所规定的任务和目标,在努力工作过程中,所展现出来的综合品质和面貌。[2]宗美娟认为职业素养实际上就是职业岗位祛除职业技能之外,要求从业者所具备的素养。[3]谭狄溪从"冰山理论"角度把职业素养分为显性素养和隐性素养,冰山理论原理即将一个人的职业素养比做一座冰山,浮在水面上的1/8是资质、知识、行为和技能等显性素养,即职业技能;而潜在水面之下的7/8的冰山,包括职业道德、职业意识和职业态度等,称之为隐性素养。[4]罗兰芬认为作为对促进职业能力的提升,服从意识、敬业意识、吃苦耐劳精神、团队合作意识等均属于职业素养内涵。[5]笔者认为这几个方面是当前职业院校学生缺少而企业又迫切需要的。这几个因素是影响学生就业和继续发展的关键因素,也是优化职业技能的关键因素。对在校大学生的问卷调查中有78.5%的学生认为职业能力是最重要的,也是获得工作机会的唯一通行证。但是通过对企业管理人员的调查问卷却得出了大相径庭的答案,90.2%的企业管理者认为职业道德、服从意识、诚信等职业素养内容更为重要,这也是员工在获得工作岗位后能否后续晋升的关键因素。[3]然而这部分被企业管理者认为重要的内容却被如今大多数职业院校所忽略,课堂内容专业化程度高,课堂外活动组织形式单一,很少涉及学生的职业素养内容。因此,为高职院校大学生职业素养培养提供理论支撑和实践指导是非常紧迫的事情。

2. 大学生职业素养缺失原因

(1) 传统的课堂教学模式

裘燕南将当前高职学校学生缺乏职业素养的原因归结为以下三点:教学过程注重书本知识的传授,忽视学生动脑与动手的综合训练;注重专项能力的培养,忽视学生综合职业能力的训练;注重专业知识的教育,忽视对学生职业道德、敬业精神的培养。[6]黎业芬认为学校片面强调学生对各种实用知识的获得和职业技能的提高,把"现代职业素养"简单理解为职业技能在实践教学中只考虑理论教学的系统性,而将实践教学系统打乱,附设在理论教学各个阶段,使实践教学只起理论的验证作用,不利于知识、技能和相关能力素质的整合。[7]刘晓波等则从教学内容和教学时间方面进行了反思,认为高职院校职业素养教育存在的主要问题是没有形成较为有效的教育内容和教育方式,目的性、指向性不强的素养教育内容,没有很好地满足企业对人才职业素养方面的要求。[8]

(2) 教师参与意识薄弱

周建良通过问卷调查的方式得出的结论是目前专业任课教师均认识到职业素养的重要性,但大部分教师将其职责定位于训练学生的专业技能,认为职业道德、职业生涯规划等职业素养内容的培养属于思想政治等课程的任务。[9]在2012年高职院校职业技能交流会上大多数参会者认为现今职业院校教师侧重专业教学,教师的意识还仅仅停留在传递知识上,对学生的职业道德,团结协作,尊师重道,服从意识和诚信等职业素养方面谈及的较少。超半数教师在课堂上只注重专业知识技能的传授是导致高职院校学生的职业素养状况不理想的重要原因之一。

(3) 社会环境影响

在追求经济效益的社会大环境中,通货膨胀、房价居高不下的背景下,教师的福利待遇上升较小,以上海高校为例,10年间教师的工资奖金提升不到10%,房价和物价的上升却超过50%。[10]教师要体面的生活必须想办法从其他渠道进行弥补,因此在提升学生素养方面课程研究不够充分,导致高职学生职业素养无培养润土。罗兰芬认为政府对普通高校投入比重较大,对高职院校投入比重较小的政策倾斜也是导致职业院校对在校学生职业素养培养不足的原因之一。[5]

二、体育活动对大学生职业素养形成具有的作用

1. 体育活动培养大学生意志品质、抵抗压力的作用

体育运动可以磨炼人的意志力,能够提高大学生在职场中对抗压力的能力。在体育活动的过程中,学生会遇到很多困难,学生要完成某项任务并达到较好的效果就需要不断地自我挑战,努力完成具有难度的任务。比如在学习篮球中的三步低手投篮的动作,要求学生运球熟练、步伐正确、动作协调、并把球投进篮筐。如果学生球性不熟练,身体不协调的情况下,就需要克服自身困难,一次次

重复的做三步上篮的动作,并在练习的过程找出自身问题,完成任务。这不仅锻炼了学生坚韧不拔的意志品质,同时也能提高学生对挫折的承受能力。

2. 体育活动对培养大学生团队合作意识的作用

团队合作能力体现了良好的集体主义精神、具备大局观、与他人积极配合、互相协作等高质量完成任务的精神。杨应威认为在体育运动过程中,不仅要提高学生自身的运动水平和身体素质,同时还会将学生放置在团队中,让他们感受到集体的荣誉感,并且在体育活动的过程中学习融入团体和团队合作能力。[11] 体育活动形式多种多样,很多活动都需要团队协作完成任务,比如野外素质拓展训练、足球、篮球、排球、荷球、多人皮划艇、英式橄榄球等。在这些团队体育活动中学生不仅学到了专项技术和危急时刻处理问题的能力,而且学到了团队协作能力和顽强拼搏的精神。

3. 体育活动对培养大学生职业道德的作用

高校学生应对自己所学专业表现出热爱之情,只有这样才会有拼搏的动力,才会有爱岗敬业的精神。大学生在热爱的基础上才会自觉的参与体育活动。在参与的过程中就能体会到拼搏的涵义。公平、公正是每项运动的宗旨,也是顾拜旦先生创办奥林匹克的目的,他希望人类能在同一起跑线上公平的竞争。因此,各项体育活动都是在公平的环境中进行的,参与体育活动的人也会养成具有公平竞争的意识。这种道德意识一旦形成,在生活和工作中会不自觉地表现出来,形成独特的个人魅力。

4. 体育活动对培养大学生吃苦耐劳精神的作用

体育活动内容有娱乐性和趣味性的一面,也有强健体魄,育其精神的一面。由于现在很多大学生是独生子女,养尊处优的生活让大多数大学生感觉幸福得来容易,但吃苦耐劳的品质较欠缺,生活与学习中存在怕脏、怕累、怕吃苦的心态。通过体育活动对各种运动器械的接触能培养大学生不怕脏、不怕累的心态;通过有运动强度的训练能实实在在地让大学生体会到"野蛮其体魄"的一面,对培养学生坚韧不拔的意志品质和吃苦耐劳的精神有非常大的作用。

三、体育活动导向下大学生职业素养培养内容构建

1. 职业素养的分类和表述

职业素养分为核心素养和一般素养两个方面,所谓核心素养是某一行业的职业精神所在,比如建筑工人在对成品的质量和安全性方面所具备严谨的态度

就体现出了这一行业的核心素养。所谓一般素养指的是在某一行业除了核心素养之外的素养内容,比如职业道德,合作意识、学习意识、服从意识、质量意识等。在进行职业素养培养时要懂得分清不同职业的核心素养和一般素养,做到主次分明,合理布局,对过程培养有着重点和侧重点,这样也有利于教材的编写,教学的顺利进行。在职业素养培养过程中不但要让学生知道某种职业素养的名称,同时还要能够深层次了解到职业素养的内涵,在职业过程中把特定的职业素养通过实际行动表现出来,这样就需要清晰的职业素养表述,不准确的职业素养表述是不具备行动指导性的。职业素养表述应包括职业素养定义和素养内容两个方面。定义是对特定职业素养总的概括,在之后的教学培养要让学生深入地了解定义。如职业道德这一职业素养定义,是同人们的职业活动紧密联系的符合职业特点所要求的道德准则、道德情操与道德品质的总和,它既是对本职人员在职业活动中的行为标准和要求,同时又是职业对社会所负的道德责任与义务。职业道德既是本行业人员在职业活动中的行为规范,又是行业对社会所负的道德责任和义务。[12]素养的内容指某一行业该素养的特定内涵,这部分的内容要结合具体的职业情景和工作内容进行详细的表述。如职业道德这一素养内涵在设计专业可被描述为:一是未经允许不能拷贝公司和客户的资料。二是能够保守客户和公司开发的秘密。这一职业道德是结合设计专业专门制订的素养内容,有些素养如吃苦耐劳只体现出个人的自我品质,在课程的开发可不需要结合具体的职业任务进行,只需要结合具体的职业情景就可以了。有些素养内容就需要结合具体的职业任务和职业情景进行开发,如团队意识,安全意识等需要运用职业能力完成工作任务的过程中体现出来。

2. 体育活动作为职业素养内容开发的平台

职业素养是一个员工在职业工作时通过外在表现和内在心理暗示所体现出来的,员工在工作时以及休息时都能体现出职业素养的一面。通过职业能力出色完成工作任务只是职业素养的一方面,道德高尚、守时、注重礼仪等是职业素养的另一面,但这些素养不在员工的工作内容之中。只有内涵广泛并丰富的职业活动才包含了如此多的职业素养内容。现在高校主要是以高职学生职业能力为主要目标的职业课程开发,通过工作任务的布置,让学生在所学职业技能的情况下完成工作任务,达到培养学生职业能力这一目标。在学生通过所学技能完成职业任务的过程中,很多职业素养内容并没有被覆盖,我们可以依据职业素养的类别进行不同方式的开发,比如守时观念、吃苦耐劳的品质,团队协作能力和敬业精神都可以在体育活动过程中对高职学生进行潜移默化的培养,因为体育活动内容本身就具备这些职业素养培养所需的元素。体育课是体育活动的主要载体,在体育课程里对大学生职业素养进行针对性的开发可以得到事半功倍的功效,因此高职院校体育课可以作为培养职业素养课程开发的平台。

3. 体育活动导向下实现职业素养的内容构建

在体育活动中培养学生的职业素养相对于传统课堂内通过语言表述形式传授具有一定的优势。传统课堂内通过语言表述,意图将职业素养内化到学生内心深处然后转化为实际行动,这种方式效果比较低,原因是忽视了素养培养的实际行动性。比如说吃苦耐劳、质量意识、安全意识等职业素养要通过职业行动把抽象的意义表现出来。只在课堂内进行言语传递其内涵对学生职业素养培养意义不大。体育活动内容可包罗万象,在常规的体育活动中比如吃苦耐劳、团结协作、奋斗精神等素养可通过在运动的过程潜移默化的植入到学生身上。另外还可设定不同的活动内容和活动方式对学生的职业道德、合作意识、学习意识、服从意识等素养进行培养。如素质拓展游戏可让学生分成几个小组模拟一个捏泥土制作陶艺的职业情景。教学组织:把一组的几个学生单独放入隔间,一个学生通过指定的图案捏橡皮泥制作成样品,之后给下一个同学观察30秒,然后拍照并复原。下一个同学在复原的情况下制作同样的成品再按相同方式传递给下一个同学,直到最后一个同学制作完成。这个过程对学生的职业学习意识和观察力的培养是非常有帮助的。这种拓展形式既能让学生在轻松愉快的氛围内锻炼身心,又可以通过设定好的情景进行职业素养培养,起到事半功倍的效果。当下高职院校以提高职业技能为主要培养目标的教学环境下不允许在教学内容上做很大的改革来实现学生的职业素养培训。那么在体育课内和课外体育活动中对学生的职业素养进行多方面的培养是可行的。如何能把这种培养模式做出特色并出成效就需要决策者和实施者双管齐下,相互配合。

四、体育活动导向下大学生职业素养的培养路径

1. 构建体育活动导向下的职业素养课程

教育部《关于全面提高高等职业教育教学质量的若干意见》指出:"高等职业院校要坚持育人为本,德育为先,把立德树人作为根本任务。"[2]目前,高校职业技能和大学生职业规划设计课程都有比较完整的课程体系来支撑,但关于职业素养课程体系却不是很完善。职业道德通过传统课堂内语言表述,意图将这种

素养内化到学生内心深处然后转化为实际行动。这种方式效果比较低,原因是忽视了素养培养的实际行动性。通过体育活动来培养学生职业素养比传统课堂内具有优势和操作的便利性。当下高职院校体育课程内容大都以单项技术教学为主,为提高学生的运动技能为培养目标,忽视了学生的职业素养教育。但体育活动对学生的职业素养培养具有很大的帮助,并且是一个非常好的平台,可以让教育者施展各种情景教学。因此高职院校应该利用好体育课加大学生的职业素养教育,培养出高素质、高技能的技术人才。高职院校体育课程应该有别于本科体育课程,改革当下高职院校体育课程体系关键是改变培养目标,以提高学生身体素质和职业素养为主要培养目标,修改体育课程计划大纲,根据不同专业把工作情景融入体育课堂教学,体育课堂可根据职业情景设计不同的体育活动,同时规范课堂要求,开放课堂内容,让学生在体育活动中通过师生之间和同学之间的互动,学习并提高职业素养。

2. 编写教材,选择教法,制定评价标准

(1) 实施体育活动为导向的职业素养培养教学,编写专门的教材非常重要。首先要根据高职院校专业特点,由各高职院校安排体育教师进行教材编写。体育教师要深入了解本校的专业情况和企业对本专业学生要求的素养内容。其次,在教材体例方面应将涉及的职业素养内容划分为不同的主题,以不同的主题作为主要章节,在主题之下放置相应的体育活动情景,再辅以多个体育活动原则来做具体的阐释说明。"主题—体育活动—体育活动原则"应成为教材的主要编写体例。第三,素养培养的内容是语言表述教学所不能涵盖的和着重需要强调的,素养内容通常是以体育活动形式呈现。

(2) 在进行教学时,体育活动的内容要用讲解法让学生了解清楚怎样做,职业素养的内容思想要提前灌输给学生,但不要让学生盲从职业素养,而是要让学生通过体育活动过程中认识到其重要性,能够自觉地去遵守,认可其价值。在情景教学时,老师与学生之间的对话以及学生之间的对话需从职业素养方面进行设计,同时注意教学的起点,要对学生现有素养情况进行有针对性的教学。体育教师在教学时扮演引导者和讲解员的角色,井然有序的组织体育活动的进程,对体育活动内容的目的以及方法要详细地讲解给学生听,在学生遇到困难和挫折时要耐心鼓励学生,并调动学生之间的互动达到相互鼓励的作用,从而使学生自主选择并认同某些价值取向。课堂内常用的教学方法有讲解法,动作示范法,观看视频、在角色扮演中进行体育活动、反复演练等。

（3）有效的评价机制对促进学生学习具有积极的作用，评价的目的在于了解学生通过体育活动对素养形成的结果。因此，评价标准要从掌握体育活动程度和职业素养的养成两方面出发。且评价形式不要单一，要多元化进行评价。既要看学习的过程，也要看学习的结果，既要教师给予评价，也要同学之间互评，达到促进学生认真对待学习过程、提高自觉性的作用。

3. 组建多元化校园体育组织

高校校园体育组织有助于提高学生的合作意识、守时观念、学习意识等素养，同时还有助于促进体育课的教学效果。校园体育组织具有良好的学习氛围和宽松的学习环境，能让学生通过体育课后再次对所学体育活动内容进行巩固，同时还能发挥学生的自我想象力和集体智慧。校园体育课外活动是体育课的延续，但却有别于体育课，对促进学生自我道德修养、组织能力和团队凝聚力都有非常重要的作用。当下各高职院校校园体育组织较少，而且其建设参差不一，既有比较成熟的校园体育组织，也有只挂名却没有运作的校园体育组织。究其原因是现在高职院校大多数校园体育组织由校团委负责经费预算和发放。管理权限没有下放给体育教师，体育组织的管理模式基本处于学生自我发展，导致校园体育组织机构偏少，功能没有最大程度发挥出来。多元体育组织的发展壮大要注意以下几点：一是发起者与管理者协同合作，管理组织者工作态度认真负责、专业化程度高，体育活动以提升学生学习兴趣为主，提高运动强度为辅；二是体育活动赛事丰富，奖励机制要到位；三是实行会员制制度，组织规章制度健全，进入与退出机制并存；四是校级单位要出台健全的管理参与者津贴补助方案，鼓励教师积极参与。

4. 加强体育教师培训力度

体育教师在新的培养模式下较传统体育课程需要具有更高的责任感和使命感，需要体育教师们提高自身素养和教学能力。体育教师要学习职业素养的组成和内容，并了解本校专业结构，结合专业特色，创造不同情景的体育活动来培养学生的职业素养。以现有高校体育教师的知识结构和传统体育课模式下的定势思维难以完成如此高质量的教学任务，因此要对他们进行系统的培训，培训的时间和形式可根据各高职院校的情况进行操作。体育院校应开设相关的课程来完善学科建设，同时也为各高校体育教师培训提供专业指导和对高校体育教师队伍的高质量、高素养的人才实现梯次建设。高职院校应给予体育教师足够的重视，特别是在福利待遇上要考虑体育教师的隐性劳动，如寒风刺骨的冬日训练、炎炎夏日里的酷晒、课堂外的训练和校园体育组织的大量工作。体育教师大多具有良好的意志品质与不怕辛劳的精神,一分耕耘一分收获,提高体育教师的福利待遇有助于调动体育教师积极性与参与性,对促进高职院校的校园文化发展和学生的职业素养提高具有重要的意义。

5. 鼓励体育教师团队合作

职业素养培养具有养成性、情境性、统整性和长效性原则。在复杂的职业素养培养过程中,一位体育教师教授30—40多人的班级甚至更多人时,会出现力不从心的感觉,也会影响教学效果。可根据授课内容安排多个教师进行教学,如情景教学课堂教师们可一起配合演练示范动作,然后各管理不同的环节,达到组织有序、条理清晰、忙而不乱的教学秩序。体育教师团队合作不仅可以加强教师间的交流、互相学习、互相监督、提高教学效率,而且更能吸引学生的注意力、监督学生保质保量完成体育活动任务、养成良好的职业素养习惯。

6. 规范校园规章制度

无规矩不成方圆,良好的校规校训有利于学生对自身的管理。一个严谨、合理、健全的制度通过严格执行会让其管辖范围的人产生一种严格遵守规则的素养,反之,则会让人产生一种放任自流的感觉和我行我素、无视规章制度的态度,这是任何企业和单位都不能接受的。只有校园规章制度落到实处,学生能自觉遵守,职业素养的培养才能正常开始。校园规章制度不仅学生要遵守,教师也应该遵守,教师是学生的榜样,教师的一言一行都潜移默化地影响着学生,因此规范体育教师工作中的行为举止是非常有必要的,如对体育教师上课的着装要求、课堂常规的处理,以及特殊问题的处理方式等都要通过工作章程体现出来,并让体育教师认真遵守,起到正确引导学生和教师自我管理的作用。

7. 举办体育活动赛事

校园体育活动赛事是校园文化的重要内容,对培养学生的职业素养有很大的功效。学校应通过财政和绩效支持鼓励体育部门筹建规模不等的与职业素养相关的体育活动赛事,且参与的人要多,覆盖的范围要广,影响力要大。如田径运动会、单项赛事、团体赛事、团体混合的体育活动赛事等。赛事的举办可由学校为主,校园体育组织和相关企业为辅的多种形式并存。同时邀请各企业负责人来参观体育活动赛事,让其身临其境地感受学生们在比赛中所表现出来的职业素养与合作意识;了解学校的人才培养模式和效果,为储备企业后备人才做出正确的选择。学生们在各种体育活动赛事中也能练就出稳定的心理素质,培养出顽强的拼搏精神,提高团队的协同合作意识,促进对体育活动的热爱。

总之,大学生在大学期间养成良好的职业素养对毕业后从事职业工作有非常重要的帮助,甚至能受益终身。良好有效的职业素养教育不仅可以促进学生就业、择业和创业能力的提高,而且可以有效缩短毕业生实习与工作的"磨合阵痛期",帮助毕业生顺利就业、科学择业、成功创业。高校管理者应该重视职业素养的重要位置,深刻解析职业素养教育的科学内涵,将大学生职业素养教育放在更加重要的位置。体育活动对大学生职业素养的培养具有便利性、宜操作性和有效性。在培养的过程中放在职业情景中进行,通过对现有体育课程模式进行改革、编写新的体育的教材、选择合适的教学方法、制定评价标准、组建校园体育组织、加强体育教师的团结协作力度、规范学校规章制度、筹办校园体育活动赛事等途径对大学生职业素养进行长期培养,力争通过正确的体育活动方式促进高校大学生成为身心健康、高素养和高质量的社会人才。

参考文献：

[1] 陈再兵.智障学生职业素养调查与教育对研究[J].南京特教学院学报,2008,(2):22-25.
[2] 洪慧敏,王永刚.高职院校学生职业素养教育的内涵及建设[J].江苏建筑职业技术学院学报,2013,(2):53-57.
[3] 宗美娟,张成涛.论高职学生职业素养的内涵及其实现[J].职业时空,2013,(6):14-18.
[4] 谭狄溪.高职学生职业素养教育的内涵与实施途径研究[J].重庆电子工程职业学院学报,2015,(3):12-15.
[5] 罗兰芬,袁维新.职业院校学生现代职业素养缺乏社会原因的分析[J].科技风,2008,(4):116.
[6] 裘燕南.创设丰富教学情境提高学生职业素养[J].中国职业技术教育,2007,(3):10-12.
[7] 胡文昕.高校教师体育锻炼与健康状况分析及对策[J].沈阳建筑大学学报,2009,(1):126-129.
[8] 杨应威,郭佩佩.体育教育对职业素养的培养研究[J].学术探讨,2014,(8):251-253.
[9] 许亚琼.活动导向的职业素养培养研究[D].上海:华东师范大学,2010.

《山东体育科技》2016年第6期

论高职高专英语教学与审美能力的培养

沈 联 吴 桢

摘要: 在中国经济飞速发展的现代社会,也伴随着中国开放程度的逐渐加深,人们不仅仅要学会与国人交流,更要学会如何与外国人打交道。因此,作为世界通用语言的英语,在我国逐渐掀起了学习的热潮。作为一门学生必修课的英语,它对老师的教学要求也是有一定的要求的。如果老师仅仅是叫学生背单词、语法、句型等,那么在学习的过程中会把学生的学习热情逐渐磨平;如果老师将课堂教学与对学生的审美教学进行创造性的链接,那么它发生的反应对学生的文化修养和思想道德修养有不可估量的作用。

关键词: 高职高专;英语教学;审美能力;培养

20世纪以来,我国对于高校文化素质教育越来越重视,因为高校教育对学生的一生有着不可磨灭的影响。作为素质教育重要方面的审美能力培养,也逐渐引起各大高校的关注。高校英语教育,也同样承担着对学生审美能力培养的重任。教师们在课堂上应最大限度地发挥教材已有的审美元素,让学生们感受到来自英语的美,从而引起他们的学习兴趣,引导他们拥有发现美的眼睛、欣赏美的心灵,创造美的能力。

一、英语教学中学生审美能力培养的现状

审美能力的培养就是提高学生对美的感受力、鉴赏力和创造力。随着国家经济发展水平的不断提高与对学生综合素质的不断重视,英语的学习也变得重要,并且成为学生走向世界的重要桥梁。在过去几十年的英语教学中,教师面对升学压力,不得不把注意力放在对学生技能的培养上,他们不断地教授学生解题

技巧、加分技巧、英语语法、英语词汇及其他英语重要知识点,而忽视了对学生审美能力的培养;而学生面对不断增大的竞争压力,也只能把自己的注意力放在分数上,他们甚至不知道审美能力的培养这一说法。两者的忽视,导致学生在想起学习英语时,就只有无尽的枯燥知识点以及来自内心的厌倦,而没有一种来自语言带来的审美感受。

二、审美能力与英语教学

审美能力主要是培养人们发现美、感受美、欣赏美和创造美的能力。不仅仅自成体系,还影响了众多其他语言,它的美体现在了字母的书写、句子的韵律及句子情境等方面。作为培养学生审美能力的重要途径之一的英语教学,在教学活动中注重对学生审美能力的培养,将课堂知识与学生审美能力的培养进行结合。这样不仅能激发学生的学习兴趣、增强学生的学习动力、提高学习效率,还能使学生从审美角度去理解英语的内涵与其中的思维训练,从而使学生拥有创新思维,达到培养综合素质的目的。英语教学与审美能力培养是相辅相成的,在英语教学中,老师将自己讲授的内容与培养学生审美能力结合,不仅能使自己讲授的知识点更加通透,还可以增强学生的综合素质、提高学生对英语的兴趣和对英语的应用能力。

三、如何在英语教学中培育学生的审美能力

(一) 树立现代教学观念

教学观念直接影响到学生审美能力的培养,而在现今社会中,素质教育是重中之重。在高职高专英语教学中,只有树立了素质教育观,才可以逐步培养学生的审美能力,而增强学生的审美能力又可以直接促进学生对英语的学习。受到应试教育的影响,英语教学表现出一种功利现象,学生与老师最重要的任务是升学、考高分。英语教学成了一种模版,学生只要背、做反复循环,而老师则只会教关于考试的内容,甚至会让学生专门地、不断地去训练考试的题型。在这种训练下,学生对英语的学习兴趣只会不断地下降,形成了一种学只为分数的观念。在这种观念之下,学生又如何在英语教学中培养自己的审美能力呢?这种应试教育下的英语教学并不会让学生的审美能力得到培养,甚至是会扼杀学生的审美能力。因此,在我们的教学中,应该树立现代教学观,不断增强学生的综合素质,提升学生的综合素质与学习兴趣。

(二)培养学生审美能力的具体途径

1. 精讲慢读。现在高职高专英语教材内容极其广泛,其中的知识量巨大、信息量丰富,美学意蕴也非常丰富,处处都体现着美。为了使学生在面对众多审美对象中感受到美,就必须需要教师正确的引导,让学生充分感受到来自教材、来自英语的无以阻挡的美。教师在教学过程中,不仅要使学生感受到英语佳句的语法、单词美,还要通过教师的朗读,使学生领略到英语的韵律美和节奏美。长此以往的训练,学生就会拥有自己的审美意识。

2. 启发诱导。在英语教学的初级阶段,教师可以将自己对英语美的理解讲授出来,并对学生加以引导,去引发学生的联想。在中后期,则要使学生自己去发现隐含于课本中的美。或者教师可以通过给出一些材料去引发学生的思考,而不是像初期一样,将自己的感受直观地讲授出来。教师甚至可以针对学生的不同性格、爱好,有目的地去制订各种活动,在活动中使学生的审美能力得到提升。

总而言之,审美能力的培养对学生的综合素质的培养起着至关重要的作用。作为学生必修课的英语教学,也同样承担着美学培养的重担,所以在英语教学过程中,英语教师应该注重从课本中去引导学生拥有发现美的眼睛,培养学生正确的审美观,从而使学生的审美能力得到提高,这样不仅可以使学生对英语的热爱逐步增加,还能达到审美教育的最终目的——学生综合素质的提高。

参考文献:

[1] 刘黛琳,张剑宇.高职高专公共英语教学现状调查与改革思路[J].中国外语,2009,06:77-83.
[2] 晏芳,胡社利,仝晓春.高职高专语教学现状分析及应对策略的研究[J].科技视界,2012,09:101-102,181.

专科院校学生干部在思想政治教育工作中作用的思考

沈晏妮

摘要：专科院校学生干部是学校开展思想政治教育工作的重要力量之一。从整体上来看，专科院校学生干部发挥了榜样示范作用、桥梁纽带作用、助手骨干作用。但部分学生干部积极作用发挥不充分。笔者从提高专科院校学生干部在思想政治教育工作中的作用的角度，对此提出相应的对策建议。

关键词：思想政治教育；学生干部；专科院校

2015年2月5日，教育部召开学习贯彻《关于进一步加强和改进新形势下高校宣传思想工作的意见》精神、增强大学生思想政治教育针对性实效性工作座谈会，强调要把思想和行动统一到党中央关于加强高校宣传思想工作的决策部署上来，不断巩固马克思主义在高校意识形态领域的指导地位，培养德智体美全面发展的社会主义建设者和接班人。2016年12月7—8日，习近平总书记在全国高校思想政治教育工作会议上强调，高校思想政治工作关系高校培养什么样的人、如何培养人以及为谁培养人这个根本问题。要坚持把立德树人作为中心环节，把思想政治工作贯穿教育教学全过程，实现全程育人、全方位育人，努力开创我国高等教育事业发展新局面。这为高校思想政治工作提供了新的思路，提出了更高的要求。专科院校作为我国高等教育的重要组成部分，承载着为国家培养一线技术人才的使命。但由于招生规模的扩大、专职辅导员配置人数少及学生入校门槛较低等问题，造成了学生管理工作难度的加大，致使很多工作需要学生干部配合开展。

一、专科院校学生干部的现状

学生干部是由学校通过选拔或者选举产生的优秀学生代表，包括学校各院系党支部、分团委、各级学生会、各社团的学生，以及班委和宿舍长等，是学生群体中的明星。专科院校的学生干部是学生进行自我教育、自我管理、自我服务的中坚力量，是辅导员开展思想政治教育工作的有力助手。首先学生干部在思想政治教育工作中发挥了榜样示范作用。学生干部往往是通过学生选举或者老师推荐产生，在老师和学生群中有广泛的认可感，而学生干部为了保持自己的威信，就必须拥有优异的成绩和良好的组织管理能力，以身作则，影响更多的同学共同进步。其次应该为桥梁纽带作用。学生干部相较于其他学生与老师的接触更为紧密，他们能够将党和国家的方针政策、学校的校纪校规传达给广大同学，起到上情下达的作用。同时，学生干部最了解学生的想法和需求，并传达给相关老师，在师生间架起一座沟通的桥梁。再次应该为助手骨干作用。由于高校招生人数不断扩大，每位辅导员需管理两百名左右的学生，开展思想政治教育工作难免力不从心，这就需要学生干部积极配合。辅导员在活动中扮演的是引导者的角色，具体的组织安排、人员分工等由学生干部负责。优秀的学生干部不仅是辅导员的有力助手，更是开展思想政治教育的强大后备军。

专科院校学生干部在思想政治教育工作中发挥了重要作用，但不可否认，群体中部分学生干部还存在着种种不尽如人意的表现。首先，一些学生干部不能处理好学习和工作的关系。目前专科院校在校生基本年龄为95后，他们年轻有活力，对新事物接受能力强，工作上手快。但由于专科院校入学门槛相对较低，学习模式又与高中阶段大相径庭，基本属于自主管理的，所以部分学生干部主次不分，过分热心于社会活动，放松了学习的要求，导致成绩下滑，在学生群体中的威信力下降。其次，一些学生干部责任心不强。对于辅导员和其他老师交代的事情，只求完成任务，缺乏创新精神；部分学生干部功利心太强，对于与己无益的事不愿承担，对工作环节中的问题则缺乏担当，或推脱或隐瞒，不能及时沟通上报。第三，一些学生干部缺乏团队意识。专科院校基本为三年制，导致学生干部任期短。大一学生为新人，大三学生多数出去实习，骨干力量集中在大二学生，这就导致学生干部的任期多为两年，起领导作用为一年。而一些学生干部不愿意带新人，致使换届时青黄不接，严重影响学生干部的素质。

二、专科院校学生干部存在问题的原因

专科院校学生干部中存在的诸多问题,究其原因主要分为以下几个方面:

1. 学生干部缺乏自我提升意识。在我国的高校招生政策中,专科学校处于最后,因此大多数学生学习成绩较差,综合素质能力也相对较低。而一些相对比较优秀的学生在成为干部后,表现出骄傲自满的情绪,放松要求,满足现状停滞不前。具体表现为一是缺乏对党和国家基本时事政策的关注和了解学习,整天沉迷于娱乐新闻、各类网络游戏,对于党和国家的方针政策、社会经济发展、重大新闻等时事政治不闻不问、思想政治素质不过硬。二是缺乏服务精神。部分学生干部在任职初期,积极奉献,服务同学,但随着任期的延长,逐渐出现工作马虎,不负责任,任人唯亲,自私自利等现象。三是缺乏工作能力提升。"说"和"写"是学生干部开展工作的基本要素,然而不少学生干部语言组织能力不强,在分配工作时表达不清,在书面汇报时语焉不详,工作成效不能使人满意。一些学生干部心理素质不强,在工作中遇到困难或者受到委屈时,选择直接退出,缺乏自我能力提升意识。

2. 学校缺乏对学生干部的培养

首先,专科院校相较于普通本科,学制较短,一般为三年制,这就决定了学生干部的任期较短。一年级学生进入社团多数处于新人角色,对各项工作属于学习上手阶段;三年级毕业班学生按照大多数专科院校的规定,需在相关企业顶岗实习,社团职务已经卸任;二年级学生在社团中属于中坚骨干力量,对各项工作已有经验,能较好地完成各项业务工作,但黄金时间仅有一年,就得换届离岗。因此专科院校学生干部从加入社团到卸任大多不足两年,使得专科院校学生干部流动性大,培养不充分。其次,一些专科院校对学生干部重使用轻培养。部分专科院校对学生干部甚至缺乏培训培养环节,直接布置工作内容,使得部分学生干部无所适从,只能任性而为,导致工作方法简单生硬,根本没有干部意识和奉献担当精神。

3. 社会环境的消极影响

我国目前正处于社会发展的转型时期,各种思想潮流相互激荡,学生干部较为年轻,思想发展不够成熟,较易受到社会消极思想的暗示,丢失民族自信和文化自信。一些学生干部面对社会对专科学校的偏见,认定自己不能成器,学习消极意志丧失,缺少自信,对自己的学习工作和成长产生了严重影响。一些学生干

部由于校区处于繁华地段,面对各种诱惑和机会,个人重心逐渐转移到校外,将主要精力用于兼职赚钱和互相攀比,对学生干部所承担的工作虚与委蛇。一些学生干部"官本位"思想严重,在加入学生干部群体时动机就不单纯,在实际工作中也抱着有利可图的心理等。

三、专科院校学生干部培养的对策

为了充分发挥专科院校学生干部在思想政治教育工作的作用,笔者结合客观实际提出以下几点对策建议:

1. 完善准入机制和考核机制

首先在选拔学生干部时,要制订科学合理的标准,坚持公平公正公开的原则,选拔真正具有较高思想道德水准,较强工作能力的学生,不搞任人唯亲,不搞特殊对待。对于新选拔上来的学生干部设置一定的试用期,合格后转正,为后续工作的开展打下牢固的基础。其次建立考核制度,激励学生干部。针对专科院校学生干部的特点,为每名学生干部建立档案,通过辅导员和任课老师、学生干部相互间、班级和年级同学对他们的日常工作定期评分,考核优秀者给予奖励,不合格者整改培训。通过考核及时制止和纠正学生干部中的不当行为,保持学生干部群体的先进性和活力。

2. 定期开展学生干部培训

部分新生学生干部在入职初期比较迷茫,要使学生干部尽快适应和开展工作,就必须要对他们进行必要的具有针对性的培训。一是培训工作业务,使他们知道学生干部应当具备什么样的基本素质,学生干部要承担什么工作,应当怎么去开展和做好本职工作,学生干部如何帮助老师、影响和带动同学等。二是学生干部个人能力修养的培训。主要教育和引导学生干部加强自我修养,提高综合能力,确定未来规划,更好地发挥榜样示范作用。

3. 开展高校间学生干部交流活动

高校间学生干部交流能拓宽工作思路和方法,是发挥学生干部在思想政治教育工作中作用的重要途径之一。首先,校际的交流能帮助学生干部开拓视野,增长自己的才干,看到自身的不足,激发学生干部创新工作方式方法。其次,交流能有利于高校间资源的共享和共建,能给双方学校的学生带来内容和形式不同的教育活动,增加新鲜感和参与度。在交流层面上,可以是校团委之间的互访,可以是同类型社团间的活动展示,可以是专业间、年级间、班级间学生干部的联谊。以此形式多样的交流活动,更好地发挥学生干部在思想政治教育中的作用。

参考文献:
[1] 李天沐.高校思想政治教育中发挥学生干部作用的对策探索[J].科学大众:科学教育,2017(5).
[2] 李明,王静涛,佟鹏,等.高职院校学生干部培养模式研究[J].河北企业,2014(4).
[3] 师帅.学生干部在大学生思想政治教育中发挥作用的思考[J].亚太教育,2016(8).
[4] 毛婵,廖黎芳.新时期高职院校学生干部现状分析及对策探讨[J].职业教育研究,2014(3).
[5] 李闯.高职院校学生干部培养:模式选择与机制创新[J].九江职业技术学院学报,2016(2).
[6] 郭彪,尹金荣,王芳.论高校青年干部思想政治教育与学生思政工作有效融合[J].科教文汇旬刊,2016(8).
[7] 梁意钰.高职院校学生干部综合能力培养存在的问题及对策分析[J].中国培训,2017(4).

《改革与开放》2017年第23期

基于应用型人才"核心能力"导向下上海市高职体育教学改革研究

胡摇华　蔡　犁

摘要：运用文献资料法、问卷调查法和访谈法等方法对上海市10所高职院校的体育教师、教学内容、教学评价、大学生学习体育的动机、大学生对体育课的满意度等现状进行了调查与分析,发现上海市高职院校体育课程存在体育教学目标设定不够完善、体育职能部门定位不清晰、体育教学的内容方法和评价体系陈旧、体育教学场地和器械供应不足等实际问题。根据应用型人才"核心能力"的分类与体育之间的关系为切入点,提出传承精华,摒弃糟粕,转变思想;课内外相辅相成,构建完整体育课程体系;融入思政教育,塑造正确的体育价值取向;以核心能力为主导进行体育课程建设;体育师资建设与场地建设同步进行;建立科学合理的体育课程评价机制等教学改革建议,以期为高职院校体育教学良性发展提供参考。

关键词：应用型人才；核心能力；高职院校；体育教学改革；体育课程

2011年教育部颁布了《全国普通高等职业(专科)院校公共体育课程教学指导纲要(试行)》(以下简称纲要),从课程性质、课程目标、课程设置与结构、课程内容与教学方法、课程建设、组织与保障、课程评价七个方面为高职院校公共体育课程给出了指导意见和改革方向[1]。《纲要》明确指出高职院校在制订人才培养方案时要以职业岗位特征进行针对性设计,加强对本职业岗位所需生理和心理的培养,养成每天锻炼的良好习惯,以此增强职业体能适应。高职体育教育对提高职业入岗的工作效率,增强学生未来职业可持续发展的能力有重要意义。笔者通过对上海市部分高职学校体育教学现状进行调查,以现状为出发点,对存在的问题进行客观分析,以应用型人才核心能力为导向,以不同专业为背景,深化高职体育教学改革,旨在通过体育教育培养出具备应用型人才提供参考。

1. 研究对象与方法

笔者将基于应用型核心能力导向下的高职体育教学改革为研究方向,选取上海市 10 所具有代表性的高职院校为调查院校,对其体育教学现状进行调查与分析。

(1) 文献资料法。在知网上输入"应用型人才""核心能力""高职院校""体育教学改革"等关键词,时间跨度为 2005—2018 年期间的 100 多篇论文检索,对与本研究有关的学术观点、论据进行收集、整理、分析。了解当前高职体育教学改革的前沿发展成果,为笔者获取理论上的依据和支撑。

(2) 问卷调查法。通过对上海市高职体育教师及大学生对体育课程的现状和认识进行调查,了解了上海市高职体育师资、课程内容、教学方法、学生满意程度等现状与存在的问题。本次调查面向学生发放问卷 1 000 份,回收 981 份,经检验有效问卷 975 份,有效回收率 97.5%。面向教师发放 40 份,回收 40 份,有效回收率为 100%。并对信度和效度进行了检验,通过检验教师信度系数为 0.95,学生信度系数为 0.85,通过对比,信度符合统计检验标准。

(3) 访谈法。针对应用型人才核心能力的范畴与高职体育教学如何培养出应用型人才核心能力等问题与 2 位上海市高职学校主管体育教学的校长、3 位体育教研室主任、10 位体育教师、2 位企业招工负责人、50 名高职大学生等相关人员进行了面对面、网络、电话等方式进行访谈。

(4) 逻辑分析法。从对已获取的数据和资料进行归纳整理,对最终统计参数的原因、实际体育教学现状进行逻辑分析得出基于应用型人才核心能力导向的体育教学改革可能遇到的问题。

(5) 数据统计法。利用 Excel、Word 等软件对调查问卷的结果进行信息统计、归纳分析。

2. 应用型人才核心能力的概念与分类

2012 年《国家教育事业发展第十二个五年规划》提出,高等职业教育要重点培养产业转型升级和企业技术创新需要的发展型、复合型和创新型的技术技能人才,这对高职应用技能型人才的核心能力培养提出了具体的要求[2]。应用型高技能人才的培养必须符合社会各行业的需求,不同行业对人才的行业通用能力和职业特定能力要求不尽相同,但会存在共同需要某类能力或复合技能型人才。对整体而言,每个人都需要必备从事任何职业都需要的能力就是核心能力。从学校教育方面来说,应用型人才核心能力是大学生通过接受学校教育培养以及自身努力而获得的各项基本素质和能力,主要包括学习能力、应用能力和创新能力[3]。国外通常把核心能力称为"关键能力",这些核心能力主要有以下八种:与人交流能力、信息处理能力、数字应用能力、与人合作能力、解决问题能力、自我学习能力、创新能力和外语应用能力。这些可跨专业、可转换、可持续发展的关键能力,是如今社会中必不可少的重要能力[4]。笔者认为应用型人才核心能力还应该把思想道德素养归纳其中,只有拥有良好的思想道德素养,个体才能为国立命,为社会奉献。体育课程的项目和内容丰富,对不同的核心能力培养可使用不同的教学内容和方法进行操作。系统性的培养学生不同的核心能力,对大学生核心能力的全面性培养具有不可替代的作用。

3. 上海市高职体育教学现状与问题研究

(1) 上海市高职体育教学现状分析

① 上海市高职体育教师现状分析。体育教师是体育教学改革的发起者与执行者,高职院校只有拥有一支梯队层次分明、教学水平出众、富有朝气、敢于创新的体育教师队伍才能培养出素质全面、品格优良、技能突出的高职大学生。据资料分析上海市10所高职院校共有体育教师86人,1位教授,14位副教授。通过各高职院校学生人数可以统计出平均每一位体育教师所教授学生数量。以一个体育班级30人,学制为2学年,每周2课时计算,上海出版印刷高等专科学校的每个教师平均教授400多个学生,每周大约13节课(以90 min每节计算,以下相同);上海旅游高等专科学校每个教师平均教授514个学生,每周大约17节课;上海城建职业学院每个教师平均教授437个学生,每周大约14节课;上海思博职业技术学院每个教师平均教授857个学生,每周大约28节课;上海工商外国语职业学院每个教师平均教授857个学生,每周大约28节课。以每周5天,每天4节课计算,一周共计20节课,可以得知上海市各高职体育教师的授课任务繁重。长此以往,对高职体育教学质量和教师的身体健康有较大影响,同时对学校体育的发展也有抑制作用,这种情况亟需改进。

② 上海市高职院校体育教学内容现状分析

目前上海市10所高职院校开设体育教学专项数量各不相同,数量最多的是上海杉达学院,开设了11项,最少的是上海电影职业艺术学院,开设了2项。各高校在开设课外体育活动的内容也参差不齐,由于《高等学校体育管理条例》规定大学生每周不少于 2 次的课外锻炼,每次锻炼时间不低于 1 个小时[5]。除了上海思博职业技术学院与上海城建职业学院无课外锻炼跑步外,其他 8 所高职高专院校都把课外锻炼跑放进了课外体育活动中。但各高职院校课外体育活动内容不同,上海旅游高等专科学校、思博职业技术学院、上海城建职业学院、上海东海职业技术学院、上海杉达学院等 5 所高职院校课外体育活动内容比较丰富,其他 5 所高职院校课外体育活动内容相对单一。没有体育选修课和针对本校专业设定体育教学内容的院校有 6 所,拥有体育选修课和针对本校专业设定教学内容的院校有 4 所。

③ 上海市高职院校体育部门体制现状分析

通过对上海 10 所高职院校调查发现,所有高职院校都没有独立的体育部门,均挂靠在其他部门之下,财务预算与开支也都须经由其他部门同意方可执行。除上海出版印刷高等专科学校和上海杉达学院体育课程开设 2 学年制外,其余 8 所院校都是开设 1 学年制。10 所院校每周体育课都为 2 课时。在校内体育赛事组织上大多数院校都是由共青团牵头,配合实行赛事组织与管理等工作。以上现状对体育部门体制的建设完善产生了壁垒。

④ 上海市高职院校体育教学评价

体育教学评价是依据体育教学目标和体育教学原则,对体育"教"与"学"的过程及其结果所进行的价值判断和量评工作[6]。有什么样的教学评价,就会有什么样的教学过程和效果,教学评价对检验教学过程和效果显得尤为重要。上海市 10 所高职院校在教学评价中都采用了定量性评价、运动技能评定和教师对学生的评价(上课态度、出勤、着装、精神状态)。学生对教师的评价只占总数的 30%,学生在学习过程中的进步幅度与参与学校各项体育赛事给予的评价(过程性评价)占总数的 20%。在 10 所高职高专院校中都没有学生自我评价、学生互评、教师之间的评价作为评价方法运用在体育教学过程中。

⑤ 上海市高职院校大学生体育课学习动机分析

通过问卷调查与访谈,了解到上海市高职院校大学生上体育课动机具有多样性特征,但完成考试获得学分则成为大多数大学生的首要动机,占比为 46.7%;锻炼身体,增强体质占比为 24.5%;掌握运动技能,养成终身锻炼习惯的则只占 16.7%;还有 9.1%的大学生是为了拥有良好身材来上体育课的;通过体育课来培养应用型人才核心能力这一选项的只有 5 人。从问卷中可以看出高职院校大学生对上体育课的动机还停留在表层,只为获得学分和锻炼身体,大多数学生对体育课能为终身体育打下扎实的基础、能塑造个体自身学习能力和创新能力等深层内涵了解不多。

⑥ 上海市高职院校大学生对体育课程满意度现状分析

《普通高等学校体育场馆设施、器材配备目录》要求学校室内、室外场地设施面积分别为生均 $0.3 m^2$ 和 $4.7 m^2$，有 400 m 田径场（内含足球场）2 个，篮球场、排球场、网球场 60 块以上，25 m×50 m 标准室外游泳池 1 个，50 m 室内游泳馆 1 座[7]。通过调查了解到上海市高职院校大学生对体育教学场地不满意度达 83.8%，以上海出版印刷高等专科学校为例，篮球场 6 片，200 m 田径场 1 个，排球场 1 块，游泳馆 0 个，各类运动场地远远小于配备目录标准；对教学评价满意的只占 23.4%，其中 40% 的高职院校大学生对教学不满意，说明教学评价体系还需更加完善从而满足学生的需求。

(2) 上海市高职院校体育课程存在的问题

① 体育教学目标设定不够完善。现阶段高校体育课程目标一般设定为：促使运动参与、掌握运动技能、促进身体健康、促进心理健康、提高社会适应能力[7]。教学目标是对体育教学指导思想的实现，可指导体育教师对体育课程内容的安排与开展，也是体育教学评价的依据。上海市大多数高职院校体育教学目标符合国家在体育方面对人才发展的需要，但在对大学生今后健康的生活态度没有形成积极的引导，对不同工种的应用型人才的培养在体育课程教学目标中没有明确指出培养路径。高职体育教育如果没有明确定位，则会使得体育教育与职业岗位需求脱离，成为应用型人才的一个短板。

② 体育职能部门定位不清晰。2017 年修改的《学校体育工作条例》第 7 条规定"普通高等学校的一、二年级必须开设体育课，普通高等学校对三年级以上学生开设体育选修课"[8]。但目前调查的上海市 10 所高职院校中开设 2 年体育课程的只有 2 所。10 所高职院校都没有独立的体育部门，影响了学校体育工作的大力开展。上海市高职院校体育教师教学工作任务繁重，对教学质量有较大影响，同时对体育教师的科研、运动队训练、赛事组织等工作也会产生抑制作用。教师是负责教学第一线的，教师的职业发展对学校体育工作的开展和提升有重要的影响，但综观上海市各高职院校体育教师职称比例严重不平衡，势必严重影响体育教师工作的积极性，阻碍高职院校体育工作的开展。

③ 体育教学内容、方法和评价体系陈旧。上海市各高职院校目前的体育教学内容和方法没有跟上时代的步伐，还比较陈旧，教学大纲和教学计划还在沿用

陈旧的竞技项目内容。教学目标对运动技术和身体素质较为倚重,忽视了体育运动以人为本,自由和全面的身心发展。在应用型人才培养方面,没有结合各专业特点因材施教,因此对学生综合能力的提高有较大影响。在教学方法上许多体育教师运用新的教学方法还较少(如情景教学法、逆向式教学法、模拟教学法、快乐教学法,学导式教学法、情感教学法、成功教学法,发现教学法等),难以吸引学生兴趣,从而降低了学习效率。在教学评价体系方面不够完善,评价方式较为单一,评价标准并不适合所有学生。

④ 体育教学场地和器械供应不足。通过调查发现,上海市高职院校大学生对体育场地不满意度达 83.8%,对体育器械不满意度为 56.2%。上海市 10 所高职院校的体育教师 100% 认为本校的教学场地无法满足学生的运动需求与教学需求。体育场地是师生进行体育运动的核心要素,也是活跃校园体育文化氛围的基础。上海市高职院校学校体育工作与本科院校有较大差距,很大一部分原因是场地不足所导致的。各高职院校体育场地的配置远远小于教育部规定的配备标准,极大影响了全校师生体育运动热情和校园体育文化活动的开展,制约了人才的培养。

4. 应用型人才核心能力导向下的高职体育课程改革路径

(1) 传承精华,摒弃糟粕,转变思想

在《"健康中国 2030"规划纲要》出台的背景下,高校体育课程仅是"体质健康"的指导思想必不能满足社会和大学生的需求。时代已赋予了体育更高的内涵,在大健康背景下的高校体育课程不仅要促进学生的身心健康,而且要让学生懂得体育对健康预防的重要性,同时要进一步让学生理解体育运动能够给社会和自身带来的巨大价值。在过往高校体育教学中对学生体质的促进所形成的经验仍值得借鉴,对体育能够培养学生的韧性、不怕困难、勇于进取、团结协作、爱国主义、集体主义精神的教育还需继续贯彻。对体育教学只谈技能,不谈人文的体育教学观应给予纠正。体育所蕴含的丰富内容对培养应用型人才的核心能力有重要的促进作用,学校领导应加以重视,应树立对学校体育的每一分投入都将会在学生的综合素质方面得以体现的先进观念,建立体育教师参与课外体育活动与赛事的激励机制和考核机制,让体育成为学校重要的考核指标之一。体育教学部门应坚持"以人为本,以健康为中心,以活动为抓手,以体育价值观为导入",建立一个多元化、系统化、秩序化和生态化的体育教学体系。

(2) 课内外相辅相成,构建完整体育课程体系

高职体育课程不仅要促进学生的身心健康,还要为培养应用型人才核心能力服务,现阶段大多数高职院校体育教学大纲都是沿用十几年前的老版本,或按照本科院校教学模版进行简单复制,缺少创新观点,不完全适合高职院校学生体育素养的培育。因此科学规划高职体育课程教学体系十分必要。高职体育课程教学体系构建应包括课内部分与课外活动。

其主要改革内容有:一是高职院校应严格按照《学校体育工作条例》规定的普通高等学校的一、二年级必须开设体育课,对三年级以上的普通高等学校学生开设体育选修课[8]。根据高职学生核心能力为导向进行多类别培养,增加每周体育课时,在原有的 2 课时增加到 4 课时,以保证教学效率的提升和教学内容的完整;二是加强高职大学生健康意识与运动参与意识的培养,每学期应安排 4 课时体育理论课,内容包括体育卫生、保健与营养知识。让学生知道应该如何安排体育锻炼的时间、运动量的大小和强度、运动损伤的预防、运动与营养的关系等。通过互联网的便利性和海量信息储存功能,提前以微课的形式就某项技术要点以视频方式发给学生,让学生提前接触,加深了解,提高学习兴趣和学习效率;三是高职体育教学内容要坚持教育性与实效性、健康性与娱乐性、科学性与适应性、地方性与民族性相结合的多元化发展方向,将体育健身、教育、娱乐功能融为一体。把学生的职业需求放在首位,充分体现职业特色,根据学生所学专业的职业特点,设置符合学生未来职业特点的实用性体育教学内容,从而提高学生适应未来职业技能的体能;四是大力开发课外体育锻炼与各项目赛事组织,通过体育教育多方面培养学生的各种核心能力。在课外体育活动方面利用移动互联网开发跑步软件,通过技术监测督促学生课外自主锻炼。在课外体育赛事方面学校应每年度定期举办一次全校师生的田径运动会;学校体育节(包括篮球、排球、足球、乒乓球、羽毛球、跳绳、毽球、武术、健美操、飞镖、荷球等);冬季校园长跑、拔河比赛、个人跳绳与集体三分钟跳绳比赛等;开发校园体育表演活动(包括健美比赛,健美操表演,武术表演,花样跳绳表演等活动)。真正做到全体学生参与运动健身,达到身心健康,促进体能发展的目标。

(3) 融入思政教育,塑造正确体育价值取向

大学生的思想政治素养决定了自身成长的高度,对引导大学生树立正确的世界观、人生观和价值观有决定性作用。教育部 2018 年印发关于《新时代高校思想政治理论课教学工作基本要求》的通知中对思想政治课程教学基本要求做

出了具体部署,并要求教学指导工作贯穿教学全过程、覆盖全体教师。[9]从"思政课程"到"课程思政"这一改变是我国教育部门经过多年理论研究与实践探索认识到思想政治不仅仅是一门独立的课程,而应该是全课程都需要担负起思想道德育人的责任。体育崇尚和平与公正,追求完美与精准,诠释出对生命的尊重与对生活的热爱,因此体育课的课中课建设对于提高学生的思想道德水平、人文素养和职业操守有着非常大的教育优势。通过内容建设、教学方法、教学手段、教学评价和互联网平台运用等途径推进体育课程改革,细化标准,把体育课程与思想政治知识点进行融合和化合,实现寓道于教,寓德于教,寓教于乐。融合手段可通过画龙点睛式、专题嵌入式、元素化合式、隐性渗透式等多种方式进行,力求潜移默化地提高学生的思想道德素养。

(4) 以核心能力为主导进行体育课程建设

核心能力不是一门技术,是应用某种技术方法去做事的能力。因此核心能力的培养不是获得某种知识,而是对大学生行为的改变,需要长期有意识地系统性训练。在体育课程中可转变教学模式,根据核心能力设计教学大纲,以两学年64学时分8模块培养不同核心能力:一是利用不同体育项目的技战术培养学生的学习能力;二是利用体育游戏和健身方法让学生自主设计新的体育游戏和身体不同部位的锻炼方法,以此来培养学生的创新能力;三是利用校园定向越野和不同体育项目的比赛,让学生指导学生,以此培养学生发现问题和解决问题的能力;四是利用素质拓展活动和集体项目赛事培养学生的相互信任与合作能力;五是利用理论和战术配合的讲授要求学生完成个人叙述,并对所学知识发表个人见解以此培养学生的交流能力;六是利用野外定向越野和特定项目技战术的图片(如武术、跆拳道等)培养学生的信息处理能力;七是利用不同项目的裁判教学和实践培养学生的应用能力;八是通过鉴赏国外体育赛事和学习不同赛事的专业词汇培养学生的语言实践能力。

(5) 体育师资建设与场地建设同步进行

① 体育师资建设。体育教学改革的实际操作者是一线的体育教师,体育教师的知识储备与自身素养对高职院校大学生的核心能力培养有关键作用。因此,打造一支专业知识技能过硬、热爱体育教学工作,能吃苦耐劳的体育教师队伍对培养合格的应用型人才有重要意义。首先,要让体育教师主动参与专业人才培养方案的制订,每年根据学校专业变动调整教学内容、教学方法与手段,了解各专业所对应的职业岗位能力标准与要求,加强对高职学生身心特点、职业教

育规律的认识,提高职业教育质量测量、评价能力和核心能力为导向的体育教学内容的调整能力。其次,学校管理部门要提高体育教师的待遇,量化工作内容,按工作量给予劳动报酬。同时,要理解体育教师在寒冬酷暑中进行教学与训练的辛劳,体谅体育教师在多层次、多形式的体育运动会和各项目体育竞赛上进行编排、统筹、组织、训练、裁判等强度较大的辛勤工作。体育部门要建立教师队伍管理长效机制,为体育教师创造良好的培训条件,有计划地开展在职与脱产相结合、短期与长期相结合的轮训和再教育。最后,各高职院校必须增加教师数量,减少高职教师上课时数,提高教学质量。

② 体育场地建设。体育场地是体育教学的核心要素,不能满足体育场地需求的院校,其职业核心能力的培养就是空中楼阁。高职院校体育场地建设首先对体育场地不足的学校应由体育部门规划场地建设计划,逐年增加相关经费,逐步完善各类体育场地。其次,根据学校专业设置情况和各类专业对职业体能锻炼要求,有计划地购置各种体育设备器材,使体育资源与学校人才培养的目标要求相一致。第三,利用共享经济时代的共享理念与互联网大数据时代信息发散性特点,寻求学校周边其他体育场地、并与其所属单位进行磋商实现资源共享。

(6) 建立科学合理的体育课程评价机制

课程评价既可以帮助学生形成正确的体育意识和态度,加深体育锻炼对促进身心健康的认识,也可以提高对体育的情感、态度和价值观,有利于学生终身体育锻炼习惯的养成。[10]评价指标是一把"尺",会引导学生产生自我体育价值判断与发展方向,因此,评价者必须要在"标""量""本"上考虑周全,全面、客观、科学、准确地对学生进行评价。毛泽东同志指出:欲图体育之有效,非动其主观促其对体育的自觉不可。[11]高职体育教学评价体系不仅要建立科学完善的身体素质与技能考核标准,还要建立全面合理的学生主观能动性的评价标准,把定量评价与定性评价结合使用,把学生的进步幅度、努力程度、参与体育社团次数等因素纳入评价内容,强化激励效果、形成长效机制。教师给学生评价的同时,也要制订学生评教机制与教师间互评机制。利用互联网的便利性设计网络评价问卷,就教师上课的精神面貌、教学内容设置、内容延续性,教学方法与手段的科学性、合理性等方面进行评价反馈。评价机制的建立对学校校风和学风的形成至关重要,学校教务部门务必要尊重评价体系,对评价结果的处理意见严格执行。学校、体育部门和体育教师应致力于评价体系一致性,共同维护评价机制的权威性,让学生通过教学评价明白体育对健康的重要意义,确实将体育作为健康的第一需要,由被动地参加体育锻炼变为主动、积极地坚持体育运动。

5. 结语

应用型人才核心能力的培养是个体获得幸福的源泉,也是社会发展的根本动力。体育课程通过其课程内容的多样性和教学内容的灵活性对应用型人才核心能力的培养有着天然的优势。笔者通过对上海市高职体育教学现状进行分析,发现其体育课程存在体育教学目标设定不够完善、体育职能部门定位不清晰、体育教学的内容方法和评价体系陈旧、体育教学场地和器械供应不足等实际问题,提出了传承精华,摒弃糟粕,转变思想;课内外相辅相成,构建完整体育课程体系;融入思政教育,塑造正确体育价值取向;以核心能力为主导进行体育课程建设;体育师资建设与场地建设同步进行;建立科学合理的体育课程评价机制等体育教学改革路径。

参考文献:

[1] 黄敏,陈英军,李亚莉.人性化视野下高校体育教学改革的现状与展望[J].体育学刊,2011(5):78-81.
[2] 岳金方,王庭俊,武智.高职学生职业核心能力内涵辨析[J].教育与职业,2014(35):124-126.
[3] 张涛.高职人才的职业核心能力构建探析[J].黑龙江高教研究,2010(5):90-93.
[4] 马宝成,何万丽.基于职业核心能力培养的高职毕业生就业调研报告[J]中国职业技术教育.2014(19):52-57.
[5] 王菁.基于职业能力导向下的高职体育教学改革研究[D].华中师范大学,2016.
[6] 王锐.大学生体育选项课选项特征的研究[J].北京体育大学学报,2003,26(1):98-99.
[7] 华晓晨.我国专业技术人才能力建设研究[M].北京:五洲文明出版社,2005.
[8] 信息公开.中华人民共和国国家教育委员会令第8号[EB/OL].中华人民共和国教育部,http://old.moe.gov.cn//publicfiles/business/htmlfiles/moe/moe_620/200409/1436.html,2018-02-23.
[9] 教社科.教育部关于印发《新时代高校思想政治理论课教学工作基本要求》的通知[R].2018.
[10] 尹林.高职院校体育教学改革评价探究[J].中国成人教育,2015(13):173-175.
[11] 吴兆祥.大学体育[M].合肥:安徽大学出版社,2002.

文化立德，特色育人：
构建"1＋4"文化育人新模式
——以上海出版印刷高等专科学校出版与传播系为例

张华欣　宋　嵩

摘要：培养大学生文化自觉和文化自信是高校思想政治教育工作的重要使命，高校坚持以社会主义核心价值观引领思政工作，立足优秀的传统文化、红色的革命文化和先进的社会主义文化，创新文化育人新模式，基于学校文化传承、专业建设的现状，将文化自信贯穿高校思想政治工作全过程，切实提高大学生的文化选择能力和文化创新能力。

关键词：文化自信；"1＋4"新模式

高校思想政治教育文化，不仅是国家软实力的重要标志，也是大学生道德教育和素质培养的源泉所在。出版行业一直承担着传播先进文化的重要责任，在新时期，加强对出版专业大学生的文化自觉和文化自信是高校思想政治教育的新任务和新要求。

一、文化自信：思想政治工作的强大精神引擎

在建党九十五周年庆祝大会的重要讲话中，习近平总书记指出"文化自信是更基础、更广泛、更深厚的自信"。文化自信作为制度自信、理论自信和道路自信的力量之源，其背后的理论逻辑主要立足于五千多年中华文明孕育的优秀传统文化，在党和人民伟大斗争中孕育的革命文化和社会主义先进文化三大思想理论资源。与时俱进的中华优秀文化以其丰富的文化底蕴和持久的生命力为广大青年提供强大的精神动力和丰富的文化滋养，也为加强高校思想政治工作、培养

大学生文化自觉和文化自信提供了深厚的思想资源和理论指导。高校作为传承和优秀文化的主阵地和文化育人的引领地,承担着积极推进文化传播,弘扬优秀传统文化,发展先进文化的重要任务。在多元文化的时代背景下,作为培养出版人才的重要基地,出版与传播系深知文化育人在思想政治教育中的重大作用,紧密围绕"文化立德,特色育人"的发展理念,立足文化育人,以优秀的文化为精神底蕴,创新思政工作模式,唤起大学生的文化自觉意识,使之在了解自身文化的基础上,主动树立正确的文化自信。

二、"1+4"文化育人模式构建思路和具体措施

基于对出版类专业人才文化素养提升的思考,出版与传播系以培养和践行社会主义核心价值观为主线,结合出版专业的学科特点和专业优势,充分挖掘重要的文化资源,将传统文化、革命文化、志愿服务文化和行业文化有机融合,探索形成"1+4"文化育人模式,在实践中协同推进学生思政工作的开展。

(一)把社会主义核心价值观融入文化育人全过程。二十四字社会主义核心价值观是社会主义核心价值体系的高度凝练和集中表达,是新时期全体社会成员共同的价值追求和价值目标,是高校文化育人的核心和灵魂。大学校园文化多元复杂,受不同社会思潮冲击,大学生价值取向容易偏离。社会主义核心价值观是新时期在中西方文化交流和碰撞中不断选择和融合的结果,将社会主义核心价值观融入文化育人工作,能够在理论层面引领大学生从国家、社会和个人三个层面明大德、守公德、严私德,为塑造高尚品质提供价值标准。按照中央《关于培育和践行社会主义核心价值观的意见》要求,出版与传播系坚持以培育和践行社会主义核心价值观为主线,以团建、党建为抓手,在不同层面,从不同角度开展了一系列文化实践活动,将社会主义核心价值观融入学生学习以及课外生活和精神世界,使社会主义核心价值观的教育落地无声。

(二)融合四大文化,协同推进文化育人。在高校涵养社会主义核心价值观,树立文化自信需要挖掘各方面的文化资源,把核心价值观融入大学生的学习生活和行为实践,要有感染力的文化浸润,也要有具体有效的实践措施。

1. 弘扬优秀传统文化,提高学生文化修养。树立文化自信,首要以优秀传统文化为根基,认真汲取中华传统文化的思想精华,以宣传和弘扬爱国主义精神为核心,以提升大学生的道德修养为重点,使社会主义核心价值观真正内化于心,从而增添文化的内涵、实现文化的关照。对此,加强线下传统纸媒和线上新

媒体平台的融合运用,营造浓厚的文化氛围,激发学生的浓厚兴趣。

(1) 以《版花》杂志为载体,发挥纸媒魅力,讲中国故事。版花文学社主营传统出版物《版花》已经刊发 70 多期,每期专设文化版块,选择唱响主旋律、弘扬真善美的传统文化素材,借助文化的翅膀讲好"中国故事"。这不仅加强了版花设计团队成员的文化素养,也为广大观看《版花》的学生特别是刚入校的新生提供丰富的文化资源,使他们在潜移默化的思想熏陶中增强文化内涵。

(2) 以尚书传媒为平台,创新文化传播思维方式。尚书传媒是依托出版行业优势,以新媒体技术为载体,在数字技术和课本知识紧密结合下,打造的专业化、现代化的特色新媒体工作室。其中,主打的"新版生缘"微信公众号平台,通过照片、视频、短文推送等形式直观反映正能量的文化要素,使学生时刻浸润在优秀文化的浓厚氛围中。

(3) 以爱知书店为依托,传递绿色阅读环保理念。爱知书店是公益性读书社团"爱知社"创办的学生书店,为师生提供了一个校园阅读与文化交流的理想场所。依托爱知书社,爱知社在全校范围举办图书漂流、赏书・捐书・易书等大型阅读活动,用诗书朗诵、经典诵读的形式弘扬全面阅读的理念。用"勤学善思,绿色共享"的文化品牌,举办品书演讲比赛,更深入、更持久地加强大学生对优秀传统文化的学习。

2. 传承红色革命文化,裨益学生精神境界。孕育和成长于战斗岁月的革命文化是中国文化发展不可或缺的优秀基因,是文化自信的坚强底气。上海地区具有深厚的红色文化资源,充分挖掘和传承红色革命文化,讲红色故事、寻红色足迹,在实践中传承红色文化。

(1) 回顾历史,探寻红色文化源头。上海拥有中共一大会址、淞沪抗战纪念馆、各区档案馆、陈云纪念馆、鲁迅纪念馆等众多红色文化地,我们采用"在上海-骑行中国"的方式组织学生从多条有各地省份的地标线路,分别前往上海各区红色教育基地参观和学习,让学生亲身感受历史,引导学生通过了解党史、国史、区史、校史,用历史知识背后的精神营养,增进学生的爱国、爱党、爱校情怀,更好地传承奋发向上的革命文化。

(2) 寻根之旅,继承发扬韬奋精神。邹韬奋先生是现代进步新闻出版界的开路先锋,在革命时期,其先后创办《生活》周刊等 7 种刊物,创办"生活书店"以推进大众文化,传递爱国思想。开启寻根之旅——走进韬奋系列活动,正是引导出版专业学生能够通过实地参观、探访历史,追求韬奋足迹,切身感受其追求真理、推动社会进步的奋斗精神,从而不仅加深学生对出版行业的历史认识,也增强他们的社会责任感和使命感,坚守文化使命,在新时期传播出版正能量,做合格出版人。

3. 践行志愿服务文化,增强学生"三大意识"。大学生志愿服务文化建设是加强大学生核心价值观教育的重要途径。出版与传播系打造志愿服务品牌——"足光"志愿者服务团,主要依托"上海书展志愿者"和"鲁迅纪念馆志愿者"两大抓手,结合专业特色开展服务活动,将出版专业与社会实践充分融合,强化大学生责任意识、服务意识和学习意识。

(1)坚守岗位,传递志愿服务精神。从2011年开始,出版与传播系每年都组织学生参加上海书展的志愿服务工作,每次展览都能看到"小橘子们"忙碌的身影。大学生志愿服务坚持"奉献、友爱、互助、进步"的志愿精神,不仅在志愿服务过程中体现传统文化、时代精神,更在全心全意为读者们服务的过程中增长见识,提升服务意识和责任意识。伴随馥郁的书香,"小橘子们"用实际行动展现版专学子的青春风采。

(2)共建联建,弘扬爱国主义思想。鲁迅纪念馆是"足光"志愿服务队长期合作的共建单位。每年系部精心挑选优秀的志愿者到鲁迅纪念馆进行面试,经面试合格后上岗培训,经过一段考核期最终决定学生能否成为一名讲解员。学生讲解员们为了更好服务参展人员,不断阅读鲁迅作品、学习鲁迅精神,在服务实践过程中形成的文化,会潜移默化地将鲁迅精神和文化力量涵养其中,成为生活、学习中的榜样和精神引领,在成长的道路上自觉保持思想言行的正确方向和奋发向上的学习态度。

4. 了解行业文化,加强产学文化共荣。行业文化蕴含行业共同的道德规范、理想品质等核心价值,出版行业又承担着传播文化的重任。通过校企合作共建等方式,将出版行业文化融入专业建设和教学,加强大学生行业技能和行业精神的双重构建,是加强高校文化育人工作的重要切入点,也能够更好地引导学生增强行业文化体认,帮助他们尽快完成从校园踏入职场的平稳转变和快速过渡。

(1)打造系列讲坛,传递优秀出版文化。为深入推进校企合作项目,出版与传播系依托强大的校友资源,策划主办"从版专人到出版人"三人行系列讲坛,由出版行业工作的优秀校友为学生开坛演讲,从校园到职场,从学习到生活,从企业到行业,无话不说,无所不谈。三人行系列讲坛打通从"版专人到出版人"的信息渠道,构筑专业人才培养的产业链,让学生更加了解行业,进一步明确学习目标,增加了踏入职场的意愿和决心。

（2）组织企业走访,紧跟行业动态走向。本着"对接行业、引导就业"的原则,组织学生走访蚂蚁创客空间、上海图书有限公司、广西师范大学出版社上海公司等多家校企合作企业,通过亲身走访和调研,零距离感受不同的企业文化和职场文化;通过短学期实习试岗,帮助学生在实践中明确职业方向,掌握出版行业文化内核,从而自觉内化行业精神并在岗位中彰显出优秀出版人的职业综合素养。

三、文化育人工作的成效及展望

培养大学生文化自觉和文化自信是高校提高思政工作实效性的迫切需要。文化育人"1+4"模式的创新,使得出版与传播系思想政治工作开展有章可循、有据可依,既丰富了内容又创新了形式。

1. 以文化立德、特色育人为主题的"1+4"模式,致力于从不同角度,全方位地对广大青年进行思想政治教育。通过将专业学习、志愿服务、就业创业与文化育人的结合,有效激发学生广泛参与文化实践活动,帮助学生在历史回顾、志愿服务、行业选择等多方面实践中增强文化自觉和文化自信。

2. 在"1+4"文化育人模式的探索和创新中,打造出的专业化志愿服务团队、搭建的赏书·捐书·易书·品书特色品牌、开办的三人行系列讲坛等都能发挥持久、深刻的文化效用。资源的充分整合、品牌文化的搭建以及载体的创新使得思想政治工作更加系统化、高效化,同时也增强了各个学生团队的凝聚力和创新力。

3. "1+4"文化育人模式是强调教师与学生、党员与团员、系部与学校、学校与企业的联动管理模式。立足文化育人,将传统思想政治工作与多文化融合,利用新兴媒体技术,变单线的被动的灌输为线上线下的双向互动和交流,进一步拉近老师与学生之间的距离,推动企业和学校的产业合作,增强思想政治工作的吸引力和创造力。随着文化资源挖掘的深度和企业合作交流的广度不断加大,"1+4"文化育人模式也随之不断更新和推进。作为出版行业人才培养的重要基地,出版与传播系将坚持以社会主义核心价值观为主线,继续从不同文化角度推进模式创新,发挥文化的重要育人价值,让广大青年学生在中华优秀文化中得到滋养,增强底气,坚定文化自觉与文化自信,成为一名合格的出版人。

参考文献：

[1] 张志娟,秦东方.大学生文化自觉与文化自信培育途径研究[J].思想政治教育研究,2013(06).
[2] 印亚军,徐惠忠.文化自信：高校培育和践行社会主义核心价值观的基石[J].常州大学学报(社会科学版),2014(06).

《中国集体经济》2018 年第 34 期

第二篇

思政课程改革：显性强化

做新做活做实思想政治工作
——上海出版印刷高等专科学校提高技能人才培养质量纪实

图 2-1　学校正门

图 2-2　第 43 届世界技能大赛印刷媒体技术项目银奖获得者张淑萍

图 2-3 印刷媒体技术项目中国集训基地

图 2-4 博物馆内景

图 2-5 毕业生红毯秀

图 2-6 运动场

当前上海出版印刷高等专科学校(以下简称"上海版专")正在掀起学习贯彻落实全国高校思想政治工作会议精神的热潮。学校党委深刻地认识到,学习贯彻落实全国高校思想政治工作会议精神,关键在把精神吃透,根本在狠抓落实,要用会议精神统领发展、指导实践促进工作。国家领导人在全国高校思想政治工作会议上,要求高等学校坚持把立德树人作为中心环节,把思想政治工作贯穿于教育教学全过程,"做好高校思想政治工作,要因事而化、因时而进、因势而新。要遵循思想政治工作规律,遵循教书育人规律,遵循学生成长规律,不断提高工作能力和水平"。做好学校思想政治工作关键要做好培养什么样的人、如何培养人以及为谁培养人这个根本工作。近年来,学校深入把握高校思想政治工作规律,把思想政治工作贯穿于教育教学全过程,构建了职业精神、职业技能和职业素养协同培养模式,实现全程育人、全方位育人。具体做法如下:

一、创新思想政治工作方式方法,点燃学生职业热情

做好新形势下的高校思想政治工作,可以说,比以往任何时候都更加需要创新。上海版专在思想政治工作过程中"因事而化、因时而进、因势而新",遵循教书育人规律和学生成长规律,"沿用好办法,改进老办法,探索新办法,不断提高工作能力和水平"。

二、"课中课"引领,推进思想政治理论课改革创新

以思想政治理论课为带动,深入发掘实训实践课程的思想政治教育资源和潜力,结合行业企业对学生综合素质的要求,教师在传授专业知识过程中注重融合人文素养、企业文化和专业要求,教学形式融通适合大学生接受的案例式教学、体验式教学、情景式教学、热点问题辩论等多种方法,教学各项环节融汇了学生就业创业过程必修的职业理想、职业规范、职业礼仪、职业情感,弥补了单纯技能教育带来的学生人文精神和自我约束能力的缺失。通过"课中课"模式,学校将实训基地变成了思政课的基地,思政课也实现了在"课堂之外建课堂",拓宽了教学领域,搭建了教学途径,教学扩展为"实践场景讲理论",实训课老师成为"不讲思政课的思政课老师"。"课中课"育人模式论文获得 2015 年度全国高职高专思想政治理论课优秀论文。作为典型案例被收录在《2015 年中国高等职业教育质量年度报告》中,成为报告收录的 16 个案例之一。学校学生在 2013 年和 2015 年分别荣获第 42 届、43 届世界技能大赛印刷媒体技术项目铜牌和银牌,就得益于上述人才培养模式。

三、企业导师领衔,推进校园和企业文化建设改革创新

学校通过校训、校歌、校风的传扬,让青年学生感受新闻出版行业先辈创业的艰辛历程,培养知恩感恩、追比先贤的精神品质;通过开展文明课堂、文明寝室、文明竞赛等活动,培育学生尊师重教、注重礼仪、团结互助、友爱他人的思想品德;通过参与上海印刷博物馆的建设、管理和相关知识的学习,使学生深入了解印刷行业,激发学生学习行业知识的动力和激情。同时,学校在人才培养过程中,注重校园文化和用人单位企业文化的对接。学校将企业用人需求和理念渗透到人才培养目标中,在明确企业用人需求和理念的基础上,校企双方共同推进人才培养方案改革与专业建设,实现"企业用人标准与专业培养目标对接"。聘请了大批企业高级管理人员、工程技术人员和能工巧匠为学校实践教学环节的兼职教师,在培养高技能人才的过程中,实行导师制。导师们以提升企业岗位能力、素质要求为目标,将企业的职业道德融入课程的全过程,并在实训、实习中加强企业所需的能力模块学习。特别是与全球尖端印刷系统和解决方案供应商柯尼卡美能达办公系统(中国)有限公司"数字印刷技术高端定向培训班"合作,"柯美班"的学生在完成学校正常教学活动的同时,由企业导师带教进行岗位技能培

训、企业文化教育等内容,在专业实践培训中强化职业道德,引导学生自觉培育和践行社会主义核心价值观。

四、实践载体拓展,推进社会实践教育活动改革创新

在思想政治工作过程中,学校将社会实践作为大学生思想政治教育的重要环节和塑造青年学生精神高地的重要抓手,不断丰富社会实践内容和形式,提高社会实践质量,让学生在日常学习生活中去感悟,通过志愿服务岗位、暑期社会实践,用身边事教育身边人,发挥榜样人物的示范作用,增强社会实践活动的渗透力。学校积极响应经济社会转型升级的新要求和大众创业、万众创新的新形势,革新人才培养理念和模式,2016年9月,学校获批上海高校实践育人创新创业基地联盟秘书处单位,11月,成立的创新创业学院进一步拓展了创新创业教育的模式和范畴。学校成立创新创业学院,让学生真正感受职业精神的魅力。学校积极组织学生参与创新创业教育相关大赛,承办2016年"挑战杯——彩虹人生"上海市职业学校创新创效创业大赛,决赛在组织学生、培育学生、指导学生方面形成了独特的工作模式。成立科创大赛小组,专业带头人赛事辅导,不仅提高了学生参赛的积极性,也保障了学生参赛作品的质量,经过专业的打磨,反复的修改,最终呈现出完美的作品。2016年,我校学生在全国挑战杯决赛中取得一等奖、二等奖各一项的好成绩。通过创新社会实践活动,使师生参与度提高;实践育人理念深入人心,实践成果丰硕;特色项目和品牌基地逐渐形成,育人成效显著,社会责任意识明显增强。

五、构建思想政治工作多元平台,培育学生职业素养

学校注重思想政治工作,立足于灵活多样、丰富多彩的校园文化活动,以文育人,以文化人,打造精品工程,充分发挥隐性思政的育人作用,让思政教育入心随行,真正落到实处。学校不断增强思想政治教育的亲和力和吸引力,春风化雨,入脑入心。

六、搭建四大平台,强化以文育人基础建设

一是构建面向校内外的综合社团平台——艺术装点校园专业社团。优美的校园环境可以通过美的可感性、可愉悦性对学生施以潜移默化的影响,陶冶学生的情操,传递学校文化精神的内核。艺术装点校园专业社团在校园中进行创意

的涂鸦绘画,在垃圾筒、路面桶盖、水管道、长椅等设施上进行富有特色的绘画创作,昔日的垃圾筒变得可爱,平白墙面变得有趣,校园长椅通过艺术创作的点睛,使学校硬件设施不仅充满了艺术气息和人文暖意,而且也在潜移默化地对学生进行德育的渗透,达到了以画载道、环境育人的目的。二是构建艺术创作的竞赛平台——服装设计大赛。我校服装设计大赛已连续举办十一届,通过专业教师指导,学生进行富有多样性文化气息的服装设计,学生模特精彩走秀展示,充分彰显了学生独特的艺术创意和青春活力。在服装设计过程中,注重把中国传统文化元素融入设计当中,通过以"服"载道的方式,潜移默化地增强学生对中国文化的认识和自信。三是建设培养创意思维和团队协作能力集训平台——筑梦空间创意工作室。以工作室为平台,组织学生参加各项创意竞赛活动,提升学生专业设计能力,丰富学生业余生活,为校园生活增添艺术品位,为喜欢设计的同学搭建一个交流和展示的平台,推动交流活动形成了良好的氛围。四是打造立体化教学展示平台——基础课程作品交流展、书籍设计艺术双年展等展会。为广大学生提供作品的展示平台,激发了学生对专业的热爱和创作的激情,营造了浓厚的校园艺术氛围和美育气息,提高了学生的艺术审美能力和创作能力。

七、依托"三元"载体,彰显文化内涵建设

一是毕业生党员文明离校,引领正确就业价值新风尚。学校"以学生为主体,以育人为中心,以感恩教育为切入点,以体验式教育为手段,以推进毕业生文明离校、稳步踏入社会为目的的活动理念",开展毕业生党员文明离校活动,党员以身示范,与周围同学形成互帮互动小组,通过心理谈话、毕业日记、毕业承诺书等形式带动全体毕业生文明离校。这些贴近学生的文明离校活动,不仅在全校树立了正确的就业价值风尚,也引导毕业生争做热爱祖国、遵纪守法,具有社会公德和文明行为习惯的公民,进而使自己成为报效祖国、积极进取、诚实守信、敬业乐群,具有社会责任感和创业精神的高素质技能型人才。二是团员学生班干部积极筹办毕业生晚会,营造温情感恩氛围。学校历来重视引导学生干部以服务大局、服务同学为宗旨,以培养合格人才为目标,充分发挥学生干部在师生间的桥梁和纽带作用,团结和带领全校同学广泛开展自我教育、自我管理、自我服务成才活动。每年到毕业季,学生干部集思广益,广泛搜集毕业生的想法,创新活动形式,精选活动内容,举办别开生面的毕业晚会。每年的毕业晚会成为学校毕业生共同守候的"精神晚宴"。毕业晚会针对大学生的社会角色和青春特色,

在弘扬社会主义核心价值观的主旋律中进行深度挖掘,使之成为一个不断深入的活动,近三年的毕业晚会先后以"忆年夏·版绘青春"(2014年)、"奔跑吧青春"(2015年)、"Forever young 颂·青春"(2016年)为主题,不断融入"我心中的好老师""老师,我想对你说"等隐性德育内容,让学生学会珍惜、学会感恩、学会理解,实现活动渗透式德育的目的。一场场精彩纷呈的晚会,为毕业生留下美好的回忆,成为全体师生镌刻的"历史画卷"。三是全体师生共同打造别致的毕业典礼,从仪式感到典礼活动,构筑辉煌的学习生涯感受。学校积极尝试举办"具有庄重仪式感"的毕业典礼活动,不断丰富毕业典礼的活动形式和内容,使其成为有庄严仪式感的高规格典礼,让学生体悟"不忘初心,弥恒坚守"的价值追求。每年的毕业典礼,通过红毯秀、唱国歌校歌、朗诵校训、优秀毕业生表彰、颁发毕业证书、校长和书记"贴民心、接地气"的主题演讲等内容,让学生参与到毕业典礼活动之中,用高规格的庄严的仪式感让在场的学生体验到三年大学生活的"获得感",让这份沉甸甸的收获和喜悦激发学生砥砺前行,将三年来养成的优秀品质和坚守精神内化于心,不断陶冶自我的精神,从而完善自我的人格。

八、优化多项举措,提升言传身教实效建设

一是在学风建设工作中,开展"千团百班竞班颜"的特色活动。激发学生为班级争光的集体荣誉感,发挥集体在学风建设中的激励作用,加强出勤考纪,互助互学和班级学习风貌建设。活动前期,每个班级都精心设计了自己的班级LOGO,通过"点名我不怕""助学一帮一""班级新风貌"等形式,借助易班和微信宣传互动平台,开展形式多样、特色鲜明的班级学风活动。学期末,通过"颜值担当班"评选活动表彰了一批具有特色内涵和实效建设的班级,全校逐渐形成一种"全员共促"的建设优良学风局面。让学生养成主动学习、勤奋刻苦学习、自主创新学习的习惯。这些良好的学习习惯养成,不仅是大学生坚韧不拔的意志和不畏艰难的科学精神的体现,更是高校践行社会主义核心价值观的体现。二是在社团建设工作中,依托品牌社团开展社团精品活动。"尚书传媒"社团作为上海市明星社团,是学校在认真分析学科专业优势和学生的就业特点基础上做出的创新教育培养模式,社团由足光志愿者服务团、爱知读书会、版花文学社、"指尖上的版专"工作室组成。各工作室(团队)都配备具有生涯规划、社团管理和人力资源管理等丰富工作经验的专职辅导员团队和具备出版、发行、会展、数字媒体等行业背景的专业教师团队,指导学生打造宣传实践的平台,提升专业品质,以

促进就业为导向开展各类活动。依托尚书传媒,以工作室(团队)为载体,以特色鲜明的展示项目为内容,在丰富性、多层面的实践中加强了学生专业能力的培养,提高了辅导员队伍素质,为加强学生思想政治教育工作的进一步开展创造了条件。三是在"世赛"引领工作中,开展各类技能实践育人活动。学校一直致力于打造高端技术技能人才培养高地,坚持以技能大赛为重要平台和手段,确立"世赛引领、赛教结合、双证融通"的人才培养模式,注重培养责任心、立德树人、工匠精神,形成了一批实践教学、主题教学、互动教学等教学案例。依托印艺学社平台,充分利用专业实训基地中的教学资源,采用角色扮演、案例分析、任务驱动、项目一体化等教学手段,模拟公司化运行模式,从职业道德与职业守则、专业基础知识和技能、职业岗位综合能力等全方位全真训练来提升社团成员的综合职业素养,为我国印刷行业、企业输送了一批拥有扎实理论功底的高端技术技能型人才。不少学生已经成为企业发展的生力军和顶梁柱。

九、优化思想政治工作师资建设,提升学生职业技能

学校一直坚持教育者先受教育,"使学校教师努力成为先进思想文化的传播者、党执政的坚定支持者,更好担起学生健康成长指导者和引路人的责任",坚持把教师思想政治工作作为打造新闻出版行业人才培养体系关键性因素来抓。

十、高度重视教师思想政治工作,不断健全工作机制

学校召开党委会,校长办公会以及专项工作会议等,多次研究教师队伍建设和思想教育等内容。例如学校通过召开人事工作会议以及教学工作会议,明确师资队伍建设的主要任务,专门对教师思想政治工作提出明确要求。在学校改革与发展"十二五""十三五"规划和师资队伍建设专项规划中,都把教师思想政治工作放在学校事业发展全局的重要位置,并提出了明确要求和主要措施。强调要加强师德建设,完善师德建设制度,提高教师思想政治素质。同时学校教师思想政治教育工作形成了学校领导亲自抓、相关部门各负其责、有关方面大力支持的领导体制和工作格局。学校先后成立了师德建设领导小组和思想政治工作领导小组,由校党委书记、校长任组长,有关校领导担任副组长,成员包括各党总支书记、有关系部负责人等。学校较早制定了《关于进一步加强和改进师德建设的若干意见》《教师职业道德规范》等文件,以马克思主义中国化最新成果武装青年教师头脑,增强党的基层组织对青年教师的凝聚力,加强青年教师形势与政策

教育,加强青年教师的社会实践工作,提高青年教师师德水平,助力青年教师成长发展,引导教师以德立身、以德立学、以德施教,更好地传道授业,做好人类灵魂的工程师。

十一、坚持教书和育人相统一,加强教师职业道德建设

一是切实用中国特色社会主义理论体系武装教师头脑。学校党委始终把加强政治理论学习作为提高教师思想政治素质的重要途径来抓。每学期安排相关理论学习,组织教师认真学习党的路线方针政策和教育规划纲要、法规及会议精神等,认真学习贯彻党的十八大等重大会议精神,用马克思主义最新理论成果武装教师头脑、指导行动、推动教学科研等工作。二是树立先进典型,大力激发广大教师的工作热情。学校以师德建设为主题,坚持在教师群体中开展优秀教学科研群体、育人标兵、优秀共产党员等评选表彰活动,并将获奖情况作为职务晋升、岗位聘任的重要依据。学校充分利用校内外各种媒体,宣传报道优秀教师和教师群体。学校认真组织教师参加新中国成立65周年、建党95周年、党的十八大、学校60周年校庆等活动,将教师思想政治教育融入其中,进一步统一教师的思想和行动。三是加强教师职业道德建设。学校把对青年教师培训作为提升师德的一项重要手段,每年都以专题报告会、座谈会、课堂示范教学、专题研讨会、社会实践等形式,围绕如何当好高校教师、如何组织好课堂教学、学术道德与学术规范、教学科研的关系、青年教师专业发展的路径与策略等,对新入校教师进行全方位的教育培训,让他们尽快掌握高等教育知识,尽快进入高校教师角色。

十二、坚持理论和实践相统一,大力提高教师专业发展能力

以教学和科研双轮驱动,促进青年教师成长成才。学校积极探索教研室、课题组、教学团队制度,让每位青年教师在其中担任不同角色,通过传、帮、带,使他们在教学、科研、专业建设等方面尽快成长。学校定期开展青年教师教学基本功比赛,提高其业务素质和教学水平。学校还有计划地选送优秀教师到国内外相关高校访问学习,进一步拓宽视野,提高学术和教学水平。

教师通过挂职锻炼和企业实践,提升教学水平和服务社会能力。学校积极选派青年教师到国家新闻出版广电部门、上海市新闻出版部门、上海市就业指导中心挂职,同时每年选派大量一线教师到著名行业企业进行产学研见习,这样不仅发挥了高校服务社会的功能,帮助企业解决了技术难题,同时也提升了青年教

师的教学水平。

  站在新的历史起点，我们盘点过去，总结经验，规划未来；踏上新的历史征程，我们将认真贯彻党的十八大精神，以高度的历史使命感和责任感，奋发有为，奋勇争先，将思政工作深刻融入立德树人的全过程，以精进的态度和创新的意识，促进学校思想政治工作再上新水平、新台阶。

《中国教育报》2017年3月4号

提升大学生"形势与政策"课获得感

郭 凯

摘要：获得感是衡量"形势与政策"课教学质量的一个重要标准。提升大学生在"形势与政策"课上的获得感，需要做到理论与实践相结合、个人发展与国家发展相结合、知识讲授与道德教育相结合。学校要高度重视"形势与政策"课的教学工作、强化价值引领、创新教学方法、丰富教学内容，做到以学生为本。

关键词：大学生；"形势与政策"课；获得感

2018年4月教育部印发《教育部关于加强新时代高校"形势与政策"课建设的若干意见》，强调"形势与政策"课是融理论性、针对性、教育性于一体的一门高校思想政治理论课，是帮助大学生正确认识新时代国内外形势，深刻领会党和国家事业发展的历史性变革、取得的历史性成就、面临的历史性机遇和挑战的核心课程，是第一时间推动党的理论创新成果进教材、进课堂、进学生头脑的权威平台，也是引导大学生准确理解党的基本理论、基本路线、基本方针的重要渠道。

一、"形势与政策"课在大学生思想政治教育中担负重要使命

"形势与政策"课是高校思想政治理论课的重要组成部分，是对学生进行形势与政策教育的主渠道、主阵地，在大学生思想政治教育中担负着重要使命。

首先，进行形势与政策教育是国际国内形势深刻变化的要求。目前，我国面临着复杂多变的国内外环境，形势的变化要求我们加强形势与政策教育。

其次，加强形势与政策教育是提高大学生素质的需要。大学生正处在世界观、人生观、价值观形成的关键时期，容易受到各种社会思潮的影响，通过"形势与政策"课的学习，可以帮助大学生增强辨别是非的能力。

最后，加强形势与政策教育是实现人才培养目标的需要。

二、"形势与政策"课能帮助大学生更好地理解党和国家的路线、方针、政策

目前，在高校"形势与政策"课的教学过程中还存在一些不足，影响着大学生在"形势与政策"课上的获得感。首先，一些学校对于"形势与政策"课的重要性存在认知偏差。高校的"形势与政策"课多由辅导员来承担具体的教学工作，然而辅导员平时的事务性工作较多，没有足够的时间来准备"形势与政策"课的教学。其次，教学人员不足且缺乏专业的培训。"形势与政策"课涵盖的知识范围广，又具有较强的时效性。课程教学要求较高，若不加强相关培训，教师很难具备一定的教学水平。同时，在教学方法、教学态度等方面，一定程度上还存在着影响大学生在"形势与政策"课上的获得感的因素。

三、提升大学生"形势与政策"课获得感需要做到"三个结合"

1. 理论与实践相结合。讲好政治理论是上好"形势与政策"课的基础，也是"形势与政策"课教学创新的前提，为了便于学生更好地理解理论，高校还应加强课外实践。只有经过实践，学生才能更好地理解和掌握理论。例如在讲抗战胜利纪念活动这个专题的时候，学校可以组织学生到抗战遗址参观，并进行现场教学，让学生深刻体会抗战的激烈和残酷，珍惜来之不易的和平，更好地领会全民族抗战的伟大意义，并组织学生讨论，深化对主题的理解。

2. 个人发展与国家发展相结合。把个人理想与中国梦紧密结合在一起，才能真正实现自己的价值。比如，在进行"改革开放 40 周年"专题讲解的时候，让学生对家乡旧照片与新照片作对比，并通过故事的讲述，让每个学生感受到改革开放带来的巨大变化，认识到个人的发展离不开国家的发展，个人的命运同国家的命运紧密相连。只有国家发展了、强大了，人民才有更美好的生活。国家的发展为个人的发展提供了机会，个人的发展是国家发展的前提。要让学生充分认识到只有积极投身于国家的建设，才能够实现自身的价值。

3. 知识讲授与道德教育相结合。"形势与政策"课不仅要把知识点讲深讲透，更要引导学生用马克思主义的立场、观点和方法来分析问题和解决问题，树立正确的世界观、人生观和价值观，具备透过现象看本质的能力，实现知识传授和价值观引领的统一。

四、不断提升"形势与政策"课的教学效果

1. 高度重视"形势与政策"课的教学工作。为了更好地提升"形势与政策"课的教学效果,高校可开展形式多样的教学竞赛、教学评比活动,激励教师创新教学方式、提高教学实效性。学校应制订相应的教学管理规定,保证"形势与政策"课教学的规范性。强化价值引领,紧跟主旋律。"形势与政策"课需要加强社会主义核心价值观的引领。社会主义核心价值观是中华民族的精神之"钙",是当代中国的兴国之魂。通过讲深讲透社会主义核心价值观的内涵和本质,让大学生认识到社会主义核心价值观符合中国国情和传统文化,是人民所想、时代所需的精神支柱。自觉运用社会主义核心价值观武装头脑,并抵御各种负面思潮的冲击,有利于大学生坚定文化自信。要以学生为本,突出学生的主体地位。"形势与政策"课的讲授对象是学生,教学工作的出发点和落脚点是学生的需求。在注重思想引导和价值引领的同时,要多从学生角度思考问题,做好授课内容调查分析。对于他们关心的问题,我们要讲深、讲透;对于他们迷惑的问题,我们要帮助厘清;对于他们感兴趣的问题,我们要调动他们的积极性。

2. 采用小班教学,调动学生积极性。目前,由于"形势与政策"课的师资有限,很多高校采取大班授课。大班授课存在一定程度的弊端,学生难以真正参与课堂互动,导致其积极性不高。因此,采用小班授课是高校努力的方向,小班教学不仅能加强教师与学生之间的互动,调动学习的积极性,而且能够深化教学内容。改进考核评价体系,建立全面、多元的考核评价体系。为调动学生的学习主动性与积极性,培养学生的创新精神,高校应加强对学生课程学习的考核,除了考试的形式,要更加侧重对学生综合素质的全面考察,培养学生的实践能力以及对问题的思考和钻研能力,充分发挥学生的创新精神和创新能力。考试的试题应适当增加开放式题型,重点考察学生独立思考问题的能力和理论联系实际的能力。

3. 创新教学方法,丰富教学内容。随着时代的发展,教学方法也要适应时代的变化和要求。"慕课"作为从国际一流大学发展起来的一种全新的知识传授模式和学习模式,在我国得到了一定程度的普及。在"形势与政策"课的教学中利用"慕课"可以集中优势资源,开发共享优质课程,从而提高"形势与政策"课的教学质量,提升学生的获得感。此外,还可以借鉴"翻转课堂",利用"线上"和"线下"相结合的教学方式。在"翻转课堂"的模式下,学生首先观看"形势与政策"课

的视频,然后再组织学生进行课上讨论、互动,从而将知识内化于心,外化于行。在教学内容方面,"形势与政策"课教学要做到常讲常新,通过建立一个贯穿大学教育全过程的课程教学体系以及建立"形势与政策"课的教学资源库,不断扩充相关的案例和视频。"形势与政策"课还需要建立一支高水平的教师队伍,保证"形势与政策"课的教学质量,针对每年更新的内容,加强对教师的培训,培训可以分专题进行,分成国内形势专题组、国际形势专题组、发展成就专题组、社会热点专题组等,组成各专题的讲师团,并适当聘请一些相关领域的专家作为兼职教师,以更好地提升教学水平。

参考文献:

[1]《习近平:把思想政治工作贯穿教育教学全过程》,新华网,2016年12月8日。
[2]《教育要提高群众满意度扩大受益面》,中国教育新闻网,2017年4月29日。

《人民论坛》2018年第 27 期

从获得感角度来看高职思想政治理论课实效性

李 强 于 璇 叶 欢

摘要： 高校思想政治理论课是对大学生进行马克思主义理论教育和思想政治教育的主渠道和主阵地。当前高职院校思想政治理论课教学形势不容乐观，思想政治理论课的实效性差成为最突出的问题。笔者尝试借用供给侧产品理论，从学生需求端的获得感角度入手，阐释获得感的含义和重要性，在此基础上分析影响思政理论课学生获得感的因素："认知"错位——观念偏差和产品供需不匹配，"配方"陈旧——内容选取和体例编排不适应，"工艺"粗糙——教学方法和教学过程不对路，"包装"过时——表现形式和语言表达不合口。通过以上五个因素的改善来增进思想政治理论课的实效性。

关键词： 获得感；第三人称视角；需求升级；"工艺"；"包装"

加强和改进大学生思想政治教育，事关国家前途和民族命运。习近平主席在全国高校思想政治工作会议中强调，高校思想政治工作关系高校培养什么样的人、如何培养人以及为谁培养人这个根本问题。要坚持把立德树人作为中心环节，把思想政治工作贯穿教育教学全过程，实现全程育人、全方位育人，努力开创我国高等教育事业发展新局面。高校思想政治理论课作为系统培养大学生进行马克思主义理论修养和思想政治意识的主渠道和主阵地，在培养当代大学生成为合格的社会主义事业建设者和接班人方面发挥着不可替代的作用。但实际情况却恰恰相反，移动新媒体时代，学生的注意力被过度稀释，思想政治理论课教学吸引力显著式微，高校思想政治教育理论课的实效性和影响力远不尽如人意。提升高校思想政治理论课的实效性和影响力成为当前高校思政工作的核心问题之一，而这一问题在不擅长理论学习的高职院校表现得更加突出。如何破解这一问题成为思想政治教育讨论的热点。

一、思想政治理论课学生获得感释义

全国高校思想政治工作会议强调,"要用好课堂教学这个主渠道,思想政治理论课要坚持在改进中加强,提升思想政治教育亲和力和针对性,满足学生成长发展的需求和期待",[1] 成为今后一段时间思想政治理论课教育改革的方向。2017年5月11日,教育部党组审议通过的《2017年高校思想政治理论课教学质量年专项工作总体方案》(以下简称《总体方案》)提出:"旨在打一场提高高校思政课质量和水平的攻坚战切实增强大学生对思政理论课的获得感。"[2] 获得感一词即被引用到思想政治教育领域中来。那么,何谓思想政治理论课学生获得感呢?2015年2月27日,习近平总书记在中央全面深化改革领导小组第十次会议上提出"获得感"一词,逐渐成为街谈巷议的热词。其原意是指通过一系列改革措施,让人民群众有一种真切实在的"得到"感觉:既让人们感受到改革带来的看得见摸得着的物质层面收获(如收入增加、看得起病、有了养老保障、教育条件改善等);也让人们在精神层面感受到真切的希望,活得更加有尊严和体面,有追求梦想的盼头,有充实的满足感和幸福感。[3] 按照马斯洛需求层次理论,人的需要是从低维度向高维度过渡的。对于高校思想政治理论课这款"精神思想"产品,首先需要满足的是学生看待问题的立场角度、思考问题的逻辑技巧、解决问题的方式方法,其次是带给学生高维度精神满足和愉悦,让学生产生思想情感共鸣和价值认同。因此,笔者认为,思想政治理论课的学生获得感就是通过思想政治理论课程产品,使学生在物质和精神层面被满足后而产生的一种"得到"的欣喜情绪体验。在这一过程中,学生首先得到了"干货",这些"干货"非常实用,能够以学生受用和喜欢的方式切实帮助学生分析问题和解决问题,于是学生对这款产品入心随行,产生了情感、思想和价值上的共鸣和认同,并以此作为自己的价值信念和行为指南。

二、思想政治理论课学生获得感的重要作用

第一,思政理论课的学生获得感研究,是思想政治教育目的的重要体现。思想政治教育的目的就是通过传播政治理论和政治价值,让受教育者建立正确的政治信仰和价值观,不断提升自我思想品德修养和心理素质,促进人的全面发展,最终把自己培养成合格的社会主义接班人。学生在思政理论课教学过程中

获得感的增进,是学生内化并确立思想政治教育价值,增进思想政治修养,提升思想政治观念认同,实现思想政治教育目的的体现。

第二,思政理论课的学生获得感研究,有助于思想政治教育根本任务的实现。思想政治教育的根本任务就是研究如何培养人,而要想让培养人的工作取得实效,最重要的一点是找到合理的方法和途径。笔者通过探讨学生课程获得感的内涵、影响因素的分析,进一步推导出深化思政亲和力和感染力、增强思政理论课程获得感和认同感的重要途径,助推思想政治教育育人根本任务的实现,也为当前思想政治教育研究的范式转换提供了借鉴意义。

第三,思政理论课的学生获得感研究,有助于解决当前思想政治教育实效性不高和吸引力不足的问题。当前思想政治教育存在的最大困境在于虽然意识到思想政治理论的重要性,但缺少有效地实现这一目标的途径和方法(路径乏力)。获得感的研究和实效性、吸引力互为因果关系,深入研究学生获得感,可以准确把握学生对思政理论课程教育的实际需求,以学生认可的思想政治教育理念和方式,用学生喜欢的方式进行思想政治教育,破解思想政治教育的困局。

三、影响思想政治理论课学生获得感的因素

让学生彻底摆脱思想政治理论课教学的"无感""包袱"心理,让他们在思想政治理论课程学习中有更多真切的收获和成就感,主动谈论和学习思想政治理论知识的良好效果,就必须清楚地知道影响学生思想政治理论课获得感的因素。当前思想政治理论课程教学中的核心病灶是什么？教育部长陈宝生给出了准确答案：思想政治理论课抬头率不高,人到了心没有到,什么原因呢？内容不适应他们的需要。主要可能是"配方"比较陈旧,"工艺"比较粗糙,"包装"不那么时尚。所以亲和力就差了,抬头率就低了。[4]基于这一认识,从学生需求维度——获得感入手,研制增进高校思想政治理论课学生"高获得感"的产品"配方"、产品"工艺"和产品"包装",探索增进思想政治理论课学生获得感的可行性路径,提升思想政治教育的亲和力和针对性,增强高校思想政治理论课的实效性和影响力。

1."认知"错位——观念偏差和产品供需不匹配。传统的思政理论课注重系统性理论性知识的"搬运",很少面对现实问题和困扰学生的思想认识问题,很少培养用理论分析问题、解决问题的能力。思政课堂教学过程中所提供的产品过于理论化,生动性和可读性不强,实践性差,学生想听的、真正有需求的寥寥无几。这种"源头活水"上的认知偏差和产品供需不匹配成为影响学生思政理论课

获得感的首因。

2."配方"陈旧——内容选取和体例编排不适应。思想政治理论课的对象是当代大学生,课程的效果如何,能否受到学生的关注,能否提高学生的获得感,在很大程度上取决于它的"配方"是否合理:"内容素材"是否鲜活,是否贴近学生日常生活,是否有实效性和时效性;"内容编排"是否多维度互动。当前思想政治理论课"配方"陈旧就表现在内容"空洞"和编排"单维度"上。当问及学生对思政课堂内容的感受时,学生的回答往往是"都是一堆听不懂的大道理,没什么作用,懒得去听"。可见,内容的"实在、新鲜"成为影响获得感的重要因素之一。

3."工艺"粗糙——教学方法和教学过程不对路。从教学方法上来讲,以往的思政理论课教学主要是教师向学生进行知识"单向度灌输"。教学过程过分地关注"教师教什么",忽视了"学生想要什么、学生怎么学",缺乏精雕细琢的"设计"。学生很难参与到课堂教学的过程中去,缺乏独立思考、相互交流的锻炼机会,其主观能动性很难调动,导致学生兴趣不高,教学效果不理想,学生获得感低。

4."包装"过时——表现形式和语言表达不合口。当前的思政理论课教学语言追求简明凝练、严谨规范,突显权威性和思想主旨性。作为互联网"原住民"的90后学生,是在互联网语言环境中成长起来的。思政课程理论教学能否了解学生的语言特点,走进学生的网络话语空间,用学生熟悉和喜欢的语言表达进行教学成为学生对课程教学"有感"或"无感"的影响因素。如果将思想政治理论课看作一款产品,这款产品是否能成为"爆款",有强劲的吸引力让学生"上瘾",核心点就在于有没有满足学生的真切需求,带给学生切实充足的获得感。以往的思想政治理论课完全是从第三人称视角配给课堂内容,提供"施教"者所认为重要的和学生喜欢的思政产品,忽视第一人称视角的需求端,并且施教者往往会将思政理论课程实效性完全置于高层次的精神维度来考量,没有从学生真切的物质层面"获得"来考量。因此,提高思想政治理论课实效性应该坚持以学生的实际需求和特征为导向,从源头活水上创新配方、精益工艺、精美包装,不断研制"高获得感"的产品思想政治理论课产品。用"高获得感"的产品满足学生物质层面的"获得感",使青年学生对这款产品产生依赖和用户黏性,经过长期物质层面"高获得感"的满足,逐渐走向精神需求维度的满足,进而让学生产生幸福感和价值认同,最终实现思想政治理论教育的真信、真学、真用的目的。

参考文献：

［1］习近平在全国高校思想政治工作会议上强调：把思想政治工作贯穿教育教学全过程开创 我国高等教育事业发展新局面［N］.人民日报,2016－12－09.

［2］陈宝生：今年要打一场提高思政课水平和质量的攻坚战［EB/OL］.(2017－03－12).http：//news.xinhuanet.com/politics/2017lh/2017-03/12/c_129507901.htm.

［3］你需要了解的新词："获得感"［EB/OL］.(2015－03－16).http：//news.12371.cn/2015/03/16/ARTI1426459267591555.shtml.

［4］教育部发布高校思政课工作方案：增强大学生的思政课获得感［N］.人民日报,2016－12－09.

《改革与开放》2017 年第 24 期

思想政治理论课学生获得感路径研究

李 强 杨晓哲 郭 凯

摘要：当前思想政治理论课不适应学生实际需求，导致其吸引力不足、实效性不强、影响力较差。笔者从学生需求端即学生获得感入手，分析影响思政理论课学生获得感的因素："认知"错位，"配方"陈旧，"工艺"粗糙，"包装"过时。据此提出五条路径优化思政理论课产品供给：顶层设计上"以学生为本"理念导向和"能力本位"价值定位；内容供给上：实效和翻转；形式安排上：互动性和场景化；语言表达上：感染力和亲和力；教学过程上：反思性和实践性。以此大力提升学生思政理论课获得感和认同感，增进思政理论课实效性。

关键词：获得感；内容供给翻转；"配方"；"工艺"；"包装"

当前思想政治理论课程教学中的核心病灶是什么？教育部长陈宝生给出了准确答案：内容不适应他们的需要。主要可能是"配方"比较陈旧，"工艺"比较粗糙，"包装"不那么时尚。所以亲和力就差了，抬头率就低了。[1]全国高校思想政治工作会议强调，"要用好课堂教学这个主渠道，思想政治理论课要坚持在改进中加强，提升思想政治教育亲和力和针对性，满足学生成长发展需求和期待"，[2]为今后一段时间思想政治理论课教育改革指明了方向。基于此，笔者从学生需求维度——获得感入手，研制增进高校思政理论课学生"高获得感"的产品"配方"、产品"工艺"和产品"包装"，探索增进思政理论课学生获得感的可行性路径，提升思政教育的亲和力和针对性，增强高校思政理论课实效性和影响力。

一、思想政治理论课学生获得感释义

"获得感"原意是指通过一系列改革措施，让人民群众有真切实在的"得到"

感觉：既有看得见摸得着的物质层面收获，也有精神层面获得（活得更加有尊严和体面，有充实的满足感和幸福感）。不难看出，民众的获得感强弱直接反映出政策供给的含金量和认同度，成为衡量改革实效和影响力的重要尺度。教育部党组在《2017年高校思想政治理论课教学质量年专项工作总体方案》中提出："旨在打一场提高高校思政课质量和水平的攻坚战，切实增强大学生对思政理论课的获得感。"获得感一词即被引用到思想政治教育领域中来。那么，何谓思想政治理论课学生获得感呢？如果将高校思想政治理论课看作一款产品，遵照马斯洛需求层次理论，这款产品首先要满足学生对思考和解决问题的实用性技巧方法的需求，其次是带给学生高维度精神满足和愉悦，让学生产生思想情感共鸣和价值认同。笔者认为，思政理论课的学生获得感就是通过思政理论课程产品，学生获得了实用的"解题"技巧，逐渐产生一种被满足后"得到"的欣喜情绪体验，进而对其产生情感、思想和价值上的共鸣和认同，以此作为自身价值信念和行为指南。要增进学生思政理论课获得感，必须清楚知道影响获得感的因素。

要增进学生思政理论课获得感，必须清楚知道影响获得感的因素。

（1）"认知"错位——观念偏差和产品供需不匹配。传统思政理论课注重系统理论性知识的"搬运"，很少面对现实问题和困扰学生的思想认识问题，很少培养用理论分析问题、解决问题的能力。思政课堂教学过程中所提供的产品过于理论化，生动性和可读性不强，实践性差，学生想听的、真正有需求的寥寥无几。

（2）"配方"陈旧——内容选取和体例编排不适应。思想政治理论课的对象是当代大学生，课程的效果如何，能否受到学生的关注，能否提高学生的获得感，在很大程度上取决于它的"配方"是否合理："内容素材"是否鲜活，是否贴近学生日常生活，是否有实效性和时效性；"体例编排"是否能形成多维互动。内容"空洞"和编排"单维度"是当前思想政治理论课"配方"陈旧和过时的表现。

（3）"工艺"粗粝——教学方法和教学过程不对路。以往的思政理论课教学主要是教师向学生进行知识"单向度灌输"。教学过程过分地关注"教师教什么"，忽视"学生想要什么、学生怎么学"，缺乏精雕细琢的"设计"。学生很难参与到课堂教学的过程中去，导致学生兴趣不高，教学效果不理想。

（4）"包装"过时——表现形式和语言表达不合口。当前思政理论课教学语言追求简明凝练、严谨规范，凸显出权威性和思想主旨性。在互联网语言环境中成长的"90后"学生，十分热衷网络语言。能否了解学生语言特点，走进学生的网络话语空间，用学生熟悉和喜欢的语言表达进行教学成为学生对课程教学"有感"或"无感"的影响因素。

二、增强思想政治理论课学生获得感的可行性路径

（一）课程顶层设计上"以学生为本"。理念导向和"能力本位"价值定位思想政治工作从根本上来讲就是做人的工作，这就要求理论课程教学必须树立"以学生为本"的理念和"能力本位"意识，始终做到以满足学生的特色需求为导向，以解决学生关切的问题为导向，不断适应"思想灌浆期"的"90后"学生特点和学习特点，提升学生"思考解决问题"的能力，让学生在思政理论课上有更多的收获，有巨大的思想认知转变。

1. 坚持以满足学生的特色需求为导向。从顶层设计角度来看，以往理论课忽视学生层面的特殊需求，课堂教学是理论知识的传授和国家政策的宣讲。从获得感角度来重新审视思想政治理论课，就是要求课程的顶层设计要切实关注学生的特色需求，坚持需求导向，在确保思想政治教育根本宗旨和目标不变的基础上，扩大顶层设计的学生层面需求属性。

2. 坚持以解决学生关切的问题为导向。"思政教育的重心应该是思辨解惑，在授课过程中积极探索不同的教学方式，多视角、多维度进行知识讲解，引导学生学会辨别、思考，然后树立正确的世界观、人生观、价值观，这才是思政教育的目的和价值"。因此，思政理论课应该"通过随堂反馈、问卷调研、网上互动、集体备课等方式，及时收集学生的新关切、新问题，做到问题设置精准，依托鲜明的时代气息，依靠真理的力量、思想的魅力，积极应对主动解答，激发学生情感上的强烈共鸣，帮助学生化解各种思想理论困惑，真正让思政课入脑入心。提升学生的满意度和获得感。"[6]复旦大学"思政女神"陈果老师让思政课活色生香的根本原因就在于从深切关注学生当下困惑入手，带领学生在讨论过程中进行哲学式深思，学生觉得受益匪浅。

3. 坚持以符合学生的学习特点为导向。互联网大数据时代，知识信息呈现出海量化和碎片化、去中心化和多中心化特征。这使得"90后"的成长环境、获取信息的方式产生了颠覆性变化：获取知识和信息的途径源于网络；思想活跃，希望获得新鲜有意思的知识和信息；个性独立具有创造性等。这些新特点的出现，要求思想政治理论课程教学要符合学生学习特点，正确引导学生利用网络，支持多元差异和个性化创新，不断更新教学内容和教学方式，不断适应"95后"学生的特点和学习方式。

（二）课程内容供给上：实效和翻转。从思政理论课程内容选取和体例编排角度来看，以往教材编审牢牢掌握在编委会专家、机构手中，均与接收思政教育的学生无关，学生无法参与到课程内容"共建、共育、共享"的互动环节中，由此产生产品与需求者"不对胃口"、思政教育"自说自话"、学生对课程内容"不感冒"的尴尬局面。

1. 思想政治理论课程内容的实效性。课程内容的实效性是学生获得感产生的基础条件。学生关注思想政治理论课的很大一部分原因在于实用，能帮助自己解决问题。学生日常生活中会遇到大量书上和网络上没有现成答案的问题，受应试教育标准答案训练的学生往往不知所措，思想政治理论课就要提供有效解决问题的方法和技巧。只有紧紧围绕"学生课程后的感受和收获"这一核心点，让课程变得更加"实用、有效果"，才能最终让学生对思政理论课程产生"上瘾"的效果。

2. 思想政治理论课程内容的时效性。每个时代都有每个时代的问题，高校思想政治工作因时而进、因势而新。要做到内容的时效性，就要学会"配菜"，即用最新的、跨学科的、不断批判更新的理论和观点来诠释鲜活的、当下最受关注的、学生真切需要的素材案例，根据课程内容和学生特点不断组合各种新鲜素材，翻新出花样，让思政理论课堂变得更具时代感和吸引力。

3. 课程内容设置翻转。案例归纳式的教材编排体系和菜单式的思政微课传统，老师要在45分钟或者90分钟内讲完一个章节的所有内容，这就势必造成知识满堂灌的不良效果。因此，增进学生获得感的关键在于实现课程内容设置的翻转：理论观点框架由老师提供，鲜活的内容素材则由学生集锦和填充。课程教学过程中，素材的选取和观点的提炼均由学生按照自己的理解排列组合，让教学过程充满"化合"的效果。与此同时，可将理论知识点和论证过程"切片"化处理，即将原有章节内容"打碎重组"，每个切片知识点都被制作成5—15分钟的独立片段，学生根据个人喜好自行添加趣味性的"佐料"，任意"混搭"展现形式，并将此类微课片段素材聚合形成丰富的学习资料库，学生可根据需要组合课程菜单，供自己学习。

（三）课程形式安排上：互动性和场景化

1. 构建课堂共同体，围绕案例进行互动式探索。思想政治理论课要避免传统的教学信息"师—生"单向度流动，采取类似案例分析、专题讨论、小组辩论等的多样化教学方法，营造一种互动式课堂氛围，构建师生课堂共同体，让学生转变为互动教学课堂的主体,全程、全身心参与到课堂教学过程中,增进学生"主体身份"获得感和认同感。华东理工大学创立了"通海茶叙"——将思政课放到了茶餐厅,这种"谈式"教育活动通过教师与学生的"对话式分享",让师生在对话中共融、共建、共成长,让思政课变得有"温度"。

2. 实现教学载体的拓展和趣味化。思政理论课堂教学要积极利用"慕课"、短视频、视屏直播、手机等现代信息技术来进行教学,拓展思政课堂教学载体,实现教学过程的趣味化和生动化。实践表明,在课堂上适当使用移动终端教学辅助软件,对提升学生在必答性问题的介入度、开放性问题的关注度、竞争性话题的参与度等互动方面效果十分明显。最近 2018 年较火的节目当属网络直播和短视频,如光明网联手"KK 直播"举办的"最美地名故事之地名文化大直播"节目充分结合各种信息载体和元素,深得青年学生的喜欢。

3. 教学环境的情境模拟和场景化。从学生心理接受机制和逻辑来看,人们对事物的接受一般遵循"共获—共感—共鸣(情感和价值共鸣)—实际行动",即由物质层面的共获上升到感性情感接受认可,再升华到情感价值维度的共鸣,最终落脚为日常实际行动。其中共感层面的实现往往依靠真实情境或虚拟场景。互联网信息技术让人们逐渐走入"富技术"时代,教学技术和教学工具逐渐多样化,这使得情境化模拟教学和场景化教学成为可能。如北京理工大学的一堂"红军爬雪山过草地"的思政课,采用自主研发的 VR 教学设备,让学生有了真实体验和感觉:茫茫的大雪山中,一队衣衫单薄褴褛的战士在疲惫而坚定地攀爬。稍有不慎,就会坠落,但没有人犹豫和后退。站在悬崖边的"穿越者"头晕目眩,不敢挪动一步。"红军长征的艰难与不易从没有感受得这么真切"。增进了学生对红军艰难处境的深刻认知。[8]

(四)语言表达机制上:感染力和亲和力

从语言表达机制上来讲,思政理论课教学是用话语影响话语,用思想感染思想。要增加学生对思政理论课教学的兴趣,就必须实现语言表达上的"无缝沟通"和获得感。

1. 坚持理论语言口语化、幽默化表达。传统思政理论课抽象空洞的"理论语言""思政语言"表达很难打动人,很难触及学生的日常生活。因此,思想政治教育要把"理论语言""思政语言"口语化,用学生听得懂的"感性话语""日常话语"来表达深刻道理,运用比喻幽默的表达方式直指问题的要害,增加说服力和感染力。2016 年"南航徐川"的微信火爆校园,原因在于他用学生听得懂的语言形式和身边故事，混搭诙谐的"段子手"语言风格，在谈笑间把道理说透，并且给学生解决问题的途径明确，深受学生青睐（如：他回复学生日常困惑的问题："心痛怎么办？""如果是生理上的，治疗；如果是心理上的，话疗"）。

2. 坚持用学生喜欢的网络语言进行表达。新媒体时代，学生日常接触运用的语言许多是网络语言，"'在这个人人都有麦克风的自媒体时代，每个学生都掌握着话语权。我们要用学生喜欢的方式和他们对话，为他们解惑，陪他们成长。'徐川说，这就是新媒体时代网络思政引领的意义所在。"[9]这就要求，思政理论课教学过程应该适量穿插的网络语言，与学生产生"同频共话"，确保学生和教师相互"对口味""谈得来"，进而消除学生心理和身份抗阻与隔阂，让学生愿意在思政理论课上"表达和发声"。

（五）教学过程运作上：反思性和实践性

1. 诊断式思政理论课程教学。诊断式教学是教师鼓励学生自由自主的依据以往的感受、认识和体验，表达自己对于将要学习知识的原始感受、认识和体验，在此基础上通过教师引导重新建构科学合理地理解知识，使学生的原始感受、认知和体验，在教学过程中逐渐明晰和修正，重新建构新的知识体系、提高能力的一种教学模式。思政理论课教给学生的是"如何看问题"的理论和方法，可结合学生日常行为表现大数据，在教学班中对学生进行"抽样"，对学生样本进行诊断式教学。利用集体讨论和教师引导的方法，让班级学生清楚地看到"样本"学生是如何从不会思考问题，经过训练后逐渐修正和完善看问题的立场、观点和方法，达到多视角灵活地看待问题和解决问题的转变，在诊断教学过程中增进学生对思考解决问题能力的获得感。

2. 坚持教育行动研究。坚持在做中学诊断式教学是教师帮助学生"看见自我和自我改进"的教学过程，"行动教育研究"则是教师发现教学问题，借助师生配合的实践教学过程不断调整教学行动和方式，改善教学效果的过程。思政课因内容具有较强的实践性特点，可将思政理论课与校园文化活动、学术技能竞赛、暑期社会实践等活动相结合，研究开发实践项目，让学生走出去，到基层、到社区、到各行各业发现复杂问题，总结各种现象经验，尝试用理论解决现实中碰到的问题，用行动来验证理论观点，坚持"在做中学"。如果将思政治理论课看作产品，那么课程教学吸引力不足，实效性差这一问题的症结就在于：站在供给方的角度提供产品还是以需求方的切实需求为导向来配制产品。显然，传统的思想政治理论课偏重于从"施教"者的立场上配给课堂内容。与之关联的是，人们将思政理论课实效性完全置于高层次的精神维度来考量,没有从学生真切的物质层面"获得"来考量。因此,提高思政理论课实效性和吸引力的正确打开方式就是:坚持以学生的实际需求和特征为导向,从课程顶层设计、课程内容供给、课程形式安排、语言表达机制、教学过程运作上不断研制"高获得感"的产品"配方"、产品"工艺"和产品"包装"。先用"高获得感"的产品满足学生物质层面的"获得感",使青年学生对这款产品产生依赖和用户黏性,经过长期物质层面"高获得感"的满足,逐渐走向精神需求维度的满足,进而让学生产生幸福感和价值认同,最终实现真信、真学、真用的理想效果。

参考文献:

[1] 陈宝生今年要打一场提高思政课水平和质量的攻坚战[EB/OL].新华网,http://news.xinhuanet.com/politiCS/20171h/2017-03/12/c_129507901.htm.

[2] 习近平在全国高校思想政治工作会议上强调:把思想政治工作贯穿教育教学全过程开创我国高等教育事业发展新局面[N].人民日报,2016-12-09.

[3] 教育部发布高校思政课工作方案:增强大学生的思政课获得感[N].人民日报,2016-12-09.

[4] 马跃华.思政课让学生上得过瘾[N].光明日报,2017-05-09.

[5] 赵静.提升思政获得感的"四个导向"[N].中国教育报,2017-09-21.

[6] 杨军,和亚飞.把立德树人作为高校思想政治理论课改革的中心环节[J].红旗文稿,2016,(24):14-16.

[7] 李玉兰.北京理工大学:新媒体让思政课"活"起来[N].光明日报,2016-12-14.

[8] 沈大雷,王伟,董清.南京航空航天大学思政教师徐川——用故事讲道理的校园大V[N].中国教育报,2016-05-25(1).

《东华大学学报(社会科学版)》2017年第4期

积极心理学对高职思政课教学的促进作用探析

陈 挺 马前锋

摘要：积极心理学认为积极向上是人固有的本性。要发挥积极心理学对传统高职思政课促进作用，是要结合高职思政课的特殊性，从教育理念上、教育主体的心态上、对教育对象的认知上、教学内容的丰富上这些方面运用积极心理学的理念和研究成果，发挥高职学生动手操作能力较强、自我定位明确的优点，适当降低教学重心，重视实践能力培养，调动学生自信心和对于学习的热忱，为其后续发展开辟道路。培养具有健全的人格的高技能人才。

关键词：积极心理学；高职思政课；积极信念；职业素养教育

一、积极心理学有利于促进高职思政课教学

积极心理学（Positive Psychology）兴起于20世纪末的美国，"积极心理学是利用目前已比较完善和有效的实验方法与测量手段，来研究人类的力量和美德等积极方面的一个心理学思潮"。[1]积极心理学是在对传统心理学视角反思的基础上产生的。传统的心理学任务就是将"不正常"的人调整成"正常"的人，带有明显的心理疾病矫正的印记。积极心理学认为个体是有着朝向更好发展的内在动力。强调"只有人固有的积极力量得到培育和增长，人性的消极方面才能被消除或抑制，才能成为一个完善的自我实现的人"。

"育才造士，为国之本"，高职思政课对于高职院校"立德树人"根本任务的实现有着重大作用。正在蓬勃发展的积极心理学的理念契合了思想政治课的"实现人的全面发展"的理念，为其应用于思想政治课领域中提供了广阔的前景。在高职思政课中贯穿积极心理学，就是在思政课中关注学生内在的潜力的挖掘，激

发学生主动学习的欲望,使帮助他们树立起正确的世界观人生观和价值观。这对促进高素质技能型人才的培养具有重要而深远的意义。

二、当前高职思想政治教育的问题

高职学生群体是大学生群体中较为特殊的人群。他们也曾期望踏进本科院校,并为此付出过努力,而由于"命运"不如人,未能如愿。部分高职学生在学习生活中,除了要面对新环境的适应,还需要克服对学习能力的怀疑和自卑,以及学习习惯不佳、学习主动性不强等问题。由于社会对于高职学生的评价标准围绕着"职业技能"展开,也容易让高职高专学生对于"职业技能"作实用主义理解,重"职业技能"的工具理性,轻"思想道德"的价值理性。认为只要自己学好职业技能,有一技之长,将来能适应岗位需要就可以了,而道德标准的提高、人格品质的塑造、思想政治理论的学习并不重要。进而对于思政课的学习采取事不关己的态度。学生群体的这一特殊性使得当前的高职思政课存在着一些亟待解决的问题。

首先,传统的思政课教学,在教学理念上偏向于关注高职学生群体身上的不足之处的问题矫正,使得高职思政课教学中有着"救治"的立场,显得生硬说教,而对内在潜能和积极心理品质的培养重视不够。

其次,由于学生对思政课不感兴趣,主动性欠缺,思政教师需要在课堂管理中必须要投入更多的精力。这使得教师很难将全部精力投入到教学中,影响了教学效果。同时更多的课堂管理让教师感觉身心疲惫,成就感低,教师对于学生的评价也会因此下降,容易出现教学工作的热情衰退,在教学方法上投入减少的情况。

最后,传统的高职思政课多是本科思政课的复制和缩减,教学内容偏重思想观念、政治观点和道德规范的理念教育,不符合高职学生注重实际,偏重职业的学习兴趣,难以调动高职学生的学习积极性。教学手段上,更多地采用灌输的教育方法,学生在学习中被动接受,学习效果有限。

三、积极心理学对高职思想政治教育的促进

大多数高职学生会将高考看成自己人生的重大挫折,因而在学习方面存在一定程度的自卑心理,具体表现为怕学、厌学。但从多元智能的角度来看,每个个体的智能倾向优势所在不同。高考的选拔偏向于逻辑智能、语言智能和自然

智能。而在高职教育中,由于职业技能型人才才是培训的方向,会更偏向于人际智能、空间智能、运动智能。高考的成绩并不能完全预测一个高职学生在高职院校中的学习能力。积极心理学看来,人具有自我完善的能力,是积极向上,开放发展的。因此,高职思政教育过程中,应发挥高职学生动手操作能力较强、自我定位明确的优点,强调每个的学生的智能倾向优势所在不同,这有利于去除学生应高考失利对于自身智力能力的怀疑,将智力问题正常化;促进学生对人生、对社会有较为清醒的认识;帮助学生树立对专业前景的自信。

1. 从教育理念来看,高职思政教育要注重人文关怀

"积极心理学的崛起,使得心理学家能够采取更加开放的姿态,并把注意力转移到人的潜能、动机、能力、幸福、希望等积极品质上来。积极心理学的本质与目标就是寻求人类的人文关怀和终极关怀。"[3] 从本质上说,高职思想政治教育也是一项对人的尊严、价值、命运的关切的社会性教育活动。

高职院校思想政治教育要给予学生更多生命关怀和人生价值等终极意义的引导,要帮助大学生实现个人价值和社会价值的统一。高职思政教育中引入积极心理学的视角,就是要注重挖掘高职学生的潜能和美德,重点关注高职学生积极心理品质培养,从而实现个体的价值。在此理念的指引下帮助学生学会宽容、积极看待过往的挫折和失败,并在其中看到个体发展的可能性。这有利于促进高职学生的道德内化和个性的培养,促进大学生个人发展。

2. 从教育主体上看,高职思想政治教育工作者要持有积极信念

在《真实的幸福》一书中积极心理学家塞利格曼认为幸福由积极情绪、投入和意义三个核心元素构成。而对幸福的追寻过程中,有意义的事情最容易激发积极情绪,让个体沉浸和投入。从这一认识出发,思政教师要让学生认识到思政教育对个人的成长和发展的意义,意识到个人德育素质的提升就是实现个体幸福的道路,带着积极的情绪来对待思政教育内容。当前高职思政课教师首先要在信念角度做出改变,努力纠正传统心理学影响下过于偏重问题轻潜能的现实困境。要改变以往将高职学生看作是高考中的失败者,避免用矫正的眼光对待学生。应合理融入积极心理的理念对大学生的成长进行积极意义的解释,积极关注其天赋潜能、美德善端的挖掘,并在教育实践中不断地对这些品质进行培养和扩展。在思政教育中坚持以学生及学生的发展为本,强化以赞赏为主的教育,突出积极态度塑造、积极体验和人性关怀。这符合高职学生渴望个体独立、被他人尊重认可的心理需求,能促进他们全面发展的实现。

3. 从教学内容来看,高职思政教育要同职业素养教育紧密结合

思政教育中融入职业素养教育,首先能发挥职业素养问题贴近学生,符合学生的实际需求,内容容易引发学生兴趣的优势,通过职业素养教育的桥梁,激发学生对于高职思政教育的兴趣。同时,符合高职院校的教育强调职业教育,将职业素养作为高职教育的核心和抓手的特色。积极心理学认为,积极的教育体系有助于提升个体的学习兴趣、创造性和智慧。因此,思政教育和职业素养的融合中,思政教育工作者要思考如何通过讲活、做活职业素养问题来吸引学生的注意,可以采取师生互动、学生讲演、职业探究等多种教学手段,营造活泼的教学场景,增强学生的"积极体验"。例如上海出版印刷高等专科学校探索出思政教师进入学生的校内实训课堂,及时总结提点实训中核心职业素养的"课中课"模式。同时,在暑期社会实践等活动中,学校安排学生采访杰出校友的成长故事。让学生对职业道德素养的认识更具体化,案例化。也同时帮助学生学会做人、学会做事,促进了学生正确的人生观、价值观、社会观的形成。思政教育中融入职业素养教育,将能改变学生的职业素养与理念,达到思政课的育人目标。

参考文献:

[1] SHELDON K M, KING L. Why positive psychology is necessary[J]. American Psychologist,2001,56(3):216-217.
[2] 曾秀兰.积极心理学视野下高校思想政治理论课教学的三个维度[J].学校党建和思想教育,2010(25):49-50.
[3] 苗元江,余嘉元.积极心理学:理念与行动[J].南京师大学报(社会科学版),2003(2):81-87.

基于"供给侧改革"思路的高职思政课教学探究

马前锋　滕跃民

摘要：针对目前高职思政课存在的"配方陈旧、工艺粗糙、包装不够时尚，缺少亲和力"的状况，以"供给侧改革"的思路，提出思政课教学改革途径，解决的途径，即应从学生的兴趣点、关注点出发，做到理论分析阐释与学生求解思想困惑的需求、教学重点内容与学生所关注的重大现实问题、"教"与"学"等有机契合，增强思政课的教学吸引力和实效性。

关键词：供给侧；教学效果；吸引力

"供给侧改革"这个原本属于经济术语的词汇，也被用来描述教育供求关系，为我们重新认识一些教育难题、寻求破解思政课教学效果之道，提供借鉴。"供给侧改革"的实质是在准确把握学生学习思想政治理论课需求的基础上，提供高质量的教育教学资源，从而更有效地开展思想政治理论课的教学。供给侧改革对于处在不断改革探索中的高校思政课提供了新思路。

一、高职院校学生特点及其思政课学习需求

1. 教学活动主体——高职学生的特点：

第一，兴趣广泛，但缺乏良好学习习惯和主体性意识。高职学生在应试教育的长期压力下，整天忙于应付各种考试，几乎一切学习、生活都处在家长、老师的严格监督之下；而且成绩还一直不好，往往有"差生"的标签。进入大学后，独立生活的空间扩大，开放的校园、外面世界的各种诱惑，本来对学习就缺乏兴趣和热情，使得他们的注意力很难集中在学习上。大学宽松自由的学习环境使相当一部分学生失去了外部压力和监督，缺乏自觉主动学习习惯的弊病更加显现。

在教学实践中,一部分高职学生迫于家人的压力上学,自身没有良好的学习习惯,对新的学习生活无所适从,对未来感到迷茫、不愿正视自己未来面临的挑战和压力,更谈不上远大的理想和目标,把学习活动看成是被动接受,是负担,缺乏学习的内生动力,疲于应付。第二,乐于接受新事物,但缺乏自我管理、自我控制能力。今天网络、手机等电子产品已成为人们社会生活中不可或缺的重要工具。不可否认,手机等电子产品给大学生学习生活带来了诸多方便。有调研发现,高职学生对智能手机功能非常了解,使用熟练,但使用智能手机主要是在娱乐上,把手机当成影碟机、游戏机、音乐播放器,甚至是课堂上手机也不离手。有些学生每隔几分钟就要把手机拿出来看看,属于典型的手机依赖症。第三,现实功利性,追求"有用",缺乏精神追求和价值理想。在外界功利主义思想、就业压力的影响下,高职学生对待学校设置的课程容易以"是否有用"作为判断标准。高职学生普遍认为只有学好专业课才能在毕业后找到理想工作。有学生表示:我们学习思政课没有多大用处,只要能考试过关、不影响拿毕业证就行了。有的学生认为思政课是空的、虚的。没有认识到思政课对自己成长成才的作用和价值。高职学生的厌学并不仅仅是在思政课上,专业课同样也面临这一问题,甚至专业课的状况比思政课还突出,只不过在思政课中表现得更为明显而已。

2. 高职学生对思政课教学的需求

高职学生对思政课教学的需求可以从兴趣点、预期、理论基础、认知水平、教学方式、语言风格等方面进行分析。第一,高职学生对思政课的兴趣点。在很多高职学生看来,思政课讲授的内容都是关乎国家、民族乃至世界的大事,与自己没多大关系,起码没有直接关系,没有认识到国家、社会与个人命运之间的关系,也没有看到时代、社会对个人发展和命运的巨大影响。他们只关心个人在社会中的位置,个人未来可能的发展前景,希望在思政课中能够获得某种现成的答案。第二,高职学生对思政课的期望值较低。中小学教学体系中,思政课是副课,在高考指挥棒下自然难逃被"边缘化"的命运。延续以往的认识,高职学生普遍认为这门课是副课,以前都学过,不过是老调重弹,对教师的授课水平也缺乏信心。第三,高职学生的基本认知水平有限。有关高职教育调研发现,高职学生文史哲方面的知识普遍缺乏,因此对理论课的认知水平有限,例如在"毛泽东思想和中国特色社会主义理论体系概论"课中尤为突出。学生们对于大革命、土地革命战争、抗日战争、解放战争、社会主义改造、社会主义改革开放等重大历史阶段分期等认识不清,要理解相关理论就更加困难了。第四,高职学生对不同教学方式的接受度不同。通过 2017 年思政课听课调研发现：学生最希望的教学形式是播放视频，其次是案例、互动等教学形式。学生最不能接受的教学方式就是老师照本宣科、唱独角戏、满堂灌。这反映了学生对于教学活动多样化的诉求，也反映了传统教学形式已经无法满足学生的需求了。第五，高职学生对教师语言幽默风趣的需求。在这个娱乐至上的时代，运用纯理论化、抽象的语言讲授从理论到理论的理论体系，显然无法让高职学生所接受和喜爱。具有幽默感、语言风趣的教师往往会得到学生的青睐。听课调查中学生提出希望老师能够保持幽默风趣的教学风格，也反映了学生的真实感受和想法。

二、高职院校思政课教学供给中存在的问题

一是思政课教师综合素质和个人魅力欠缺。相比较于本科院校，高职院校思政课教师学历水平偏低，学科专业背景多样，没有接受过系统的思想政治教育，无法支撑和保证课程内容的丰富性和吸引力。信息时代，教师不再是信息、知识的独占者和垄断者，每个人都可以方便地获取知识和信息。教师如果依然满足于对知识、案例、社会事件的简单介绍而无法作出透彻的分析，就无法满足"90 后"学生对知识的渴求和期待。

二是教学内容与学生思想实际、社会现实结合不够。缺乏对学生群体的持续性关注，对学生的认识往往停留在以往既有的认识上，对学生群体所出现的新变化、新动向缺乏洞察力，无法走近学生，对学生心中的"惑"不了解，自然无法做到解惑。授课与社会现实的结合不够，无视、甚至回避社会热点问题，或者无法对学生关注的社会热点问题做出具有深刻见解、说服力强的解释，无法对当代重大创新理论做出学生易于接受的、简单明了的说明。

三是以"本"为本，教学内容无法吸引学生。目前各高职院校按照要求使用的都是高教出版社马克思主义理论研究和建设工程重点教材，与所有本科院校用的是同一本教材。这本教材具有很高的权威性和理论性、科学性，但首先教材的理论性并不适合高职学生学习，其次把教材内容直接地、简单化地转为教学内容，缺乏对教材内容的创造性转化，必然导致授课中从概念到概念，从理论到理论的抽象空洞说教，教学内容干瘪，对高职学生缺乏说服力和吸引力。

四是教师的教学方法无法对接学生需求。教师的创新往往是从自身的想法出发的，并没有充分考虑学生的需求。制作 PPT 更多的是代替了传统的板书，案例、视频资料的选择没有考虑学生是否感兴趣，能否引起学生的关注与讨论。

其结果是教学活动对学生缺乏吸引力,更无法吸引学生参与案例等的学习和讨论。以教师自身为主的教学理念和方法的变革与创新,忽视了作为学习主体学生的需求,教学活动往往成为教师自己唱的独角戏。

三、高职思政课堂教学吸引力提升的现实路径

第一,教师要因势利导,从学生的兴趣点、关注点出发,调动学生的积极性。例如,很多学生都热衷于"王者荣耀"的手机游戏,其中涉及许多中外历史人物。教师可以由此游戏入手,因势利导,通过其关心熟悉的游戏人物引入教学内容。如从秦始皇、荆轲等历史人物,比较游戏角色与真实历史人物故事之间的联系与差异,就可以自然地引出"思想道德修养和法律基础"中有关爱国主义的讨论,从中引出"毛泽东思想和中国特色社会主义理论体系概论"中有关"实现祖国完全统一是中华民族的根本利益"的话题。

第二,教师的理论分析阐释与学生求解思想困惑的需求是否有机契合。对高职学生普遍关心的社会问题,如教育、医疗、就业、贫富差距、富(贫)二代现象、生态环境等问题,运用辩证唯物主义和历史唯物主义原理,做出既符合党的大政方针要求,又符合社会现实状况和学生心理实际的科学解释,理论分析做到接地气、解困惑,使思政课真正成为帮助学生健康成长的引领者、服务者。比如在讲到贫富差距问题时,既要实事求是地分析基尼系数较高的多方面原因,又要指出近年来基尼系数连续下降的实际状况,并把这一降低与共同富裕的目标、精准扶贫和全面建成小康社会联系起来。第三,教师的教学重点内容与学生所关注的重大现实问题是否有机契合。如讲授全面深化改革就要与学生日常生活紧密相连的户籍制度改革、诸多行政审批事项的取消等结合起来;讲授改革开放以来我国取得的伟大成就,可以动员学生通过访谈、查找历史资料等方式,把自己家乡、自己家庭的生活变迁与整个改革开放的历史进程结合起来,引导学生自己发现理论与现实之间的内在关联,让学生自己教育自己,增强课程的吸引力。

第四,教师自身"教"与"学"有机结合。当今时代是一个知识更新不断加速的时代,新事物、新情况不断出现。思政课教师要树立终身学习的理念,始终处于学习状态,站在知识发展前沿,不断充实、拓展、提高自己。过去讲要给学生一碗水,教师要有一桶水,现在看这个要求已经不够了,应该是要有一潭水、成为一条河。只有不断地学习才能跟上时代发展的步伐,才能把准思政课教学的脉搏,

才能为思政课教学提供更多的思想资源和生动素材,为学生的成长成才提供指导和引领。

参考文献:
[1] 沈震,杨志平.思想政治理论课教学与新媒体新技术相融合的若干思考[J].思想理论教育,2017(3):69-74.
[2] 郭泽忠."供给侧"视域下思想政治教育改革初探——技能教学活动在思想政治教育中的供给功能[J].高教论坛,2016(12):13-16.
[3] 侍旭.高校思政教育也应有"供给侧改革"思维[N].光明日报,2016-03-16(016).
[4] 熊建生.略论供给侧改革视野下高校思想政治教育的协同创新[J].学校党建与思想教育,2017(1):81-84.
[5] 康秀云,郗厚军.试论马克思主义理论学科人才培养供给侧改革[J].思想政治教育研究,2016(4):18-23.

《天津中德应用技术大学学报》2019年第2期

高职院校思政课实践教学劳动育人机制研究

——以上海出版印刷高等专科学校为例

王永秋

摘要： 高职院校是国家培养高级技术技能人才，实现制造强国的重要依托。思政课实践教学作为思政课教学的空间拓展，将思政教育教学转移到社会实践领域，在"做中学，学中做"，在知识传授、理论教育的同时，达成素质能力提升、价值认同和信仰坚定的效果。职业院校思政课实践教学应当结合院校职业特点，开展富有特色的实践育人探索，而劳动教育是其重要内容和抓手。笔者主要以上海出版印刷高等专科学校这所"工文艺融合、编印发贯通"的出版传媒艺术院校为例，以劳动育人为主线，探讨新时代历史条件下，高职院校思政课实践教学中协同育人机制的建立和完善等问题。

关键词： 劳动教育；实践教学；职业教育；"抽屉式"育人模式

"道不可坐论，德不能空谈。于实处用力，从知行合一上下功夫。"[1]培养学生的实践能力、创新精神和社会责任感，是党和国家对高校人才培养提出的要求。作为培养社会主义建设者和接班人的主渠道、主阵地和落实立德树人根本任务的关键课程的高校思政课，要达到这一要求，必须在夯实理论教学的同时，精细化实践教学环节，发挥实践育人的作用，增加教育教学资源有效供给，真正使思想政治教育落地、入脑、走心。

改革开放以来，特别是20世纪90年代以来，受应试教育功利主义取向影响，伴随着劳动实践渐趋式微，劳动教育也日趋僵化、弱化与虚化，社会中歧视劳动，好逸恶劳，不尊重劳动者的倾向正日益影响着青少年身心的健康发展。正如有学者指出："不正确的劳动观念也是一种劳动异化，会降低劳动的享受性和快乐性。因此,在社会主义条件下,为了保障劳动幸福,还必须不断地更新劳动观念,将劳动幸福作为最基本的精神支撑力量。"[2]

习近平总书记在2018年全国教育大会上强调,坚持中国特色社会主义教育发展道路,培养德智体美劳全面发展的社会主义建设者和接班人。"要在学生中弘扬劳动精神,教育引导学生崇尚劳动、尊重劳动,懂得劳动最光荣、劳动最崇高、劳动最伟大、劳动最美丽的道理,长大后能够辛勤劳动、诚实劳动、创造性劳动"。[3] 2019年《国家职业教育改革实施方案》中指出,要指导职业院校上好思想政治理论课,推进职业教育领域"三全育人"综合改革试点工作,使各类课程与思想政治理论课同向同行,努力实现职业技能和职业精神培养高度融合。[4]这为新时代职业教育的发展指明了发展方向和目标。

中国职业教育方兴未艾。它服务于国家、社会最急需的行业岗位,受教者来自劳动群众,直接与普通民众利益相关,在国家教育体系中有着不可替代的作用。高等职业教育肩负着培养大国工匠,营造匠人文化,传承劳动精神的重要使命。要实现中国制造强国梦想,完成"中国制造2025"的战略目标,高职院校责无旁贷地成为培养高端技术技能型人才的主战场,成为弘扬劳动精神的主阵地。

思政课实践教学即是思政课教学的空间拓展,将思政教育教学转移到社会实践领域,由知识传授、理论教育的过程深化为能力提升、价值认同和信仰坚定的过程,从而达到"知、情、意、行"的统一。职业院校思政课实践教学应脱离传统模式,结合职业教育特点开展富有特色的实践育人探索,而实践教学中劳动教育是其重要抓手。劳动教育是一个多维概念,具有丰富的内涵和外延,可以从知识-实践层面、价值-观念层面理解。知识-实践层面包括劳动知识、劳动技能、劳动习惯等;价值-观念层面包括劳动态度、劳动情感、劳动思维(包括创新意识和创造力)、劳动素养等。在德智体美劳五位一体的育人目标中,劳动教育是德育、智育、体育和美育的基础和重要依托,可以促进其他四育的正向发展,达成"以劳立德,以劳促智,以劳健体,以劳悟美"的育人效果,共同促进青少年和全体国民的全面发展。

一、以劳动育人为基础的学生的全面发展

伴随着我国产业升级和经济结构调整的加快,要满足人民日益增长的美好生活需要,供给侧改革势必要加快。作为为各类行业输送合格技术技能人才的职业教育而言,机遇和挑战并存。职业院校直接服务于行业企业一线,培养的是

一线技工和技术人才,拥有丰富的劳动教育素材,直接彰显着劳动精神和工匠精神,理应成为弘扬劳动精神,进行劳动教育的主阵地、主战场。

以劳立德。当前,受一些错误消极劳动观的影响,社会上存在着好逸恶劳、拈轻怕重、期待暴富、啃老等不良风气,这表明国民的劳动观出现了一些问题。究其根本,是我们忽视了对国民的劳动教育,特别是忽视了从幼儿阶段起始的学校劳动教育。劳动教育是人生的第一课。劳动创造了人,在劳动过程中也重塑了人。劳动不但能够释放人的本质力量,还能够在劳动中塑造和形成团结合作、吃苦耐劳、精益求精等精神品质。通过劳动教育,使学生获得热爱劳动、劳动光荣、奉献社会的自豪感,树立起劳动成就梦想,奋斗创造人生的正确劳动价值。通过劳动教育,培养学生的诚实守信精神,将规则意识、合作意识、职责意识、精品意识、安全意识等思政德育要素融入学生思想中,帮助学生成长为对国家有功、对社会有益、对家庭有责、对他人有爱的合格的建设者和接班人。众所周知,没有劳动群众的劳动创造,就没有今天中国的伟大成就。在服务国家"一带一路"倡议、供给侧结构性改革、"中国制造 2025"等建设中,职业院校必将会提供大力支撑,高职学生也将大有可为。立德要唤醒受教者的内心自觉。职业教育中要充分发挥各类课程的德育元素,特别是要充分利用"课程思政"的教学成果让学生发自内心地认可劳动和劳动者具有不可磨灭的巨大贡献,技能和技能人才具有不可替代的重要地位。要在专业教学和思政教育中持续激发职业院校学生精学理论,苦练本领,钻研技能,在"学中做,做中学",秉承工匠精神,追求卓越,打造精品,使学生逐渐成长为具有良好职业素养,具有高超技艺的高素质劳动者和技术技能人才。

以劳促智。劳动是知识的来源。系统的理论知识需要实践锻炼加以升华。劳动还能为知识的学习,情感、观念的体悟提供直观的场景。劳动过程是各劳动要素相互作用,相互促进的过程。它能够培养劳动者的创新意识和创新能力,提高劳动者的素质。同时,也会带来劳动工具的改进和革新。古今中外,人类社会的一切物质文明和精神文明成果包括知识的更新、技能的革新,无不是劳动人民在生产实践中催生、完成的,是劳动人民辛勤劳作,不断创新,代际传承的结果。中国古代的四大发明、圆周率、勾股定理,汉唐以来的耕犁、龙骨水车、水磨,鲁班发明的伞、锯子、曲尺、墨斗等都彰显着中国人民对人类世界文明的伟大贡献,中华文明亦成为人类文明史上最璀璨的明珠之一。如今,中国制造每一次重大进步、每一件国之重器背后都有一群大国工匠在默默地贡献着他们精湛的技艺技能,展现了他们高尚的职业情操,助推着中华民族上天揽月、下海抓鳖、钻地寻龙。

以劳健体。在《资本论》中,马克思认为,劳动是人的本质力量的实现,是人在劳动实践中发展自我的物质性活动。人只有通过自觉自在的生产劳动,才能成为人自身。因而,劳动不仅是达到目的的手段,亦是目的本身。只有在劳动中实现体力和智力充分而自由地发挥,在这个意义上,劳动是享受。在传统的农耕文明,劳动者通过劳动实践与大自然进行物质能量交换,同时也增强和锻炼了人的体质,陶冶了情操。如今,伴随着经济发展和社会分工的加快,劳动似乎成了"苦差事""脏活""累活"。特别是大众教育观念的转变,"望子成龙""望女成凤"的家长们把注意力更多地集中到孩子的学业上,"千方百计地"地减少孩子们的劳动机会,减少孩子们与大自然接触的机会,使孩子个人劳动变成了父母或社会代劳、代办,造成中国青少年普遍存在衣来伸手饭来张口、四体不勤、五谷不分,逃避劳动、不会劳动的现象。由于缺乏劳动和体育锻炼,加之电子产品的强力吸引,"宅"成了一种时尚和潮流,导致我国青少年肥胖率、近视率常年居高不下,青少年学生整体身心素质呈现下滑趋势,严重地影响到全民身体素质的提高,乃至国家安全。因而,劳动教育应成为当前增强人民身心健康发展的重要手段。

以劳悟美。马克思在《1844经济学哲学手稿》里说:"动物只是按照它所属的那个种的尺度和需要来构造,而人懂得按照任何一个种的尺度来进行生产,并且懂得处处都把内在的尺度运用于对象;因此,人也按照美的规律来构造。"[5]劳动创造了世界,创造了人类,也创造了美。纵观人类文明史的发展,无疑是一幅劳动的美学史。人类通过生产劳动,不但将自然界的美改造为人工之美,为人类世界创造了灿烂的文化和文明。同时,人类在劳动的过程中也充分释放着自身的本质力量,镌刻下属人的印迹,使人的理性和非理性力量充分释放和彰显。人类世界的一切文明成果,每一部人类作品无不散发着人类之美。在劳动实践中展现的团结协作、劳动平等、劳动人权、劳动幸福等价值也彰显着劳动价值之美。

二、具体设想与做法

1. 打造以"诚信小铺"为支点的诚信教育、劳动教育实践品牌。(1)依托原有"诚信小铺"项目,利用学校已有资源,依靠多部门协同推动,开展以"诚信校园、诚信生活、诚信人生"为主题的诚信教育实践活动。同时,项目运行过程中涌现的吃苦耐劳、诚实劳动的典型人物事迹,彰显出的工匠精神、勤劳节俭、劳动光荣等劳动精神将成为思政教育的直接素材。(2)整合校内劳动教育资源,利用实验实训、勤工助学、志愿者活动开展劳动实践,建立学生劳动教育档案。学校各类公益类场地管理服务工作逐渐面向学生招募(如:实验实训室、博物馆、档案馆等场所讲解员、保洁员、管理员等岗位),实行有偿劳动和义务劳动相结合的形式,实现专业技能实践和思政实践的双促进。(3)设立劳动周或劳动日主题活动,思政部或其他部门给予相应实践学分,师生共同营造热爱劳动、尊重劳动的良好氛围。

2. 挖掘以"红色印迹"为主题的印刷历史文化中的劳动教育元素。依托学校专业特色,发掘我国印刷产业发展过程中,特别是我国印刷工人在中国革命和建设过程中的历史贡献,搜集影像、图片、案例、人物等素材,在学校现有资源基础上筹建以"印刷与文化传播""印刷与科技革命""印刷与劳动解放""印刷与美学"为主题的"红色印迹"主题教育馆,开展特色鲜明的主题教育教学活动,构建思政课实践教学与专业、职业发展目标相结合的育人模式,进一步提升学校"三全育人"的能力与水平。

3. 构建"大思政"视域下的协同育人的联动机制。2019年《国家职业教育改革实施方案》中指出,职业院校要"加强基层党组织建设,有效发挥基层党组织的战斗堡垒作用和共产党员的先锋模范作用,带动学校工会、共青团等群团组织和学生会组织建设,汇聚每一位师生员工的积极性和主动性。"[6]思想政治教育工作是个系统工程,要从政治的高度,以高度的政治责任心和使命感统筹各方资源,协调各方关系,打破条块分割,冲破部门壁垒,构建一个平台共建、责任共担、运行共商、成果共享的机制,同向同行,形成思想政治教育的合力。以学生社团为抓手,通过采集学生在社团活动、校园文明修身、校园自律管理、班团活动、宿舍文化建设等活动中的数据,以学生劳动教育档案为依据与相关部门共享共建共管共育,实现学生现实操守表现与其思政课成绩、思想品德考核鉴定、入党政治审核、评奖评优等工作的结合,构建"大思政"视域下的"三全"育人新机制。建立跨学科、跨专业、跨部门、跨校际乃至跨区域的劳动教育基地,整合学校勤工助学岗位、文化艺术节、实践教学基地、志愿者工作、创意园区等实践平台,为学生提供丰富的劳动技能、职业素养实践场所,提升"准职场人"的劳动技能和劳动素养。贯彻大中小学德育一体化教育理念,挖掘和发挥学校实训中心、印刷博物馆等实践教育基地的社会服务功能和潜力,搭建大中小学劳动教育的协作机制,使学校德育实践场所成为区域内大中小学德育、劳动教育、美育的重要基地和教育载体。要重点挖掘其中的劳动教育元素,有意识地培养青少年们的劳动精神和劳动意识,改变过去参观学习重知识传播、轻教育渗透的状况。

4. 建立思政实训室,形成"抽屉式"的育人模式。所谓"抽屉式"育人即是将思政实训室按主题功能分为若干个独立工作室,学生可以各取所需、各尽其能。实训室立足学校专业特色,挖掘学生专业及自身能力特点,将思政课作业、实践教学与专业实训、学生专业特长关联起来,以项目形式派发给学生及研究小组,在思政实训室的"抽屉"内完成实践项目,达成实践育人、劳动育人目标。如播音主持相关专业,可以组建校园文化宣传队、广播站、记者团,通过采访、报道、宣传身边道德楷模、学习榜样,开展校园好声音活动,弘扬主旋律;动画、影视等相关专业,可以引导、鼓励学生制作主旋律漫画、动画、影视短片、戏剧表演等方式,创新思政教育新方式、新载体;美术相关专业,可以通过思政课社会实践或课程作业,以"最美系列"美术作品展、伟人肖像展、社区街道精神文明宣传画廊等创作载体进行德育、美育和劳动教育;人文社科类专业,可以利用"模拟法庭""学生讲坛""模拟面试"等实践形式进行思政教育。同时,思政实践基地中的作品可以有偿、无偿或通过公益拍卖等形式实现有序流动,既可以实现优质教育教学资源的共享和传播,又在社会实践中践行了尊重劳动、劳动光荣、劳动幸福等劳动教育价值理念。

三、结语

劳动教育是一个系统工程。要解决当前在劳动教育方面的问题,不能头痛医头脚痛医脚,须有整体观念。既要有顶层的设计,又要有基层的实践探索;既要有体制机制上的突破和创新,又要在文化价值有所作为。我们要积聚全社会之力,在全社会范围内营造一种尊重劳动、热爱劳动、崇尚劳动的氛围,把诚实守法劳动作为劳动者的基本准则,把劳动光荣作为新时代国人的价值标尺,把尊重劳动作为全社会的广泛共识,让劳动光荣、劳动幸福、劳动伟大成为新时代中国人的精神追求。同时,要发动社会各界,在全社会范围内形成尊重劳动者,保护劳动者,关爱劳动者的氛围和机制。正如有学者指出:"在社会主义条件下,尊重劳动应该成为一种普遍的社会文化氛围,以保障劳动幸福能够变成现实。社会主义条件下所有劳动都能够得到尊重,从而使劳动者得到应有的幸福感。尊重劳动是一种社会氛围,也是一种社会文化价值。尊重劳动是良善社会的第一要义。社会主义应该具备一种精神凝聚:即不管从事什么工作,只要进行诚实的创造性劳动,都能得到社会的承认。要尊重和保护一切有益于人民和社会的劳动,不论是体力劳动还是脑力劳动,不论是简单劳动还是复杂劳动,一切为我国社会主义现代化作出贡献的劳动,都是光荣的,都应该得到承认和尊重。"[7]同时,要不断提升技术技能型人才的待遇和社会地位,大力宣传各行业岗位上普通劳动者的先进事迹,倡导并形成"劳动成就美好梦想,奋斗铸就美丽人生"的积极劳动观、价值观,抵制错误消极的劳动观。

在职业教育中,坚持以赛促学、以赛促教,让学生在刻苦训练中磨炼劳动意志品质,引导他们树立崇尚荣誉、追求卓越的匠人之心。加强校园文化建设,特别要注意挖掘和整理在专业技能领域有突出贡献的校友资源,通过思政课、党课、团课以及其他实践活动进行广泛而深入地报道、宣传,使广大学生从同辈中、从专业中、从职业发展中接受劳动教育。

实现教育现代化,建设社会主义现代化强国,需要中国"智造"。中国高等职业教育尚处于爬坡阶段。为社会主义现代化建设培养高级技术技能人才成为高职院校刻不容缓的政治任务。人才兴,则教育兴,国家兴!高职院校要紧紧围绕党的教育方针,加快教育教学改革,结合学校特色和实际,建立规划科学、管理精细、课程完善、资源优化、形式多样的劳动教育体系。要整合教育教学优质资源,形成共识,凝心聚力,加强协同,倡导知行合一的教育理念,形成富有职业院校特点的育人机制,加快培养德智体美劳全面发展的社会主义建设者和接班人,为实现社会主义现代化强国目标提供人才和智力支持。

参考文献:

[1] 习近平.2014年5月4日在北京大学师生座谈会上的讲话.人民网,2014-05-05.
[2] 何云峰."幸福是奋斗出来的",新时代我们为何要以此为信条.上观新闻,2018-05-01.
[3] http://edu.people.com.cn/n1/2018/1018/c1006-30347662.html.
[4] http://www.gov.cn/zhengce/content/2019-02/13/content_5365341.htm.
[5] 马克思.1844年经济学哲学手稿[M].北京:人民出版社,2000:58.
[6] http://www.gov.cn/zhengce/content/2019-02/13/content_5365341.htm.
[7] 何云峰,"幸福是奋斗出来的",新时代我们为何要以此为信条.上观新闻,2018-05-01.

哈萨克斯坦现阶段的爱国主义教育

郭　凯　马前锋

摘要： 对多民族国家关系问题的研究一直是热门话题。笔者认为，了解哈萨克文学和哈萨克英雄史诗，作为对年轻一代进行爱国主义教育的资料。

关键词： 爱国主义教育；民族团结；文化遗产；哈萨克文学

一、引文

爱国主义自古就激励着仁人志士。爱国主义在公民人格发展中具有巨大的价值。若缺乏爱国情感，个人和公众都是微不足道的。在国家困难时期，尤其是战争或转型期，作为社会控制杠杆和稳定保障机制，爱国主义尤其受到关注。"爱国主义"概念是少数几个在不同时代没有改变含义的词汇，第一次被提及是1789—1793年的法国大革命，抵制海外入侵者的战士被称为爱国者。这个概念在许多著名词典中解释为："爱国者是祖国的爱人，坚持国家利益的国民。爱国者是热爱祖国、为人民献身的人，为了祖国的利益随时准备牺牲，并建功立业。"大部分研究人员认为，"爱国主义"的本质特征是对祖国的爱，准备保护祖国，为祖国的利益而工作。

二、爱国主义教育

社会和平发展、政治稳定、经济发展。当人民、国家和文化自信时，爱国主义感情就实现了。实践爱国主义情怀一直被看作是必要的社会稳定条件，爱国情怀具有崇高价值，并与个人内在文化修养相结合。培养公民人格过程中，公民的社会经验逐渐增强，世界观和价值观得到发展，道德、美感和理想、个人性格逐渐形成。爱国主义情感能调动公民并参与到社会公共关系实现过程中。人类社会发展与爱国主义情感培养是统一的、多维的，相互关联的。爱国主义情感会随着社会的发展得到升华，社会的发展也依赖于人们的爱国主义，多民族国家互相影响就是很好的例证。许多人文学科认为，爱国主义这一范畴包括哲学、政治学、社会学、历史、心理学、文化学、伦理学、教育学等。

当前，年轻一代的爱国主义教育问题是教育学中最棘手和最受关注的问题之一。爱国主义教育能提升国家地位，促使人民团结生活在一起，其与国际教育问题、国家意识的具体形成、价值取向、理念等是辩证地联系在一起的。《哈萨克斯坦共和国教育法》中写道："教育制度的主要任务是基于国家价值观和普世价值，为人品的形成和发展，科学与实践的实现创造必要的条件。"应当指出，今天哈萨克斯坦共和国的社会和经济状况，要求教育提供高质量内容。哈萨克斯坦人民的文化与历史传统、一般人类文化的辩证统一已成为哈萨克斯坦共和国教育内容更新的源泉。社会活动各个领域的变化要求精神层面的更新，即深化历史价值观。历史上的英雄和杰出民众，公民的勇气和爱国主义，形成一种创造性氛围，通过教育影响青年人爱国意识形成。爱国主义教育具有无可估量的价值。它是强化与祖国的某种联系，更是渴望，甚至强烈要求保护祖国。哈萨克斯坦共和国总统 N. A. Nazarbayev（纳扎尔巴耶夫）强调，"公民团结思想意识的引入是我们未来几年的主要任务"。哈萨克斯坦教育"本着崇高的爱国主义情感，热爱祖国、热爱人民、热爱世界的精神"，在青年人中开展教育工作。在年轻一代的全面发展过程中，注重对青年爱国主义教育内容的布置、集中于母语和本土文学研究。今天，现代生活方式的国家教育特征不能仅仅与国家爱国主义教育相联系，"爱国主义"概念要向前延伸。

三、结论

爱国主义教育水平不仅体现国家的当今状况，也体现了国家的未来。迫切需要探索新的途径对年轻一代进行爱国主义教育。哈萨克文学培养方案和教科书修订的问题，编写培养方案、操作手册和教科书应考虑国家传统、哈萨克人的文化和民族来源，并且与哈萨克英雄史诗成为一个整体。因此，对青年人进行爱国主义情感教育中，在把哈萨克文学与英雄史诗作为一个整体研究基础上，基于共同目标、理想以及具体认识，形成社会对和谐和一体化的期望。在新的市场经济条件下，哈萨克斯坦年轻一代既有爱国主义义务，又不得不考虑责任。同时,也要加强哈萨克斯坦共和国的文化和经济实力。对年轻一代进行爱国主义教育的方式,特别是哈萨克文学和哈萨克英雄史诗的教学潜力还需要进一步挖掘。

《改革与开放》2017年第7期

第三篇

夯实基础：深入推进

所长寄语

2018-01-02

版专教研

　　大家好！上海出版印刷高等专科学校高等教育研究所今天首次推出官方公众号"版专教研"，本公众号将介绍国内外先进的教育教学理论和实践的研究成果与精彩观点，发布学校高教研究的最新进展与动态。其办刊宗旨是务虚与务实兼备，以务实为先；理论与实践结合，以实践为上；宏观与微观互动，以微观为主。本公众号具有出版印刷高等教育的特色，旨在深入推进我校的高等教育研究和教学改革，进一步提升我校人才培养工作的能力与水平。

　　上海出版印刷高等专科学校高等教育研究所，历经高教研究室（1988年成立），高等职业教育研究所（2008年成立）等阶段，于2016年调整组建而成。在高等教育研究所调整组建以及其官方公众号"版专教研"推出之际，回顾学校高教研究组织机构的发展历程，我们将不忘初心、继往开来，为学校高教研究事业的发展作出新的贡献。

　　最后，诚挚感谢大家对高等教育研究所的关注和支持！

常务副校长、高等教育研究所所长滕跃民

2017年12月28日

全新领域的一项突破性成果
——记我校课程思政改革荣获一项国家级教学成果奖

2019年1月8日

　　课程思政是以"全员育人、全方位育人、全过程育人"为格局,把"立德树人"作为教育的根本任务,推动各类课程与思想政治理论课同向同行,形成协同效应的一种综合教育理念。它把培育和践行社会主义核心价值观有机融入整个教育体系,全面渗透到学校教育教学全过程,因此课程思政也是一个全新的教育教学领域。目前因为没有相对成熟的模式和标准,全国高等院校都在积极的探索和尝试,努力推进课程思政改革健康发展。

　　近日,教育部下发了《教育部关于批准2018年国家级教学成果奖获奖项目的决定》(下图1,教师〔2018〕21号),并公布了获奖名单。我校教学成果《思政教育融入专业实训课的"课中课"同向同行模式创新与实践》获得国家教学成果二等奖。该成果奖的重要意义在于它是在课程思政这一全新教育教学领域实现了历史性的突破,初步构建了专业课程课程思政改革的模式和标准。

　　该成果具有鲜明的独特性,它聚焦课程育人、实践育人和文化育人等全新领域,在思政课老师协同专业实训老师培养学生职业技能和职业素养方面进行了成功的探索。创新性地将德育元素融入技能培养环节,使思政教育与专业实训目标互融,打通了显性技能培养和隐性素养培育相互促进的通道。在此基础上,该成果凝练并打造成了基于"寓道于教、寓德于教、寓教于乐",具有"画龙点睛式、专题嵌入式、元素化合式"初步实施标准的职业教育"同向同行"的上海版专范例,成为全国高校"课程思政"改革成功的先行者和探索者。

　　在此次教学成果奖申报过程中,团队成员发扬团结协作和艰苦奋斗的精神,克服了重重困难,最后终于取得了良好成绩。同时该成绩也是全校广大师生与

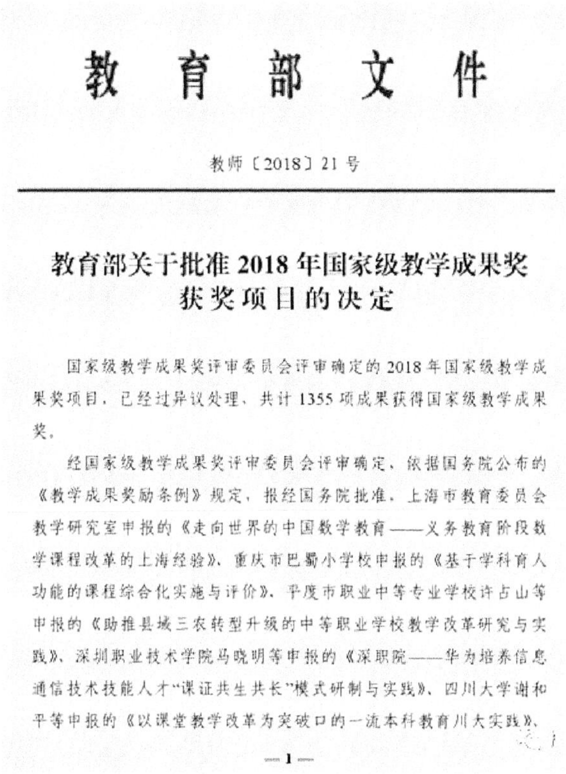

教育部文件

教师〔2018〕21号

教育部关于批准 2018 年国家级教学成果奖获奖项目的决定

国家级教学成果奖评审委员会评审确定的 2018 年国家级教学成果奖项目,已经过异议处理,共计 1355 项成果获得国家级教学成果奖。

经国家级教学成果奖评审委员会评审确定,依据国务院公布的《教学成果奖励条例》规定,报经国务院批准,上海市教育委员会教学研究室申报的《走向世界的中国数学教育——义务教育阶段数学课程改革的上海经验》、重庆市巴蜀小学校申报的《基于学科育人功能的课程综合化实施与评价》、平度市职业中等专业学校许占山等申报的《助推县域三农转型升级的中等职业学校教学改革研究与实践》、深圳职业技术学院马晓明等申报的《深职院——华为培养信息通信技术技能人才"课证共生共长"模式研制与实践》、四川大学谢和平等申报的《以课堂教学改革为突破口的一流本科教育川大实践》。

—— 1 ——

图 3-1 教育部文件

教学管理工作者长期坚持理论与实践探索的结果,也说明了我校人才培养工作获得同行和专家的高度认同,标志着我校课程思政教育教学改革取得辉煌成果和显著成效,并为我校今后的人才培养和事业发展提供了重要支撑。

附:团队及获奖信息

2018 年职业教育国家级教学成果奖推荐书(节选)

1. 成果简介

高职教育领域普遍存在重知识技能传授,轻思政教育和职业素养培养的现象。在专业实训教学中,存在着育德意识不强、育德能力不足、忽视价值观引领的问题。同时,高职思政教育存在"配方陈旧、工艺粗糙、包装不时尚"的现象,思政教育容易浮于表面,难以落地,教学效果不佳。学生学习思政课和专业实训课的动力不足,积极性不高。行业用人单位对毕业生满意度不高。

针对上述问题，上海出版印刷高等专科学校多年来一直在探索思政教育、实训教学与职业素养培育相互融合的路径。2013年和2016年相继成功申报并实施了上海市教育改革试点项目"思想政治理论课融入高职高专实训教学的有效路径研究""思想政治理论课融入高职高专实训教学的'同城协作'模式研究"。通过理论探索、教学实践、积累总结，形成了思政教育融入专业实训课的"课中课"同向同行教学模式。

思政教师与实训教师相互协同，将德育元素融入实训教学，提炼出理想信念、实事求是、遵纪守法、工匠精神、团队合作、环境意识等6个思政微要点，把思政课教学要点具体化为实训操作体验，从而将专业实训教学与思政教育有机结合起来，并培育了学生职业素养。专业实训课教学"课前、课中、课后"全方位融入思政要点，通过课前启发式教育、课中体验式教育、课后感悟式教育，将思政教育的价值引领作用落细落地，让学生体验到职业素养的重要性，同时也提高了专业课教师的育德意识和育德能力。教师开发出贴近学生的微案例、微视频，形成了"精"心设计、"精"选案例、"精"彩分享的"三精"教学法，增强了课程吸引力。

"课中课"模式践行了习近平总书记在全国高校思想政治工作会议中提出的"使各类课程与思想政治理论课同向同行，形成协同效应"的精神，提供了职业教育教学"同向同行"的范例，是"课程思政"的先行探索。该教学模式打通了高素质职业技能人才的显性技能培养与隐性素养培育相结合的通道，实现了思政教育强化、职业素养培育和职业技能提高的"三促进效应"，达到了学生获得感增强、教师幸福感提升、行业认可度提高的"三满意成效"，成为高职教育领域"全员育人、全方位育人、全过程育人"的活样板。

"课中课"模式得到教育部教指委及行业专家多次肯定和认可，并被中央电视台、上海教育电视台和中国教育报多次专题报道。成果多次获奖，已发表相关研究论文近十篇，并作为典型案例被收录在《2015年中国高等职业教育质量年度报告》中。"课中课"教学促进了学生思政和职业素养的显著提升，助力我校学生在各级技能大赛上屡次获奖。在2016—2017年度中宣部、教育部及全国高职高专思政课建设联盟举办的骨干教师培训班上，"课中课"模式创新实践引起热烈反响，已与深圳信息职业技术学院等60多所各地院校开展交流学习，"课中课"教学模式已被上海交通职业技术学院、陕西铁路工程技术职业学院等10多所院校借鉴应用。

2. 成果主要解决的教学问题及解决教学问题的方法

2.1 主要解决的问题

(1) 如何落实专业实践教学与思政教育同向同行、"以心育人"的问题

专业实训教学存在育德意识不强、育德能力不足、忽视价值观引领的问题。

(2) 如何解决高职思政课效果提升的问题

高校思政教育存在容易浮于表面,难以落地,包装不时尚,配方陈旧,工艺粗糙,效果不佳的问题。学生学习思政课和专业实训课的动力不足,积极性不高。

(3) 如何解决高职实训课思政和职业素养提升的问题

专业实训教学长期以来重知识技能传授,轻思政教育和职业素养培养。行业用人单位对毕业生满意度不高。

2.2 解决方法

(1) 创新教学设计——将实训教学内容与思政课要点相结合,实现协同育人

思政课教师走进专业实训课堂,将提炼出的理想信念、实事求是、遵纪守法、工匠精神、团队合作、环境意识等6个思政微要点融入专业实训课,把思政课的教学要点具体化为实训操作体验,从而把专业实训教学与思政教育有机结合起来。例如将"毛泽东思想和中国特色社会主义理论体系概论"课中"实事求是"的教学要点,具体化为实训操作中"会就是会,不会就是不会;如果不会继续找原因、摸索规律、操作学习"的微行为,同时学生也养成正直诚实的职业微素养。思政要点和实训技能与素养由此相互对应起来,统合为微要点、微素养、微行为的三"微"一体育人架构,从而将思政教育的价值引领作用落细落地。

(2) 改革教学过程——实施"三段式"教学,全方位融入德育元素

"课中课"教学模式实施过程包括课前启发式教育、课中体验式教育、课后感悟式教育。思政课教师通过课程开始后的前5分钟,引出要融入实训课堂的思政微要点,引导学生特别注意实训中需要培养和体验的要点以及容易出现的问题。在课中的体验式教学中,思政课教师对学生在实训环节出现的粗心大意、畏难退缩、乱扔垃圾等微行为,结合案例进行现场指导,培养学生遵守实训室规章、团队合作、敬业务实等职业微素养。课后的感悟式教学是利用课程结束之前的5分钟让同学们分享在职业规范、职业道德和操守等方面的感悟。学生通过启发、感悟、分享,体验到思政和职业素养的重要性。

（3）优化教学方法——实行"三精"教学法，打造"精彩一刻"课堂

通过"精"心设计，"精"选案例，"精"彩分享，形成了"课中课"教学模式的"三精"教学法，使实训课与思政教育融合得更加紧密。教师经过大量的前期采访和调查，精心设计优化教学方法，开发出符合高职学生身心特点的系列微案例、微视频。教师采用贴近学生的方法，在实训中将遇到的疑难问题带入课堂进行剖析，打造体验式课堂的"精彩一刻"，增强了课程的吸引力。

3. 成果的创新点

"课中课"模式创新性地将德育元素融入技能培养环节，使思政教育与专业实训目标互融，打通了显性技能培养和隐性素养培育相互促进的通道，开辟了职业教育"以心育人"的新途径，成为教书育人与实践育人相结合的成功案例，提供了培养高素质技能人才的活样板。

（1）提供了职业教育教学"同向同行"的范例，是"课程思政"的先行探索

专业实训课融入德育元素，实现了职业技能培养与思政和职业素养提升相互促进的"化合作用"，彰显了专业实训课与思政教育"同向同行"的协同育人效应。思政课教师走进实训课堂，促进专业教师重视言传身教作用，提升育德意识和育德能力。提炼总结的"画龙点睛式、元素化合式、专题嵌入式、隐性渗透式"4种"课程思政"融入方式，为其他专业课程的"同向同行"起到了示范作用，带动了"课程思政"改革。"画龙点睛式"是指在专业课的知识点和技能点的讲授中进行社会主义核心价值观、唯物辩证法等的"点睛"。"元素化合式"就是将专业知识、专业技能、思政要点3种不同的教学元素，进行有机的融合。"专题嵌入式"是专业课教师选择相关主题，在不打破原来教学结构的基础上，从思政的角度进行再次解读，以加深学生对这个专题的理解。"隐性渗透式"是指专业课教师为人师表、以身作则、言传身教，潜移默化地影响学生思政和职业素养的养成。

（2）打通了高素质技能人才显性技能培养与隐性素养培育相互促进的通道

专业实训课教师和思政教师协同育人，促进了学生思政和职业素养的显著提升，激发了学生"学知识、练技能"的热情，营造出苦练职业技能、争当高素质技能人才的良好学习氛围，从而进一步促进了学生职业技能的提升。思政要点与实训要求紧密衔接，使学生思政教育、职业技能和职业素养的培养紧密联动，有利于培养面向"中国智造"和"中国创造"的高素质技能人才，成为社会主义事业全面发展的合格建设者和可靠接班人。

(3) 构建了"协同育人"教师群,提供了可复制、可推广的样板

紧密结合行业,对接印刷出版文化,创新了行业文化育人路径。整合"思政教师、专业教师、行业技师"3支队伍组成教师群,将思政教育、实训教学的独角戏变为众多角色共同参与的同台演出。协同育人机制使思政教育的舞台变大,戏路变宽,显著提升了职业院校思政教育效果。"课中课"模式实现了思政教育由"进教材、进课堂、进头脑"拓展为"进专业、进行业、进社会",成为高职教育领域"全员育人、全方位育人、全过程育人"的活样板。

4. 成果的推广应用收效

(1) 专家多方肯定,获得广泛赞誉

教育部社科司、教育部高校思想政治理论课教指委、上海市教委、全国高职高专院校思政课建设联盟等多方专家对"课中课"模式在"职业技能与职业素养相互促进""高职思政课教学示范作用""做到了全员育人"等方面给予了肯定。专家一致认为"课中课"模式将思政教育做到了"落地、落实",在高素质技能人才培养的教学理念、培养途径和教学实践等方面实现了创新。

(2) 媒体广泛报道,成果屡次获奖

中央电视台、上海教育电视台和中国教育报对"课中课"模式的成功实践和应用成果分别进行了多次专题报道。"课中课"模式作为典型案例被收录在《2015年中国高等职业教育质量年度报告》中。团队已发表"课中课"相关研究论文近十篇,研究成果获得2015年度全国高职高专思想政治理论课优秀论文奖、2016年中国职业技术教育学会人文素质教育专业委员会人文素质教育优秀案例一等奖,并作为优秀案例被《中国职业技术教育》(2017.9)发表介绍。"课中课"模式教学实践有力促进了学生思政和职业素养的显著提升,助力我校学生在各级各类技能大赛上屡次获奖。我校2012级学生张淑萍,获得第43届世界技能大赛印刷媒体技术项目银牌,并作为第46届世界技能大赛中国上海申办形象大使,于2017年10月在申办现场进行现场陈述,全方位展现了新时代中国青年高素质技能人才的专业素养与形象,助力上海赢得世界技能大赛举办权。

(3) 成果经验广受兄弟院校欢迎,推广效果明显

"课中课"模式的成功实践和应用成果在上海职业教育领域产生了重要影响。成果完成人应邀在2017年上海市高职高专教学工作会议上作了题为"同向同行、教书育人"的主旨发言,并在上海市职教系统党的"十九大"精神专题辅导报告会上作了"德智技融会,课中课贯通,开启人才培养新征程"的交流发言。

2017年,在上海市全面推进"课程思政"改革的背景下,为上海市22所高职院校进行多次"课中课"教学模式示范培训。

随着"课中课"模式的深入应用,成果在全国范围内产生了广泛的辐射效应。在2016、2017年度中宣部、教育部举办的全国高职高专院校思政课骨干教师培训班和2016年全国高职高专思政课建设联盟举办的骨干教师培训班上,成果完成人就"课中课"实践探索作了3次主题发言,并引起强烈反响。深圳信息职业技术学院、四川交通职业技术学院等40多所高校来校交流学习"课中课"模式经验。同时,成果完成人分别到郑州财税职校、泉州幼师等近10所院校进行交流指导。

目前,已有上海交通职业技术学院、陕西铁路工程技术职业学院等10多所院校借鉴应用"课中课"模式中的"三精教学法""画龙点睛式""元素化合式""专题嵌入式""隐性渗透式"等教学方法,并取得良好效果。

2018年国家级教学成果奖获奖项目名单

二、2018年职业教育国家级教学成果奖获奖项目名单(节选)

二等奖(399项)

151	基于校企合作的技术应用型留学生人才培养研究与实践	王俊,陶永霞,雷恒,李小雄,姬尧,马云峰,王晓岚,杨芊,万晓丹,李道海,曹明伟,田万涛	黄河水利职业技术学院,中国水利水电第六工程局有限公司,黄河水利委员会故县水利枢纽管理局,中国水利教育协会职业技术教育分会
152	思政教育融入专业实训课的"课中课"同向同行模式创新与实践	滕跃民,马前锋,汪军,张玉华,陈挺,孟仁振,王永秋,石利琴,薛克,苏怡茵,穆俊鹏,冯艺,吴娟,郭扬兴,张婷	上海出版印刷高等专科学校
153	"工作站载体 集团化办学"培养军工特质技术技能人才的创新实践	刘敏涵,张鑫,修学强,侯晓方,李俊涛,刘建伟,吴玮玮,张晨亮,李会荣,樊建海	陕西国防工业职业技术学院,陕西省国防科技工业办公室
154	新形势下高职院校《思想道德修养与法律基础》教学模式的创新与实践	张泽玲,康志青,常玉华,李雅梅,高晶,程子军,张圆圆,韩颖	天津城市建设管理职业技术学院,天津交通职业学院,天津电子信息职业技术学院,天津医学高等专科学校,天津艺术职业学院

思政教研部 教务处 供稿

课程思政立潮头，版专追梦再起步

2019年3月6日

上海版专滕副校长就学校获"2018年国家教学成果奖"答学生记者问（一）

上海出版印刷高等专科学校的课程思政成果获2018年国家教学成果二等奖，在这一全新领域实现了历史性的突破，得到了全国教育界许多同行的充分肯定，并在社会上产生了广泛的影响。版专的课程经验成为全国高职高专的知名品牌。为此，学生记者采访了学校的常务副校长、高教研究所所长滕跃民教授。

学生记者：滕老师，您好，这次学校的课程思政项目获得了国家教学成果奖，是学校发展历史上的一件大事，在这个过程中，听说您始终亲力亲为，指挥员兼战斗员，是2013年市教委"课中课"项目、2018年国家成果奖的第一负责人。

滕副校长：应该说这是大家共同努力的结果。当然因为这是一项前无古人的开拓性工作，遇到的困难也是非常多，在项目的研究到成果材料的撰写，还有最后的网站建设和材料展示，所投入的精力和时间都是巨大的，而且资源和人手不够，我唯一的办法就是靠前指挥，亲力亲为，既当指挥员又当战斗员，同时鼓舞大家的斗志，充分调动大家的积极性和创造性。

学生记者：滕老师，听说成果中很多观点都是首创的，受到了全国很多中高职院校和本科院校的关注和学习，他们纷纷来学校进行交流取经，产生了非常广泛的积极影响。

滕副校长：确实如此，因为刚才我说了，我们开辟了崭新的研究领域，而且首创了相关的体系，比如在前期的"课中课"基础上，我在2017年首次提出了"三元三寓三式"，2018年补充为"三元三寓四式"的课程思政模式，被许多学校认定为课程思政工作的操作标准，从而使这项工作进入了科学化、专业化的新阶段。

学生记者：很多全国同行都认为上海版专的课程思政改革是全国高职高专

的一面旗帜,那么"课中课""三元三寓四式"具有里程碑意义吗?

滕副校长:谢谢,但话不能说这么满,因为目前我们的课程思政工作还处在探索阶段,还没有成熟的理论体系,最多是课程思政的一个知名品牌。

学生记者:好的。感谢滕校长抽出宝贵时间接受我们本期采访,期待下期访问。

课程思政立潮头，版专追梦再起步（续）

2019年3月7日

上海版专滕副校长就学校获"2018年国家教学成果奖"答学生记者问（二）

在上期采访中我们了解到上海版专的"三元三寓四式"的课程思政模式，今天学生记者继续进行了采访。

学生记者：滕老师，很高兴再次见到您，从上期采访中我们对学校的课程思政模式有更深一步的了解，听说全国同行对您提出的"五项负面清单"很感兴趣，认为是推进课程思政的有力抓手，您是怎么认为的？

滕副校长：好的，就方法论而言，我认为要干成一件事，除了正面的方法和手段，还需要负面清单。因为正面的方法和手段可以保证你干成事，负面清单可以保证你不干砸事，是一种不可或缺的宏观管理方法。课程思政是一项非常宏大的工程，不可能有万全之策，需要大家各显神通，同时又要保证大家不偏离正确的方向，因此我就提出了"五项负面清单"（刚开始时是三项），主要就是不简单地贴标签，不硬性捆绑，不生搬硬套等。

学生记者：滕老师，除了学校的老师积极开展课程思政改革，上级领导是否也非常支持？

滕副校长：我们的课程思政之所以能取得初步成功，主要是上级领导积极支持和指导鼓励的结果。2014年"课中课"项目验收时，当时的市教委副书记高德毅亲自参加，并做了认真的指导。2017年我在上海职教系统学习贯彻党的十九大精神专题辅导报告会上做课程思政的交流发言，受到了市教卫党委书记虞丽娟和教委副主任郭为禄的赞扬。我们学校的校领导多年来一直大力支持和推动课程思政的改革。

学生记者：滕老师，我校这次取得了国家教学成果奖，标志着我校的课程思政改革走在全国的前列,您今后有什么打算和愿景吗?

滕副校长:这是我目前考虑最多的,因为获奖了,压力反而越大。莎士比亚有一句话:一切过往,皆为序章。成绩只能代表过去,要保持优势,唯一的办法就是加大力度、继续拼搏。我们获国家奖的过程就是不断进取和提升的过程,例如"三元三寓四式"就是前期"课中课"的升级版。如果谈愿景,那就是希望教育部能增设课程思政的评奖门类,因为课程思政中很重要的内容是非思政类课程开展润物无声思政教育,与思想政治的门类有很大的不同。我们的成果如果是在独立的课程思政门类中评审,可能会有更高的彰显度。有的外校老师对"课中课"的"两师授课"有不同看法,我告诉他们,"两师授课"是课程思政起步阶段的做法,效果也不错,有一定的历史意义,但我们不强求所有的课程思政都这样做,事实上现在一个老师授课的课程思政改革更为普遍,更有推广价值。最后谈谈打算,我们考虑在前面的基础上,广泛收集各种优秀的案例,大力挖掘"三元"的思政元素,并建立相应的数据库,让老师将其融入专业教学中去,使我们课程思政改革实现"追梦再起步,再创新成就"。

学生记者:好的。再次感谢滕副校长抽出时间接受访问,并对版专课程思政进行了详细的阐述与剖析。

我校课程思政改革又获新成果

2018-04-02

2018年3月13日下午,常务副校长滕跃民赴学校基础教学部与思政教研部与老师进行互动交流,他在总结学校前一阶段四门课的课程思政建设的基础上,就今后课程思政建设成果的实施和后续改革探索作了专题辅导。

滕跃民着重介绍了课程思政"同向同行、润物无声、潜移默化"的改革设计思路,即"寓道于教、寓德于教、寓教于乐","四种方式"(画龙点睛、专题嵌入、元素化合、隐性渗透),"五项负面清单"(不扯皮、不捆绑、不贴标签、不搞碎片化、不影响教学)。他还用"道、法、术、器"来对课程思政的实施开展工作进行了高屋建瓴的形象概括,如图2所示:

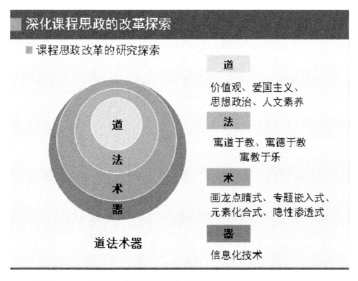

图3-2 上海出版印刷高等专科学校课程思政教学模式

滕校长最后指出，课程思政改革和建设的意义非常重要和深远，是高校人才培养中的主旋律，事关我们的国家长治久安，事关我们的事业后继有人。他深深体会到，课程思政是一个开放的课题、一首永恒的旋律、一项宏大的工程、一座高大的丰碑。希望全体老师积极投入，深入研究，勇创佳绩。

老师们认为，滕校长的辅导是对我校课程思政工作深入推进和研究探索的理论性思考，也是我校课程思政改革的阶段性成果。通过此次专题辅导，既学习了实用的案例，又开拓了研究思路，也是两部门将十九大精神落细落实的一次可贵的实践。

基础教学部、思政教研部　供稿

学校"德智技融会"的"课中课"人才培养模式初见成效

2018 - 01 - 10

近年来,随着社会主义现代化事业的快速发展,高素质技术技能型人才的思想政治素养、人文素养和职业素养的德育教育问题也得到了社会各界的高度关注。思想政治教育、人文素养和职业素养教育是学校人才培养的重要组成部分,是学校内涵建设的关键环节。高质量的职业教育应该包含知识、技能和素养三个组成部分。

2013年,学校常务副校长滕跃民在主持上海市教委的思政课改革试点项目"高职思政课融入专业实训课"后,会同学校思政教研室的教师,总结出了专业教育的"课中课"教育教学模式。该模式基于职业教育人才培养的目标,结合学校特质,充分利用行业优势,逐步形成以"德育"为主线、"工匠精神"为机制、"就业发展"为导向的模式。该模式将思政课内容引入学生实习实训课堂,通过提高职业技能的路径来提升职业素养,实现学生知识、技能和素养的三提高,充分体现了思政课与其他课程同向同行,相互协同的巨大效应。思政课教学结合学校人才培养的思路,不仅培养社会、行业和企业所需的动手能力强的技能型人才,还重视培养较高职业素养的热爱行业的高素质人才。"课中课"把抽象的思政课理论体现在具体的技能操作上,改变了学生对思政课的"定势"看法,使得学生有动力学习。思政课从"以教为主"的被动接受向"以学为主"的主动体验转型,实现了"课堂之外建课堂"。教师在教学相长中体验到职业价值,有利于解决长期以来部分教师存在的"工作满意度低、困惑低迷",又要"被动面对、无奈教学"的纠结问题。

"课中课"教学模式体现了技能课和素养课程的统一。学生在训练学习中体会职业规范、道德意识以及持之以恒的坚持精神。"课中课"模式实现了思政课教师与实训课教师共建6S管理系统。当6S项目循序渐进、持续不断地运行,人人依规而行,养成良好的工作习惯时,这就是素养。6S的本质就是通过细节有效培养职业素养,这与德育实践模式不谋而合。思政课融入专业实训课堂,不仅仅促进了思政课的教学效果,推进了高职思政课的教学改革,也提升了实训课的技能训练效果,实现了"双促进"效应,是"全员育人、全方位育人、全过程育人"的典型样板。职业院校中的实施使思政课的"舞台"变大,"戏"路变宽。专职教师、兼职教师、行业技师组成的"教师群",使思政课的教学"独角戏"变为众多角色共同参与的"同台演出"。

在课堂教学中,各专业发挥各自专业优势,积极探索,努力实现各种素养养成教育的有机融合,并涌现出了启发—体验—感悟法(课前的启发式教学、课中的体验式教学、课后的感悟式教学)以及"三精"教学法(课前"精"心设计,课中"精"选案例,课后"精"彩分享)等教学方法上的创新。一些教师通过有启发的案例精心设计教学,综合运用课堂讲解、案例引导、师生讨论、学生演讲、学生辩论、心理游戏等方式,形成课堂的若干"精彩一刻",增强课程的吸引力和感染力。

学校专业教师以古诗词为载体,将价值观、人生观的思想政治教育和国学等人文素养教育相结合,并融入枯燥的专业课教学之中。这一教学探索的实践效果很好,受到了学生的欢迎。如果说知识和技能是一棵树的枝干,职业素养就是一棵树的树根。专业和技能教育主要负责修剪树枝,素养教育主要负责不断地浇水施肥,当三者完美地融合在一起时,这棵树才能茁壮成长。

学校将思想政治素养教育和职业素养、人文素养教育作为后示范建设工程和落实教育部高等职业教育创新行动计划的重要组成部分。滕跃民主持召开了课程思政改革的推进会,统一了全校教师的思想,达成了共识,并对今后学校推进思想政治素养、职业素养和人文素养的主要举措和重点工作进行了布置。学校要求每位教师在教学时要注重发挥课程的育人功能,在授课过程中要将素养养成教育潜移默化地融入其中。当前,学校正紧锣密鼓地创建应用技术型本科院校,"宽口径、厚基础"的人才培养目标对思想政治素养、人文素养和职业素养提出了更高要求。相关专业在制定本科培养方案时应将人文素养和职业素养作为一个重要模块加以考虑。我校作为一所文化传媒类高等职业院校,应充分发挥人文素质教育和职业素养养成教育在优化办学环境、提升办学品牌、彰显办学特色、打造学校人文名片中的重要作用。今后,学校将建立以上海书展、印刷博物馆、思南读书会等为平台的学生三大素养培养基地，大力提升广大师生的文化自信，增强学校的文化软实力和核心竞争力，为学校的转型升级和跨越式发展奠定坚实的思想文化基础。

教务处、思政部供稿

我校召开课程思政交流会

校组织宣传部 2019-07-09

思政建设获得优秀结项及部分获得重点立项的课程负责人介绍了课程实施的经验和设计思路。其中王莹《影视配乐技巧》、胡悦林《声音设计》、谭斯琴《动画成效》、来洁《文化创意》、常方圆《用户体验设计》、冉彬《传播学新编课程思政教材建设》等专题介绍受到关注和好评。思政部主任马前锋教授在点评时指出,这些优秀课程建设凝练的经验做法既是我校前期课程思政建设的积累,也是后期开展工作的有效参考和支撑;也给参会的老师带来了很大的启发,对于三期建设的开展大有裨益。

会上,与会领导为二期优秀课程负责人颁发了证书(图3)。

图 3-3 课程思政交流会

顾春华就我校课程思政开展的情况和后续工作的要求做了重要讲话。他充分肯定了我校课程思政建设对于提升我校思想政治教育的效果，以及扩大我校在职业院校中影响力的积极作用，在上海甚至在全国职业院校都有示范作用。顾春华要求我校课程思政的后续工作应在前期建设成果的基础上进行滚动建设，学校也会提供相应的支持，力争把课程打造成深受学生欢迎的"金课"。为了打造"金课"，顾春华要求老师们首先要提高站位，必须要在课程建设中明确国家和上海区域发展对于高技能人才发展的要求，明确人才培养的目标导向。其次要认真研究教育对象、教育方法。学会与学生沟通，成为与学生沟通的"专家"。不仅要认真研究学生的关注点和兴趣点，还要认真研究行业对于人才的职业精神、责任感、沟通能力等方面的要求，以提高教育的有效性；要认真研究信息化时代教育对象接受知识的途径和心理，创新教育教学方法，提高职业教育和思政教育融合的技巧。第三，他指出要打造"金课"，老师们要善于学习和总结，不仅要学习别人的成功经验和做法，还要善于总结和升华，形成论文等成果。

滕跃民要求在座的老师应该做好学习、消化工作，并落实于课程思政的建设实践中。他指出我校课程思政建设应服务于职业人才培养、上海区域发展和学校的本科建设工作。为了提升课程思政的效果，教师们除了提高自身专业素养外，还要在提升人格魅力、注重教态等方面下功夫，不断增强育德意识和育德能力。

思政教研部　教务处　供稿

关于第三期(2019年)课程思政改革试点立项建设的通知

校教务处　2019-06-26

　　根据学校课程思政建设方案,通过系部组织、教师申报、专家评审、课程思政办公室审核认定等环节,现将我校2019年度课程思政建设的课程立项公布如下:冉彬的《出版与传播概论》等8门课程给予重点建设立项,王政东的《综合商务英语》等13门课程给予一般建设立项。同时,近期将会下拨相应的建设经费予配套支持。请各相关职能部门、相关系部密切配合,支持课程思政的建设工作。

附件:上海出版印刷高等专科学校2019年度课程思政试点课程

序号	开课系部	课程负责人	课程名称	类别
1	出版与传播系	冉　彬	出版与传播概论	重点立项
2	影视艺术系	王　莹	影视配乐	重点立项
3	影视艺术系	胡悦琳	声音设计	重点立项
4	影视艺术系	谭斯琴	图形图像情景训练	重点立项
5	艺术设计系	常方圆	用户体验设计项目实训	重点立项
6	印刷包装工程系	俞忠华	印刷企业管理实务B	重点立项
7	印刷包装工程系	周颖梅	印刷电子	重点立项
8	印刷包装工程系	刘　艳	色彩原理与应用	重点立项
9	基础教学部	王政东	综合商务英语	一般立项

续　表

序号	开课系部	课程负责人	课程名称	类别
10	基础教学部	徐耀辉	实用英语 A1	一般立项
11	基础教学部	潘世俊	校体育特色项目荷球课程的思政建设	一般立项
12	艺术设计系	高秦艳	商品包装设计项目实训	一般立项
13	文化管理系	颉鹏	绘画基础	一般立项
14	文化管理系	余陈亮	展示基础	一般立项
15	文化管理系	李雨珂	文化艺术品投资实务	一般立项
16	基础教学部	杨静	国际商务谈判	一般立项
17	基础教学部	刘军	实用英语	一般立项
18	影视艺术系	张波	分镜头脚本设计	一般立项
19	影视艺术系	耿燃	艺术色彩	一般立项
20	印刷包装工程系	秦晓楠	产品包装设计	一般立项
21	印刷包装工程系	肖颖	职业技能实训	一般立项

关于公布第二期(2018年)课程思政改革试点项目评审结果的通知

校教务处　2019－06－10

根据全国高校思想政治工作会议精神及《关于构建上海高校课程思政教育教学体系的实施意见》等文件的要求,结合我校思想改革试点工作的目标,组织校内外专家对第二期课程思政改革试点项目进行了评审,现将评审结果公布如下:

2018年课程思政改革试点项目评审结果一览表

序号	开课系部	负责人	课程名称	评审结论
1	基础教学部	薛中会	工程数学	优秀
2	文化管理系	傅　冰	经济学基础	优秀
3	印刷设备工程系	孙　敏	Web设计与编程	优秀
4	印刷设备工程系	付婉莹	印刷市场营销	优秀
5	印刷包装工程系	方恩印	静电照相印刷	优秀
6	基础教学部	陆雯婕	体育与健康课程	优秀
7	文化管理系	来　洁	文化创意与策划实务	优秀
8	印刷设备工程系	栾世杰	机械制造技术	优秀
9	基础教学部	杨　静	基础英语视听说	通过
10	基础教学部	唐桂芬	实用英语课程思政	通过
11	文化管理系	颉　鹏	中国书画	通过
12	文化管理系	余陈亮	设计基础	通过

续　表

序号	开课系部	负责人	课程名称	评审结论
13	文化管理系	李雨珂	管理会计实务	通过
14	文化管理系	陈　群	电子商务与网络营销	通过
15	文化管理系	易钟林	媒介经营与管理	通过
16	印刷设备工程系	马静君	工程制图	通过
17	印刷设备工程系	王　琳	印刷机维护与保养	通过
18	印刷设备工程系	周东仿	网络管理软件应用	通过
19	印刷设备工程系	陈　昱	印刷机械基础	通过
20	出版与传播系	张　翠	广告原理与实务	通过
21	出版与传播系	费　越	广告创意摄影	通过
22	出版与传播系	姜　波	网络媒体策划	通过
23	出版与传播系	吴旭君	中国文化通论	通过
24	影视艺术系	李　灿	电视专题片创作	通过
25	影视艺术系	孙蔚青	影视导演基础	通过

学校召开思政课教师座谈会

2019年4月25日上午学校召开思政课教师座谈会(图4)。校长陈斌、常务副校长滕跃民出席,思政教研部、教务处相关负责人、教学督导、全体思政课教师参加座谈会。

与会思政课教师先后进行了发言。陈志英表示,学习了习近平总书记在座谈会上的重要讲话精神后,很激动,备受鼓舞,感觉到了建设好思政课的动力;陈挺认为,思政课教师应对现代社会中信息多元的变化,要发挥教师主动性作用,将教师主动性和学生主体性相结合,因势利导,因材施教;蒋冬梅表示,增强教学实效性需要教师不断提高水平,加强对教育教学的研究,想方设法调动学生的积极性;王永秋结合自身的教学实际从实践育人、红色育人、协同育人、案例教学等

图 3-4 课程思政教师座谈会

方面谈了思政课教学的探索;张玉华结合自身成长历程,认为教师要通过培训、体验等途径加强自我成长,职业院校可以结合案例教学把深刻的道理讲透彻、把真理的"味道"讲出来、把时代的自信讲出来;王伟表示,思政课是一门核心课程,承担着用马克思主义理论武装学生、为党的千秋伟业培养建设者和接班人的任务,我们要延伸"课中课"教学成果,固化实践教学内涵,实现我校思政课教育的品牌化;马前锋认为,思政课教师要按照总书记的"政治强、情怀深、思维新、视野广、自律严、人格正"标准,结合学校发展和人才培养目标,提高认识,守正创新,努力打造"可信、可敬、可靠"和"乐为、敢为、有为"的思政教师队伍;郑燕鸣表示,我校的思政课教师无论是在教书育人方面,还是在课程思政引领方面都很努力,有实干精神、彰显了教学效果,思政课作用不可替代,是新时代党的历史使命对思政课的强烈呼唤。

滕跃民指出,学校召开此次思政课教师座谈会是落实习近平总书记在思政课教师座谈会上的讲话精神的重要体现,也是对学校"三全育人"工作的重要推动。我校思政课取得了不少成绩,今后要结合深化学校"课中课"教学成果,重视课程思政的作用,在人才培养中具体落实立德树人的根本任务。

陈斌从四个方面对我校思政课建设提出要求:一是提高站位、增强认识。思想政治理论课是落实立德树人根本任务的关键课程,要把思想认识和行动统一到习近平总书记重要讲话精神上来,要把任务目标和举措对标到用习近平新时代中国特色社会主义思想铸魂育人上来,形成全校一起努力办好思政课、教师认真教好思政课、学生积极学好思政课的良好氛围。二是加强学习、提高水平。教育教学工作要整体规范推进,加强教学管理。学校将出台政策,拿出举措,把资源条件和保障集中到发挥思政课教师积极性主动性创造性上来,建设优质教师队伍。同时也要求管理科学化、教学规范化,从课件、教案等到教学组织等活动严格按照学校制度有序进行。三是改革教学模式,坚持守正创新。育人工作中,保留好办法,探索新办法,教学中可以结合学生所学专业、注入信息化技术等手段提高教学质量,形成好的模式引领示范。四是形成合力、齐抓共管。发挥已有的专兼职队伍优势,辐射教师成长过程中的传帮带作用。同时学校也会创造条件,给予政策倾斜,共同促进思政课教师成长,理直气壮建设好思政课。

此次思政课教师座谈会的召开,表明学校对思政课建设的高度重视,思政课教师也深受鼓舞,纷纷表示将积极进取,奋发向上,讲好思政课,努力培养好担当民族复兴大任的时代新人,结合学校的发展和人才培养目标,培养德智体美劳全面发展的社会主义建设者和接班人。

思政教研部党委(校长)办公室供稿

关于2019年度课程思政项目建设的通知

教务处　2019-04-23

各系(部)：

为深入贯彻全国高校思想政治工作会议精神，落实《关于构建上海高校课程思政教育教学体系的实施意见》等文件的要求，推动党的十九大精神进教材、进课堂、进头脑，结合我校应用技术型人才培养目标，特制定本方案，扩大课程思政试点范围。通知如下：

1. 继续推进2017、2018年度课程思政试点的课程。在知识传授、技能培养中实施价值引领，全方位育人。

2. 2019年深化拓展课程思政建设，培育和建设高职教育的课程思政"金课"。每个系部(包括基础部)至少推荐申报3门以上试点课程。建设课程思政的品牌课程，打造课程思政"金课"，在职业教育领域引领示范。

3. 学校各职能部门支持配合，系部领导充分重视，鼓励和发挥教师的言传身教作用，推动专业课程、基础课程的教学效果，提升育德意识和育德能力，进而实现学校其他课程和思政课同向同行的协同效应。在课程方案设计和课程建设中，各位教师应因地制宜、恰到好处和有选择地结合课程思政"三寓三式"和快乐教学"五化五式"(见注解)的要求，进行课程思政的方案设计，同时鼓励老师构建新的范式。

4. 在建设试点课程过程中，通过改进教学设计及教师自身的潜移默化、人格魅力、教育教学态度等方式促进育人；推动教材内容转化教学内容、倡导专题教学和新媒体技术手段，循序渐进地推动课程改革和教学效果，教育效果上着力体现"德智技并进"。如可以把爱国主义、理想信念、道德品质、知识见识、综合素养等加入教学设计当中。

5. 请各系部组织推荐,5月10日(周五)前完成申报,将相关申报材料纸质版(一式一份)及其电子版报送至邮箱463920950@qq.com。教务处和学校课程思政教学改革办公室将组织评审,经学校讨论通过后实施,入选课程给予课程建设经费资助。

注解:

课程思政"三寓三式":寓道于教、寓德于教、寓教于乐;画龙点睛式、专题嵌入式、元素化合式。

快乐教学"五化五式":情景化、形象化、故事化、游戏化、幽默化;启发式、互动式、讨论式、探究式、案例式。

教务处思政教研部

2019年4月22日

长三角思政课协作交流会在我校举行

2019年3月26日上午,长三角思政课协作交流会在学校第二会议室举行(图5)。全国高职高专思政课建设联盟会长、教育部思政课教指委高职高专分委副主任陈旭东,南京信息职业技术学院党委书记王丹中、马克思主义学院副院长邢玲,安徽芜湖职业技术学院党委书记汪斌、思政部主任杨婉玲,浙江金融职业学院党委副书记王琦、马克思主义学院院长邹宏秋,上海民航职业技术学院党

图3-5 长三角高职高专思政课协作交流会

委书记、上海高职高专思政课建设联盟副会长戴志刚,上海电子信息职业技术学院党委书记、上海高职高专思政课建设联盟副会长田钦,上海交通职业技术学院党委书记、上海高职高专思政课建设联盟常务副会长董晓峰,全国高职高专思政课建设联盟副会长、上海高职高专思政课建设联盟会长、学校党委书记顾春华出席了会议。上海市思政课教指委"基础"课分委委员、学校思政教研部主任马前锋主持了研讨会。

顾春华对与会嘉宾的到来表示感谢。顾春华指出,加强长三角思想政治理论课教学的紧密合作,是对习近平总书记在学校思想政治理论课教师座谈会讲话精神的贯彻和落实,是对长江三角洲区域一体化发展的国家战略的认识和行动,对于打破阻碍资源流动的体制机制壁垒、办好思想政治理论课,有很好地推动作用。长三角思政协作是一个很好的协作共享平台,在这个平台上可以进行多样化的探索,促进思政教师教学能力和教学水平的提升。陈旭东肯定了上海高职高专思政课建设联盟的工作,他表示,上海高职高专思政课建设联盟组织的专题教学示范课巡讲活动有活力、聚焦了一线教学,取得的成效在行业有目共睹。

研讨会上,三省一市代表积极踊跃发言,在建设长三角思政课协作一体化的内容和模式等方面达成共识:长三角思政课教学协作,一方面可以面向学生,开展思政课教师巡讲活动。巡讲内容既可以是思政课教材的内容,也可以是围绕当前热点和焦点问题的专题性的内容。另一方面可以面向老师,开展思政课教师之间的合作。在一定的操作层面可以循序渐进实现"共建、共进、共享"。长三角思政课教学协作可以形成科学合理的运行体制和机制,保障长三角思想政治理论课教学协作切实有效、持续推进。

思政教研部供稿

用"西洋乐"演"中国戏"
——商务英语专业课程思政改革案例

我校商务英语专业自 2017 年首届招生以来,基础教学部英语教师积极探索改革专业课的传统课堂教学方法,把社会主义核心价值观、优秀民族文化、个人理想和家国情怀,润物细无声地融入专业课程教学中,不断尝试用"西洋乐"演绎"中国戏",传播中国文化,成为"课程思政"的推动者和践行者,建设成果不断涌现。

17 级商务英语专业学生每次长假回家,都带着社会调查任务。"年俗""家谱寻根",这些具有鲜明中国文化特色的实践课题,被学生用双语演绎得有声有色,提升了文化和民族自信。他们将优秀作品结集成册,印制 Call Me in Mandarin,成为校园热议的话题(图6)。

图 3-6　Call Me in Mandarin

商务英语专业学生走出课堂,用英语演绎"中国故事",在更大舞台推介民族文化。17级和18级商英学子合作,结合"英语视听说"教学,用外语和古装戏视频的形式,将极具版专情节的中华故事《蔡伦造纸》阐释得惟妙惟肖,最终获得上海高职高专院校"中国故事"英语视频大赛一等奖。

商务英语学生翻译协会结合"基础笔译"的学习,成功主办首届"商英杯"英汉翻译大赛,全校师生参赛热情极高,翻译稿件多达300多篇。赛事翻译篇目主题突出,紧跟时代主旋律,其中习近平总书记《我和大山》等翻译素材成为广大师生的热点首选。

商务英语专业教师结合专业特点,不是简单机械地课堂宣讲,而是要通过外语学习与实践,在教与学的活动中自然融入思想道德教育,既能坚定师生的理想信念,促进良好的学风教风建设,又能帮助学生以快乐的学习方式攻克专业课程的难点。今后老师们将继续努力,使外语教学的课程思政改革不断迈上新台阶。

常务副校长滕跃民赴思政教研部调研课程思政项目实施情况

2019年1月8日,常务副校长滕跃民赴思政教研部就课程思政建设项目的实施情况进行调研,思政教研部相关负责人及全体老师参加调研(图7)。

图3-7 常务副校长滕跃民调研课程思政建设项目实施情况

思政教研部负责人首先汇报了课程思政建设项目的开展情况。他表示,课程思政建设项目今年新增27门课,从立项、到中期考核,目前已经进入到验收阶段,全部课程按照规划在总结及课程视频制作的进展中。我校在课程思政建设的协作机制上进行了创新,在教务处课程思政建设领导办公室的指导下,思政教研部与相关系部进行了对接,直接参与从项目的立项到实施的全过程,做到了优势互补,达到了一加一大于二的效果并惠及其他课程。在总结课程思政建设经验的基础上,我校申报的"思政教育融入专业实训课的'课中课'同向同行模式创新与实践"的教学模式获上海市教学成果特等奖及国家教学成果二等奖。

滕跃民对思政教研部在我校课程思政项目建设中的发挥的作用表示了肯定。他认为,课程思政的研究要继续深入,不能躺在国家成果奖的功劳簿上,要在"三元三寓三式"的基础上制订系统和科学的标准和规范,要勇立全国课程思政的潮头。项目的验收需要考量到"快乐教学"的相关要求。滕跃民对课程思政的建设提出了两点要求:一是要立足于学生的感受在教学效果上下功夫。课程思政改革不能流于表面,必须是更容易让学生接受的,必须是更能增强学生的获得感的。为此课程思政建设还要继续在快乐教学的方式上诸如情景式、互动式、故事式等方面下功夫;二是我校课程思政建设一定要有清醒的进取意识,课程思政建设要未雨绸缪,为我校的学科发展和学校发展做出贡献。

思政教研部教务处供稿

星火燎原开创我校课程思政工作新局面
——我校召开2018年课程思政总结交流会

我校课程思政工作建设至今,始终坚持高标准、高起点打造精品课程,保持了我校课程思政工作在全国同类院校的引领地位,并受到了广泛关注和好评。为了进一步统一思想,总结经验,使我校课程思政建设工作再上新台阶,2018年12月25日我校召开全校课程思政总结交流会(图8)。全校各系部课程思政分管领导、课程思政项目负责人以及教务处、思政部有关领导和教师代表参加会议。常务副校长滕跃民出席会议并讲话。

图3-8 课程思政总结交流会

文化管理系教师来洁、基础教学部教师杨静、影视艺术系教师吴鑫婧、印刷包装工程系教师方恩印、出版传播系教师冉彬、吴旭君分别就各自课程思政建设工作做了经验交流。几位老师凭借深厚的知识功底和饱满的师者情怀，自觉地将党的教育方针润物无声地融入课堂，进入学生心里，使学生获得感大大增强。

滕跃民发表讲话。他认为，学校课程思政工作取得的成绩离不开大家的精心组织、精心准备。他强调，在课程思政建设中，要注意厘清思政课与课程思政的边界，在教学方法上避免生搬硬套、牵强附会，要注重"瓜熟蒂落、水到渠成、因地制宜、顺势而为"的自然生成特点，在润物无声中实现潜移默化。同时，课程思政的关键是要与师德建设、学风建设以及课程难点的攻克相结合，要打破"孤岛"式教育，落实"三全育人"理念，将思政教育落细落实。

随着我校课程思政工作进一步的推进，必将在广大师生中间形成联动效应，营造积极向上的风气，为学校新的发展提供源源不断的精神动力。

思政教研部教务处供稿

党委书记顾春华参加教学工作例会

2018年11月21日,学校在水丰路校区综合楼第二会议室召开教学工作例会(图9)。党委书记顾春华、常务副校长滕跃民出席,教务处及各系部相关负责人参加会议。会议由滕跃民主持。

图3-9 学校教学工作例会

会上,教务处相关负责人分别就正在开展的各项常规与实践教学工作进行布置与安排,对期中教学检查工作、三年行动计划2018年绩效数据采集工作、教学诊改论文工作、实验室验收工作、内涵经费执行进度、质量报告撰写工作、自主实习安全问题等进行了布置。教务处处长汪军强调了最近的工作重点,要求做好教学排课、实习管理以及三年行动计划验收等工作。

滕跃民指出，长期以来我校在教学改革方面取得了丰硕的成果，在上海高职高专阵列中是公认的"排头兵"，课程思政改革等在上海及全国的高职高专院校中处于领先的地位。近日我校举行了首次文化IP研讨会、首次人工智能教育研究沙龙，都是我校培养适应当下科学技术和产业发展需要和趋势的技术技能人才的改革举措。他指出，对于巡视中发现的教学管理方面的问题，要认真对待，及时整改，持续不断地推进教学改革。

顾春华讲话指出，教育教学要紧跟社会发展形势，目前高职高专都存在资源共享、课堂教学效果等方面的共性问题。学校需要加强教学研究，需面向行业企业的发展要求对专业建设进行研究，要充分调动教师开展教学改革的积极性。顾春华要求大家落实市委巡视组的有关要求，积极整改巡视所发现的教学管理中的问题，并对开设重修班的工作做出了重要指示。最后他号召大家统一思想，时不我待，举一反三，加大对课程考核制度的改革力度，从根本上提高人才培养质量，为学校的人才培养工作作出更大的贡献。

教务处供稿

我校参加全国高职高专院校思政课建设联盟第六届工作年会

2018年11月14—17日,全国高职高专院校思政课建设联盟第六届工作年会在黄河水利职业技术学院召开(图10)。全国各省市近400名思政课骨干教师与会。作为联盟副会长单位,党委书记顾春华、思政教研部主任马前锋、思政教研部党支部书记王永秋受邀参会。在联盟理事会上,顾春华当选联盟副会长,马前锋当选联盟副秘书长。

教育部社科司原司长、教育部高职高专思政课教指委主任徐维凡出席会议并作专题报告。徐维凡分析了当前高校思政课发展的机遇,对高职高专思政课

图3-10 全国高职高专院校思政课建设联盟第六届工作年会

建设联盟的工作和成绩表示感谢。同时重点谈到思政课教育教学改革,要求思政课教师将文件语言转化为教学语言,在专题化教学、实践教学、网络教学、案例教学以及教师队伍建设等方面有所作为。徐维凡在讲话中赞赏了我校思政课专题化的教学探索实践,也对我校的课程思政探索表示了认可和关注。

思政教研部供稿

学校召开课程思政项目启动会议

2018年9月18日,我校课程思政项目推进会在水丰路校区综合楼四楼第一会议室召开(图11)。校党委书记顾春华、常务副校长滕跃民出席。教务处、思政教研部相关负责人、思政教研部全体教师及参与此次课程思政项目的各院系教师参加会议。会议由思政教研部主任马前锋主持。

图3-11 课程思政项目推进会

会上,四位优秀教师代表介绍了各自所主持的课程思政项目实施情况。这些项目充分反映了我校前期课程思政改革的理念、经验和成果积累。

顾春华对课程思政工作提出了三点要求:一是课程思政改革的目标是要紧

扣未来30年的"两步走"战略,培养民族复兴所需要的合格接班人;二是课程思政改革是"放盐",起的是画龙点睛的作用,不能把所有的课都变成思政课。三是任课教师要抓住课程思政改革的机遇,积极投身于课程思政的改革实践,在推动课程思政改革的同时促进自身发展。

滕跃民对各位老师在课程思政改革上的取得成绩表示肯定。他认为,各位老师不仅很好地吸收了前期课程思政改革的成果,又有新突破、新亮点。滕跃民要求各位老师在课程思政的后续推进中,继续秉持我校"快乐教学"的改革理念,根据各课程的特点深入挖掘其中的思政元素,从而在知识、能力的传授过程中,潜移默化地实现价值引领,使我校课程思政改革再上一个新台阶。

最后,校领导为此次课程思政项目的教师代表颁发了立项证书。

思政教研部　教务处　供稿

关于公布第二期课程思政改革试点评审结果的通知

教务处　2018－06－29

为深入贯彻全国高校思想政治工作会议精神,落实《关于构建上海高校课程思政教育教学体系的实施意见》等文件的要求,推动党的十九大精神进教材、进课堂、进头脑,结合我校应用技术型人才培养目标,经个人申报、系部推荐、专家评审,在第二期课程思政改革试点中,决定对费越的"广告创意摄影"等15门课程为重点建设课程,方恩印的"静电照相印刷"等7门课程为重点培育课程,傅冰的"经济学基础"等5门课程为培育课程。

立项课程名单如下:

重点建设课程				
序号	开课系部	课程负责人	职　称	课　程　名　称
1	出版与传播系	费　越	副教授	广告创意摄影
2	印刷设备工程系	陈　昱	讲　师	印刷机械基础
3	基础教学部	唐桂芬	副教授	实用英语
4	基础教学部	陆雯婕	讲　师	体育与健康课程
5	印刷设备工程系	孙　敏	高级工程师	Web 设计与编程
6	基础教学部	薛中会	副教授	工程数学
7	出版与传播系	张　翠	副教授	广告原理与实务
8	出版与传播系	姜　波	讲　师	网络媒体策划
9	文化管理系	来　洁	讲　师	文化创意与策划实务

续 表

重点建设课程				
序号	开课系部	课程负责人	职 称	课程名称
10	文化管理系	陈 群	讲 师	电子商务与网络营销
11	基础教学部	杨 静	讲 师	基础英语视听说
12	印刷设备工程系	马静君	副教授	工程制图
13	印刷设备工程系	周东仿	高级工程师	网络管理软件应用
14	印刷设备工程系	栾世杰	讲 师	机械制造技术
15	影视艺术系	李 灿	讲 师	电视专题片创作
重点培育课程				
序号	开课系部	课程负责人	职 称	课程名称
16	文化管理系	颉 鹏	助 教	中国书画
17	印刷包装工程系	方恩印	讲 师	静电照相印刷
18	文化管理系	易钟林	讲 师	媒介经营与管理
19	影视艺术系	孙蔚青	助 教	影视导演基础
20	出版与传播系	吴旭君	讲 师	中国文化通论
21	出版与传播系	王李莹	讲 师	数字出版物界面艺术设计
22	印刷包装工程系	杨晟炜	讲 师	网页设计与制作
培育课程				
序号	开课系部	课程负责人	职 称	课程名称
23	文化管理系	傅 冰	副教授	经济学基础
24	文化管理系	余陈亮	助 教	设计基础
25	文化管理系	李雨珂	助 教	管理会计实务
26	印刷设备工程系	王 琳	工程师	印刷机维护与保养
27	印刷设备工程系	付婉莹	副教授	印刷市场营销

学校召开课程思政工作例会

为深入贯彻落实全国和上海高校思想政治工作会议精神,进一步推动学校课程思政改革工作,2018年6月11日学校召开了课程思政改革工作推进会,常务副校长滕跃民、组织宣传部、教务处及各系部负责人出席了此次会议(图12)。会议由滕跃民主持。

图3-12 课程思政改革工作推进会

推进会上,思政教研部主任马前锋就上海市各高职院校的课程思政开展状况做了介绍,对我校的课程思政试点项目相关工作进展进行了汇报并提出相关工作建议。教务处长汪军强调,前期课程思政试点项目工作取得了较好的成效,推动了教师的育德意识和育德能力。后期在教学工作中继续探索思政内容如何融入课程、有效嵌入,起到潜移默化的作用。各系部也分别就后期的工作开展进行了交流。

最后,常务副校长滕跃民总结发言,他指出课程思政改革中将思想政治教育融入高校课程,目的是"知识传授与价值引领相结合"。课程思政改革是一项长期的、重要的工作,各系部应加强课程思政的宣传,将"第一课堂"和"第二课堂"相结合,有效推进课程思政改革的各项工作。他指出,我们是全国课程思政改革的先行者和开拓者,已经在全国高职高专战线产生了广泛的影响,我们要继续保持领先地位,不断深化"五项负面清单""画龙点睛""专题嵌入""元素化合"等三种模式的研究,勇立全国高校课程思政改革的潮头。

目前,我校各系部教师都积极参与了课程思政改革的申报工作,后期在课程思政建设中将有针对性地对各系(部)相关的教师进行的培训,指导教师更好地开展课程思政工作。学校也将进一步推进课程思政试点项目的实效性,将思政内容更充分地融入教学设计的课程大纲及教案中,并扩大课程思政试点的范围。

教务处供稿

关于启动课程思政改革第二期试点工作的通知

各系(部)：

为深入贯彻全国高校思想政治工作会议精神，落实《关于构建上海高校课程思政教育教学体系的实施意见》等文件的要求，推动党的"十九大"精神进教材、进课堂、进头脑，结合我校应用技术型人才培养目标，经学校党委同意，现开启课程思政改革第二期项目建设，进一步扩大课程思政试点范围。相关事宜通知如下：

1. 2017年度启动的第一期试点的8门课程继续推进。

2. 2018年扩大试点课程范围。每个系部至少推荐申报3门以上试点课程。在知识传授、技能培养中实施价值引领，全方位育人。

3. 发挥教师的言传身教作用，推动其他专业课程的教学效果，进而实现学校其他课程和思政课同向同行的协同效应。

4. 在建设试点课程过程中，通过改进教学设计及教师自身的潜移默化、人格魅力、教育教学态度等方式促进育人；推动教材内容转化教学内容、倡导专题教学和新媒体技术手段，循序渐进推动课程改革和教学效果，教育效果上着力体现"德智技并进"。

5. 请各系部组织推荐，3月30日(周五)前完成申报，将相关申报材料纸质版(一式两份)及其电子版报送至教务处。教务处和学校课程思政教学改革办公室将于4月13日前组织评审，经学校讨论通过后实施，入选课程给予课程建设经费资助。

联系人：张玉华(65687871) 张婷(65686792)

教务处思政教研部
2018年3月14日

常务副校长滕跃民赴基础教学部与思政教研部作课程思政专题调研

教务处　2018-03-19

2018年3月13日下午,常务副校长滕跃民赴基础教学部与思政教研部作课程思政专题调研,并就课程思政的实施和后续改革探索做了专题辅导(图13)。基础教学部与思政教研部全体老师参加调研会。

图3-13　常务副校长滕跃民专题调研并辅导课程思政的实施与改革

滕跃民着重介绍了课程思政"润物无声、潜移默化"的改革设计思路,以及后续改革研究探索的"五项负面清单""四向框架"和"八个维度"。"道、法、术、器"的改革探索与"四向框架"既概况了我校课程思政改革的阶段性成果,也涵盖了校领导对我校课程思政工作后续推进和研究探索方向的理论性思考,为我校课程思政工作的后续推进指出了方向,为后续研究探索拓展了空间。

在此次专题辅导的最后,滕跃民对基础教学部与思政教研部如何继续推动课程思政改革,进行工作提炼与理论探索提出新的要求。

会后,基础教学部和思政教研部根据要求进行了专门讨论和部署。大家认为通过此次专题辅导,既学习了实用的案例,又开拓了研究思路,也是两部门将十九大精神落细落实的一次探索实践。

基础教学部、思政教研部　供稿

设置校内思政教育课题,推进课程思政建设

习近平总书记在全国高校思想政治工作会议上强调,要用好课堂教学这个主渠道,各类课程都要与思想政治理论课同向同行,形成协同效应。上海市近年来推行的"课程思政"改革提供了一套有价值、可推广的"上海经验",我校作为课程思政的重点培育院校,积极进行了课程思政建设探索,思政教研部与规划科研处共同设置校内思政教育课题,力求为课程思政的建设提供科研支撑。

2018年3月,为了更好学习宣传习近平新时代中国特色社会主义思想和"十九大"精神,系统推进高职思政课和课程思政的建设,思政教研部会同规划科研处设置了"2018年度思想政治教育校内课题"。本次校内思政课题鼓励其他专业老师开展课程思政研究,将习近平新时代中国特色社会主义思想融入专业教学中,为培养学生正确的世界观、人生观、价值观打下基础。学校各系部各专业教师表现踊跃,积极申报。经过最终评选,有6项课题获得重点资助,17项课题获一般资助,另有13项课题作为培育项目(见下表)。

2018年度思想政治教育校内课题项目表

序号	项目编号	项 目 名 称	项目负责人	立项情况
1	18SZZD01	"大思政"视阈下思政课实践教学机制研究	王永秋	重点资助
2	18SZZD02	高职院校印刷包装类专业教育融入思政教育元素路径及成果研究	石利琴	重点资助
3	18SZZD03	高职高专院校大学生思想政治教育协同育人机制与路径策略研究	韩 锋	重点资助
4	18SZZD04	职业素养教育融入思政课研究	陈 挺	重点资助
5	18SZZD05	"健康中国"中的学校体育与思政教育	潘世俊	重点资助

续　表

序号	项目编号	项目名称	项目负责人	立项情况
6	18SZZD06	英语课堂中的民族精神探索	沈联	重点资助
7	18SZYB01	工匠精神融入思想政治教育的价值与路径研究	郭凯	一般资助
8	18SZYB02	"微思政"模式下高校辅导员队伍建设探析	贾洪岩	一般资助
9	18SZYB03	社会治理创新背景下高校思政课社会实践改革探索	陈志英	一般资助
10	18SZYB04	课程思政的"道、法、术、器"四向框架实施路径研究	郝红梅	一般资助
11	18SZYB05	英语专业课中思政教育的同向同行协同机制研究	杨静	一般资助
12	18SZYB06	高校辅导员与思政教师队伍同向融合建设探究	姚瑞曼	一般资助
13	18SZYB07	商务英语专业教师与思政教师协同育人路径研究	唐桂芬	一般资助
14	18SZYB08	新时代高职高专数学课协同育人研究	薛中会	一般资助
15	18SZYB09	习近平文化传播思想研究	冉彬	一般资助
16	18SZYB10	朋辈教育视阈下加强学生干部队伍建设——以上海版专为例	郑家英	一般资助
17	18SZYB11	"双微"英语平台在高职高专院校思政教育中的影响研究与实践	龚珍蕾	一般资助
18	18SZYB12	"互联网+"背景下高职思政课信息化教学探究	黄忠	一般资助
19	18SZYB13	影视艺术课程中的显性思政与隐性思政功能的运用研究	李灿	一般资助
20	18SZYB14	专业课融入思政教育元素的路径研究——以《电子商务》课程为例	陈群	一般资助
21	18SZYB15	富技术时代高校思想政治教育	李强	一般资助
22	18SZYB16	职业技能大赛选手心理训练模式研究	袁艳芳	一般资助
23	18SZYB17	新形势背景下提升高校职业素养教育与思想政治教育实效性路径探究	姚瑾	一般资助

续　表

序号	项目编号	项　目　名　称	项目负责人	立项情况
24	18SZPY01	"微时代"背景下高校网络心理健康教育机制建构	刘慧娟	培育项目
25	18SZPY02	高职院校视角下的工匠精神培育研究	黄嘉悦	培育项目

科研是教学的"源头",没有科研支撑,课堂教学就会失去活力。著名科学家钱伟长曾指出"教学没有科研做底蕴,就是一种没有观点的教育"。思政教研部开展的思政教育校内课题已经举办两届,取得了显著教学成果。王永秋老师的"思政教育中'第三课堂'实效性研究"课题,其科研成果已经为开设"尚诚小铺"、创立"研习社"等课程思政方式提供了理论支撑。今后,思政教研部将继续探索"以科研带到教学,以教学促进科研"的新模式,更好地实现教科联动。

思政教研部供稿

2017年课程思政系列报道之十三:
"课中课融汇,德智技贯通"

——学校召开2017年专业课课程思政改革总结会

2017年12月20日,学校专业课课程思政改革总结会在营口路校区召开(图14)。常务副校长滕跃民出席了此次总结会,教务处副处长孟仁振、思政教研部副主任张玉华、课程思政改革试点课程教师参加了会议。会议由思政教研部主任马前锋主持。

会上,葛惊寰、冉彬、王莹、张静依次交流了"印刷过程与控制""传播学概论""艺术鉴赏""财经法规和会计职业道德"等课程的建设成果。"印刷过程与控制"

图 3‑14 2017课程思政改革总结会

将唯物主义辩证法引入课程,使得学生在理解印刷过程中的水墨平衡原理时更加容易,懂得了系统、全面、发展的思维模式,进而提升了职业素养。"传播学概论"将红色文化的传播案例引入课堂,引入经典的传播途径,为进一步建构该课程的中国话语体系提供契机。"艺术鉴赏"凝聚了美术、音乐、书法等领域的优质教学资源,为学生提供优质的教学课程,挖掘中国传统的民族艺术内涵,助推提升文化自信。"财经法规和会计职业道德"课程用社会主义核心价值观引领课堂教学,增强了学生的获得感。各门课程团队教师也纷纷表示:作为专业课教师通过建设课程思政项目,增强了立德树人的意识,也感知到为人师表的潜移默化作用。尤其是在接受了井冈山红色资源的培训研修以后,对"底线意识、讲台纪律"等有了深层的感受。一年来参与思政课程改革项目的老师积极探索专业知识传授与思想价值引领相融合的路径、深入挖掘专业课程中的思政要素,修订了教学大纲并拍摄了相关视频,取得了丰硕的成果。这些试点课程的建设,也推动了学校其他专业课程的供给侧改革,改进教学方法,提升教学效果,促进了合力育人成效。

最后,滕跃民发表讲话,他充分肯定了2017年课程思政的建设成果,认为成绩的取得离不开课程思政老师们的积极努力。他提出了课程思政的三种创新性类型——画龙点睛式、专题嵌入式、元素化合式,并用"课中课融汇,德智技贯通"来概括我校课程思政的特点。我校的课程思政建设在校内和校外的交流展示为其他高校同行提供了借鉴,获得了好评。滕跃民在上海市教委组织的交流会上的发言也获得了广泛肯定和赞誉。他勉励课程思政试点团队教师要再接再厉,继续探索专业知识传授与思想价值引领的新模式,扩大课程思政的试点,在2018年取得更好的成绩。

思政教研部供稿

2017年课程思政系列报道之十二：学校举行首次课程思政教学展示会

为了进一步总结和推进课程思政改革，2017年10月13日下午我校举行首次课程思政教学展示会。教务处、各系部领导、学校专业带头人、教研室主任参加了此次会议。上海济光学院、上海思博职业技术学院、上海立达职业技术学院等兄弟院校思政课教师也莅临我校参加了此次会议。上海市教委德育中心王振雷参会观摩观摩，常务副校长（学校课程思政改革领导小组副组长、课程思政改革办公室主任）滕跃民出席会议并讲话。

本次展示会包括思政示范课、三大专业群、艺术素养课在内的课程，由张玉华、王莹、程士元、葛惊寰、王红英、冉彬等6名老师进行课程展示。展示的主题包括"践行工匠精神、共筑中国梦想""钢琴协奏曲〈黄河〉""艺术鉴赏的方法——

图3-15　2017课程思政教学展示会

对比的看""平版胶印中的水墨平衡""社会主义核心价值观与依法会计核算"《框架》等。在展示会前6位老师都做了充分的准备,精心设计和多次修改。在展示过程中,老师们精神饱满,声情并茂,内容引人入胜。教务处处长(学校课程思政办公室副主任)汪军、学校课程思政改革领导小组秘书长马前锋分别给予了精彩的点评。

最后,常务副校长滕跃民发表讲话。他对这次展示活动给予了充分的肯定,认为老师们积极开展课程思政改革,充分挖掘了专业课中的思政元素,将德育与智育有机融合在一起,取得了很好的效果。此次展示课程涉及工、文、艺等专业,谱写了一曲美妙精彩的课程思政协奏曲。滕校长希望老师们要以此为新的起点,再接再厉,不断深化课程思政的教学改革,并以点带面,在全校全面开展,真正实现全员全过程全方位育人。

学校各专业带头人、教研室主任也感同身受,认为此次的展示活动做了很好的示范,纷纷表示要带领教师深入挖掘专业知识传授和技能培养过程中的德育素材,努力培养高素养的职业技能人才。

教务处、思政部供稿

2017 年课程思政系列报道之十一：
高温酷暑铸造"课程思政"合金钢
——学校召开课程思政暑期推进会

2017 年 7 月 12 日上午,课程思政推进会在综合楼第二会议室召开(图 16)。教务处及各系部课程思政负责人及团队成员参加会议,学校常务副校长滕跃民出席会议并讲话。

推进会首先由学校课程思政领导小组秘书长马前锋教授解读我校课程思政建设方案草案,并对具体课程标准、课程设计实施和最终成果做详尽的说明。与会人员积极进言献策,展开热烈讨论。大家一致认为,要进一步精细化相关课程

图 3-16　2017 课程思政推进会

的大纲和课程设计,保质保量地完成任务,努力把本课程打造成精品课程。

我校的课程思政建设项目已被上海市教委列为上海市重点培育项目。学校重点培育"艺术鉴赏""传播学概论""印刷过程与控制""财经法规和会计职业道德"等4门试点课程,推动专业知识传授与思想价值引领相融合。

最后,常务副校长滕跃民发表讲话。他对各团队前期工作给予了肯定,并对下一阶段工作提出了新的更高要求。他说,我们的课程思政建设走在高职院校的前列,下一阶段工作要在巩固我校思政课现有领军地位的同时,全力提升我校专业课程与思政教育的融合度。要紧紧抓住当前"快乐教学"的有效途径,逐步形成"三位一体"的思政教育模式,达到德智相融的最高境界。各门试点课程要深入挖掘专业知识传授和技能培养过程中的德育素材,传道授业解惑,诠释大学之道。相关部门也要树立精品意识,发挥精准、精细、精确的精神,以高度的责任感和责任心进一步完善并完成相关建设工作,群策群力,保证我校课程思政建设工作的胜利完成。

各位课程负责人及建设团队成员也纷纷表示,一定会按照工作部署和时间节点出色完成各项任务。即使牺牲个人假期,也要优先完成课程建设的相关工作,保证下学期课程思政工作的顺利实施。

教务处、思政教研部

2017年课程思政系列报道之十：
校党委书记刘道平赴印刷设备工程系调研课程思政工作情况

2017年7月5日下午，校党委书记刘道平赴印刷设备工程系调研课程思政工作的开展情况。党委（校长）办公室副主任高雪玲、印刷设备工程系党政领导及教师代表参加会议（图17）。

图3-17 党委书记刘道平调研印刷设备工程系课程思政工作开展情况

刘道平首先对印刷设备工程系本学期克服重重困难，顺利完成水丰路校区搬迁至营口路校区工作，且在专业建设、教育教学、学生工作等方面取得的成绩表示肯定。随后，他围绕全国和上海市高校思政工作会议精神落实情况、课程思政改革开展情况等方面,与老师们进行了深入的交流和探讨。刘道平强调,做思政工作,易疏不易堵。做思政工作,不能简单粗暴。只有走进学生,才能做好思政工作。思政教育要体现出润物细无声。

刘道平指出,课程思政在融入工科教学的过程中,要把握工科教学的特点,遵循"实践—理论—再实践"的认识规律,帮助学生形成正确的"三观";要将教材内容转化为教学内容,可通过小视频、小故事、慕课等方法和手段把教材内容做个整合。他要求老师们要积极开展应用研究,要结合学科的内容和企业的需求找到切入点,发挥教师的特长。特别是要密切学校与企业的合作以及密切关注科研发展的方向。

最后,印刷设备工程系领导表示,全系要深刻领会刘道平的讲话要求,并以此为契机,积极探索课程思政的新要求、新方法和新模式。

印刷设备工程系供稿

2017年课程思政系列报道之九:
校党委书记刘道平到影视艺术系调研课程思政工作情况

2017年7月4日上午,校党委书记刘道平赴学校影视艺术系调研课程思政工作的开展情况(图18)。影视艺术系党政领导与全体教师参加会议。

刘道平首先就影视艺术系本学期在课程建设、教育教学、学生工作等方面取得的成绩表示肯定。同时,他提出影视艺术系今后在教育教学工作中要更加突出课程思政的特点,将思政教学以春风化雨、润物无声的方式融入专业教学过程当中,注重知识传授与价值引领相结合,引导学生自觉抵制各种社会思潮的影响,增强辨别能力和文化自律意识。随后,他结合课程思政的特点,从三个方面

图3-18　党委书记刘道平调研影视艺术系课程思政工作开展情况

对今后系部的教育教学和课程改革提出要求：一是创新教学方式，注重以中外对比的教学方法来体现中华传统文化底蕴、彰显中华民族的文化自信，注重文化育人；二是试行课程设置问教于生，推进专题化教学和精细化教学模式，着力打造课堂学习竞技场，始终坚持因材施教、教学相长的教育原则，以学生兴趣为导向，注重教书育人；三是继续推进专业社团建设，以专业教师为指导、以社团为载体助推学生实践学习、开展实践活动，注重实践育人。

最后，影视艺术系主任王正友表示，今后系部教学工作将继续探索创新课程思政的新方法和新模式，通过开展系部课程思政教育教学研讨会探索课堂模式、考试形式、校企合作方式的三种创新，着力加强交流、寻求突破。艺术设计与影视艺术联合党总支书记金伟提出以挖掘学校历史、文化名人为突破口，发挥系部学生的专业特长，以潜移默化的方式对学生进行思想教育，培养版专精神。

影视艺术系供稿

2017年课程思政系列报道之八：
弘扬"课中课"品牌效应，再立课程思政改革潮头
——学校召开课程思政推进会

2017年6月14日下午，课程思政推进会在我校综合楼第二会议室召开。学校常务副校长滕跃民出席会议，出版与传播系主任张文忠、教务处副处长苏颖怡、课程思政领导小组秘书长马前锋、影视艺术系副主任肖澎等系部职能部处、课程思政建设团队相关教师参加了会议。推进会由学校课程思政领导小组副组长、课程思政指导委员会主任滕跃民主持。

我校的课程思政建设项目已被上海市教委列为上海市重点培育项目，该项目是我校贯彻落实全国、上海市高校思想政治工作会议精神的成果体现。学校重点推出了"艺术鉴赏""传播学概论""印刷过程与控制""财经法规和会计职业道德"等4门试点课程，推动知识传授与价值引领的融合。推进会上，与会的领导和教师开展了热烈的讨论，并表示积极配合和落实学校课程思政项目的建设。

滕跃民对前期相关教师的努力工作给予了肯定，并对以后的工作提出了新的要求。他希望学校有关部门和广大老师要进一步提高认识，在党委的领导下，不断深入开展课程思政的改革。他指出，我们的课程思政改革走在全国的前列，在大力开展思政课改革的同时，要推广"课中课"的经验，加大对综合素养课、专业课的改革力度。2016年我们率先在课程建设和专业建设的立项中提出了对思政道德、人文素养和职业操守(三大素养)的要求，当前我们要考虑如何科学深入地推进这项工作。课程思政的关键是在专业知识传授和技能培养的同时，以润物无声的方式传递价值引领的内涵，潜移默化，精准发力，发挥点睛的作用。这就需要我们开展内容创新，做好育人教学顶层设计，把综合素养课、专业课的知识点技能点，与政治方向、思想引领，价值引导和德育内涵的知识点进行深层

次的融合或化合,其融合物或化合物应该是富有新意的案例、故事、任务等,而不是专业课和思政课内容的简单叠加,更不能扯二张皮。我们还要进行方式方法创新,集全校出版、传媒、艺术学科中的优势资源和行业资源,融音乐、艺术、美术、影视、戏曲等手段,并引入快乐教学方法、虚拟现实等信息化手段。

最后大家纷纷表示,一定要进一步弘扬学校课程思政"课中课"教学成果,不断开拓进取、提炼总结,稳步推进,出色完成课程思政试点项目的建设任务,再立全国的课程思政改革的潮头。

教务处、基础教学部供稿

2017年课程思政系列报道之七：
阔步前行，谱写思政课实践育人新篇章

——思政课召开社会实践研讨会

习近平总书记说："道不可坐谈，德不能空谈。于实处用力，从知行合一上下功夫。"思政课作为高校培养社会主义建设者和接班人的主渠道、主阵地，要达到这一要求，必须在夯实理论教学的同时，精细化实践教学环节，发挥实践育人的作用。近年来，我校思政教研室狠抓学生社会实践教学工作，取得了一系列丰硕成果。

2017年6月13日下午，本年度思政课社会实践研讨会在第一会议室召开。学校常务副校长滕跃民出席会议，基础教学部和教务处、学生处、后勤保卫处及相关系部领导及思政教研室老师和学生代表参加会议。会议由思政教研部马前锋教授主持(图19)。

图3-19 2017思政课社会实践研讨暨表彰会

会上，基础教学部教师张玉华介绍了近年来思政部学生社会实践工作概况以及下一步工作设想。之后，16级机电一体化专业的项锐同学和16级影视动画专业的陈逸凌同学分别做了交流发言。项锐团队的"诚信小铺"项目自4月份运行以来,获取了大量有价值数据,为我们下一步的诚信教育提供了有力的实证支撑。会上,还为2016—2017学年优秀社会实践学生、优秀指导教师颁发了荣誉证书和奖品。与会师生还就思政课社会实践教学展开了研讨,大家一致认为社会实践一定要与现实结合、与专业结合,在社会实践中锻炼能力,陶冶情操。

最后,滕跃民讲话。他充分肯定了学生社会实践取得的成果,指出开展社会实践活动是提升和改进思政教学工作的重要内容,要坚持理论学习和实践锻炼"两条腿"走路。他勉励教师和同学们要扎实做好社会实践工作,要迎难而上,增强调查研究的能力,培养探究问题的敏锐度,在社会实践中观察社会,思考问题,从而坚定理想信念。他还希望思政课教师要锐意改革创新,继续拓展"课中课"实践教学融入模式,增强教书育人的使命感。

实践教学是思政课教育的延伸,也是思政教育的重要载体。思政部将继续深化改革,担负起我校思政教育的"排头兵",切实提高思政教育教学的实效性。

教务处、基础教学部供稿

2017年课程思政系列报道之六：
坚持育人为本，扎实推进课程思政建设
——我校印刷设备工程系2014级全体学生毕业设计（论文）答辩顺利完成

我校印刷设备工程系于6月6日—7日在营口路校区举行了2014级学生的毕业设计（论文）答辩会，共204余名毕业生参加了此次答辩。印刷设备工程系教师根据专业在不同的教室、实验室分批进行了此次毕业设计（论文）答辩。

印刷设备工程系领导高度重视毕业设计答辩工作，坚持育人为本，积极响应学校"课程思政"建设要求，严格按照学校教务处有关毕业设计管理规定要求，切实加强毕业设计环节的建设与管理，要求各位指导教师结合各专业特点，要把思想政治工作贯穿毕业设计（论文）指导的全过程，实现全程育人、全方位育人，推进课程思政教学改革和学科专业内涵建设。印刷设备工程系主任潘杰全程指导此次答辩工作，要求各专业教研室负责人提前落实各项毕业设计答辩的准备工作，在中期多次组织召开毕业设计汇报会议，关注学生毕业设计的进展，将思政素养、人文素养、职业素养渗透到毕业设计的指导过程中。同时为保证论文的质量，要求每个学生提供设计实物或相关佐证材料、数据，严把毕业设计质量关，提高人才培养质量，取得了显著效果。

印刷设备工程系的机电一体化技术专业、印刷设备及工艺专业、计算机信息管理专业、数字媒体设备管理专业的各教研室主任任答辩委员会小组组长，系骨干教师为答辩小组成员，并邀请督导专家参与答辩过程。答辩老师们一方面充分肯定了学生们设计中的创新之处，另一方面则是一丝不苟地为答辩的学生指出毕业设计（论文）中的不足之处和进一步改进提高之处，督导专家更是结合实际行业情况进行点评和斧正。

此次毕业设计(论文)答辩为毕业生们提供了一个实战性的平台,表现了同学们无限的创造力及实战能力,"课程思政"融入毕业设计(论文)指导,不仅提升教师思政育人的意识和能力,也是检验学生综合素质与实践创新能力,学生不少设计作品结合实际应用,有一定的市场推广价值,2014级机电一体化技术专业学生孙邵哲的毕业设计"全自动600g咖啡烘焙机"已经申请实用新型专利(图20)。

图3-20 2014级学生毕业设计(论文)答辩会

印刷设备工程系供稿

2017年课程思政系列报道之五：党委书记刘道平赴文化管理系调研课程思政教学改革工作

2017年6月1日,我校党委书记刘道平赴文化管理系调研课程思政教学改革试点工作,文化管理系所有教师参加了座谈会(图21)。

图 3-21 党委书记刘道平调研文化管理系课程思政教学改革试点工作

会上,文化管理系主任王红英教授就本系的课程思政的改革工作做了介绍,其中详细介绍了我校课程思政试点课程"财经法规和职业道德"工作开展情况,并表达了力争将这门课程打造为课程思政精品课程。文化管理系相关老师结合自身的专业教学和课程思政工作谈了自己的想法。

调研会上，刘道平强调，2017年是思政课教学改革的质量年，立德树人是学校的根本任务，提高育人质量是全体教职员工的职责所在，教师应该解放思想，深化教育教学改革，鼓励教师在教学内容、教学设计、教学技术手段运用方面大胆创新，采取不同的教学改革模式与组织方式来充分调动学生学习的主动性、积极性，有效组织课堂教学。在专业课中植入思政教学关乎社会道德培育、价值观引领以及中国传统文化认同，思政教育不应该狭隘的理解，其目的在于启明学生心智，让学生与社会、与整个世界和谐相处，每位老师都应担起思政教学改革的重任。

文化管理系供稿

2017 课程思政建设系列报道之四：
党委书记刘道平赴基础教学部调研课程思政教学改革工作

2017年5月31日，我校党委书记刘道平赴基础教学部调研课程思政教学改革试点工作。基础教学部直属党支部书记郑燕鸣及部分教师代表参加了座谈（图22）。

图 3-22　党委书记刘道平调研基础教学部课程思政教学改革试点工作

我校的课程思政试点项目方案在前期深入调研、统筹规划、充分酝酿基础上已经获得上海市教委立项，同时和上海理工大学一并列入"重点培育试点单位"。这是对我校思想政治教育工作及职业教育育人模式的肯定。

刘道平对我校课程思政教学改革试点团队的前期工作的付出也给予充分认可,并指出在"课程思政"的大背景下,课程教学改革要坚持以学生为中心,以教师为主导,积极推进学科专业内涵建设。他指出要达到让各类课程都能与思想政治理论课同向同行、形成协同效应的效果,思政课的教学改革必然是全校思政教育改革的排头兵,思政教师要勇于担当,积极进取,拓展"课中课"2.0版本。

刘道平要求总结"毛泽东思想和中国特色社会主义理论体系"的专题化教学的经验成果,并从这一经验成果出发,以解决学生学习中的难点和兴趣点为目标,发挥教学团队力量,通过集体备课等形式,深入认识和解构教材中不同专题的主要问题。通过优化教学内容设计、争取打造升级版的精品课程,达到提高教学效果的目的。做到课前有设计,课中有收获,课后有总结。刘道平还要求教师要自我调适,积极主动,收集学生反馈,为改进课堂效果提供支持材料。他还进一步要求教师们做好同城协作平台和展示平台的建设工作,为上海高职思想政治教育同城协作的开展做好平台建设工作。

座谈会上,马前锋就教育部职业素养课题问卷调研的进展情况做了汇报。与会人员结合问卷调研的进展情况做了充分的探讨,对课题调研的改进方案,以及课题的写作思路进行了梳理(图23)。

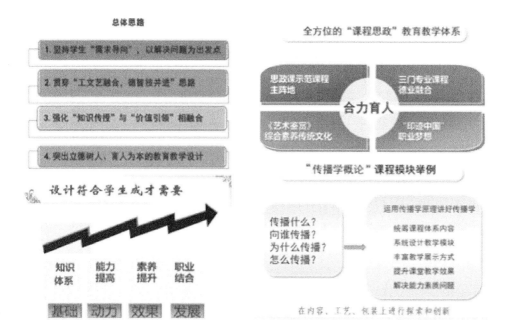

图3-23 教育部职业素养课题调研情况

本次调研工作,与会教师们深入领会了学校做好"课程思政"工作、勇挑上海高职思想政治教育"重担"的核心思想;全体教师将齐心协力,团结一致,从自身做起,推进课程建设,以实际行动落实全国和上海思想政治会议精神,在学校的技术技能型人才培养中作出应有的贡献。

基础教学部、教务处供稿

2017课程思政建设系列报道之三：常务副校长作"同向同行，教书育人"课程思政主题报告

学校召开"课程思政"辅导报告会，常务副校长滕跃民作了"同向同行，教书育人"的主题报告。参加本次会议的有6系1部负责人、专业带头人、教研室主任等骨干教师，会议由教务处处长汪军主持（图24）。

图3-24 课程思政辅导报告会

滕跃民在报告中首先强调了深入贯彻落实《中共中央国务院关于加强改进新形势下高校思想政治工作的意见》和习近平总书记在全国高校思想政治工作会议的重要讲话精神的重要性，指出"课程思政"教育在高等教育大众化阶段具有主导性引领性的重要意义，是我们促进学风教风建设的有力武器，是培养社会

主义合格建设者和可靠接班人的法宝。他要求老师们要积极落实党中央国务院文件的精神,秉持"全面思政教育、立体思政教育、创新思政教育"理念,坚持全员育人、全过程育人、全方位育人,开启"课程思政"建设的新高潮。他还指出,我们要在积极推进思政课改革的同时,要将思政素养、人文素养、职业素养渗透到包括通识课、专业课在内的各类课程中去,达到潜移默化、润物细无声的效果。要充分挖掘和充实各类课程的思政教育元素和资源,要做到各课程的知识点与三大素养的知识点进行有机融合,真正做到落细落小落微。最后他还要求学校在课程建设、专业建设等教改项目的申报和验收中,增加对三大素养落实培养的考核。

本次会议的召开,将有效推进学校"课程思政"教学改革试点工作的开展,加快建立"课程思政"体系的整体架构,促进"思政课程"向"课程思政"的创新性转化,实现专业授课中知识的传授与价值引导的有机统一,达到"以文化人、以文育人"的"课程思政"目的,真正做到习近平总书记所要求的"守好一段渠、种好责任田",在同向同行、形成协同效应方面,走出了一条具有版专特色的人才培养道路(图25)。

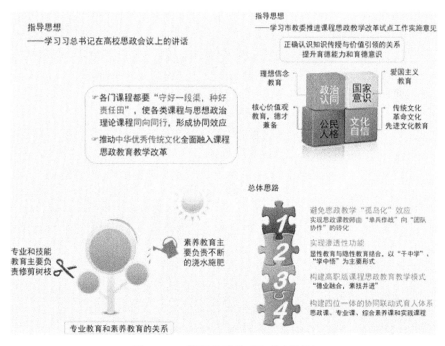

图3-25　课程思政体系架构(局部)

教务处供稿

2017课程思政建设系列报道之二：党委书记刘道平赴印刷包装工程系调研课程思政改革工作

图3-26 党委书记刘道平调研印刷包装工程系课程思政教学改革试点工作

2017年5月15日，我校党委书记刘道平赴印刷包装工程系调研课程思政教学改革试点工作。印刷包装工程系党政领导班子成员及部分教师代表参加了座谈（图26）。

座谈会上，刘道平首先传达了全国和上海高校思想政治工作会议精神。他指出，下一轮的课程改革将从思政教育开始，要让每门课程、每位教师都承担育人功能，要把思想政治工作贯穿教育教学全过程，实现全程育人、全方位育人，从而构建课程教育"大思政"格局，要坚持以学生为中心，以教师为主导，积极推进校系两级深化改革和学科专业内涵建设。

印刷包装工程系副主任、"印刷过程与控制"试点课程负责人肖颖就思政内容如何贯穿课堂教学全过程的课程设计思路及做法作了汇报。

印刷包装工程系主任顾萍随后介绍了专业课引入思政教育的经验。与会教师也都结合各自的教育教学工作，交流和分享了在课堂教学中融入思政教育功能、促进人才培养的经验。

最后，刘道平对印刷包装工程系前期的课程思政教学改革试点的工作方案及初步效果作了充分肯定。他指出要让各类课程都能与思想政治理论课同向同行、形成协同效应，要抓住课程改革核心环节，发挥团队力量，争取打造升级版的精品课程。只有这样，才能真正实现思政教育从专人向全员的创造性转化。

印刷包装工程系供稿

2017 课程思政建设系列报道之一：
总结提高，探索课程思政教育新途径

2017年2月28日，我校基础教学部在教学楼308室召开了"课程思政在基础学科落实"的座谈会。学校常务副校长滕跃民参加座谈并讲话。

座谈会上，基础教学部马前锋博士介绍了学校思政教育"课中课"的经验。与会教师在学习和总结"课中课"经验的同时，纷纷表示将结合各自学科的教育教学工作，探索新方法，在学科中融入思政教育功能，促进育人教改。

滕跃民对前期思政课的教学改革效果做了充分肯定，也对其他基础学科在以后教育教学中挖掘"思政教育"功能提出了要求。"课中课"模式是课程思政在我校专业实习实训教学中的具体体现，也是版专版的"传媒中国"的课程思政教学模式的体现。要在以后的工作中，继续完善和夯实"课中课"教育教学模式，要继续开拓创新，在其他学科中落实课程思政的教学改革。

基础教学部主任陈洁华，副主任潘世俊、周晓中，教务处副处长孟仁振及教师代表表示要在总结"课中课"的经验基础上，结合学校出版印刷、文化传媒专业特色，积极探索课程思政的新途径，充分发挥思政课的显性教育功能与专业课程、综合素养课程的隐性教育功能的协同效应，促进高技能、高素养的职业技能人才培养。

基础教学部、教务处供稿

第四篇

影响辐射:好评如潮

河南经贸职业技术学院、常州纺织职业技术学院等高校的领导干部及骨干教师团队来访我校参观学习

2019年7月份,河南经贸职业技术学院、常州纺织职业技术学院、邵阳职业技术学院等高校领导干部与骨干教师团队先后来访我校进行参观学习,本次来访历时2周,共计4个团队,205人次。学校常务副校长滕跃民接待了来访团队,对学校的发展沿革与近况进行了介绍,并应兄弟院校的要求,在水丰路校区教学楼做了课程思政专题报告(图27)。

图 4-1 常务副校长滕跃民在做课程思政专题报告

滕跃民分享了我校在"课程思政"教学实践方面的探索,他提出课程思政对高校学风建设和人才培养有决定性的作用的观点,认为"课程思政"改革要重视思政教育、专业实训与职业素养相互融合,实现思政教育强化、职业素养培育和知识技能提高的"三促进效应"。滕跃民诠释了首获国家教学成果奖的课中课1.0和2.0版的设计思想、实施的负面清单、富有操作性的"三寓三式"、科学系统的"道法术器"和进一步的"八维度"思考,由此标志着学校在课程育人、实践育人、文化育人等方面走出了一条具有上海版专特色的道路,实现了历史性的突破。会上,滕跃民还系统地展示了我校在全方位育人方面所采取的系列重要举措,介绍了我校课程思政教学中取得的经验与成果,受到了来访人员的高度认同和赞誉,大家还积极开展互动交流,收获满满。

来访的领导和教师团队还参观了我校印刷博物馆、世界技能大赛印刷媒体技术项目中国集训基地等,学校的人才培养工作的特色和成绩给他们留下了深刻的印象(图28)。

图4-2　兄弟院校来访人员在我校参观交流

党委(校长)办公室供稿

滕跃民副校长在市高职高专教学工作会议上作主旨发言

2017年3月10日下午,上海市教委在上海市教育科学院召开了2017年上海市高职高专教学工作会议。我校常务副校长滕跃民、教务处处长汪军代表学校参加了此次会议。

滕跃民应邀在会上作了题为"同向同行、教书育人"的主旨发言,深入介绍了我校开展四位一体"课程思政"教育教学改革的具体情况,系统展示了我校在全方位育人方面所采取的系列重要举措。学校将通过建设"印迹中华"系列课程,构建专业课程、思政课程、素养课程和实践课程的四位一体育人模式,重点挖掘非思政类课程的思政元素,与知识点、能力点融会贯通,落细、落小、落微。他的发言受到了与会人员的高度认同,上海市教委也充分肯定我校长期以来实施"课程思政"改革所取得的重要成绩。

滕跃民副校长在职教系统党的"十九大"精神专题辅导报告会上作交流发言

2017年24日下午,上海职教系统举行学习贯彻党的十九大精神专题辅导报告会,上海高职高专、中职院校、区教育局领导参加了此次会议。

作为唯一的高职院校代表,我校常务副校长滕跃民在会上作了"德智技融会,课中课贯通,开启人才培养新征程"的交流发言。滕跃民结合党的十九大精神和全国高校思想政治工作会议精神的学习,全面总结了学校课程思政的理念、举措和经验。他指出,强化教师的育德意识和育德能力要注重在价值传播中凝聚知识底蕴,要注重在知识传播中强调价值引领,这是课程思政成功的关键。他还进一步阐述了如何寓道于教、寓德于教和寓教于乐,如何实施点睛式、嵌入式、化合式等德智技融会的方法手段。

2016年全国高职高专思政课建设联盟举办的骨干教师培训

2016年8月18日至20日,由近10所上海院校协同参与、我校承办的第三期全国高职高专院校思想政治理论课骨干教师培训班顺利举行(图29)。来自全国各地197所高职院校、280余名学员参加了培训。此次培训主要围绕"提升高职高专院校思想政治理论课建设水平""创新思政课教学方法""加强高职院校教师队伍建设"等主题进行开展。我校教师做了"课中课"育人模式的主题发言,受到培训班教师的广泛肯定和赞誉。

图4-3 全国高职高专院校思政课建设联盟第三期教师培训在我校举办

赴郑州财税金融职业学院参加2017年思政课教师讲课评课交流会

2017年5月13日,全国高职高专思想政治理论课建设联盟副秘书长、全国高职高专思想政治理论课教学能手、上海市思想政治理论课建设联盟秘书长、思政部主任马前锋教授受邀至郑州财税金融职业学院进行指导教学,郑州财税金融职业学院社会科学部全体教师参加。马前锋教授以"贴近学生、搭建平台、夯实拓展"为题,从思政课建设概况、"课中课"育人模式、课程思政新举措三个方面为大家进行介绍(图30)。

图4-4　马前锋教授在郑州财税金融职业学院交流

赴泉州幼儿高等师专推广经验

2016年11月上旬,全国高职高专院校思想政治理论课建设联盟副秘书长马前锋教授应泉州幼儿师范高等专科学校思政教研部邀请,为泉州幼儿师范高等专科学校举办了专题讲座,并与思政部全体教师围绕着思想政治理论课建设中有关实践学分的实施、课程建设的开展等瓶颈问题展开了充分的探讨,对泉州幼儿师范高等专科学校思政课的建设提出了宝贵的指导性建议(图31)。

图4-5 马前锋教授在泉州幼儿师范高等专科学校交流

赴上海交通职业技术学院推广经验

2017年11月29日上午,上海市高职高专思政联盟秘书长、思政部主任马前锋教授以"中华民族复兴之路"为主题,张玉华博士以"立志报国奉献社会"为主题,在交通职业技术学院给2017届参加"技能中国"选修课的同学们讲授了"技能中国"精彩一课(图32)。

图4-6 马前锋教授在上海交通职业技术学院交流

马前锋教授围绕历史上标志性的事件和现今国家规划的宏伟目标,详细讲述了中华民族复兴之路的一路艰辛、一路繁盛,同时,他鼓励各位同学认真学习本领,掌握技能,为实现民族伟大复兴和个人的人生价值而努力奋斗。张玉华博士在讲述过程中,结合了我校印刷技术专业张淑萍同学获得世界技能大赛银奖的实例,让同学们知道成功成才并非遥不可及,鼓励同学们学好技能,投身祖国建设。

思政课程与课程思政教学研讨会：
探索思政教育全方位融入课改

2018年10月12日下午1点，我院思政部、基础部特邀全国高职思政课建设联盟副秘书长、上海市高职思政课建设联盟秘书长、上海市思政课教指委"基础"课分指委委员、上海出版印刷高等专科学校思政部主任马前锋教授做"思政课程与课程思政的改革探索"交流研讨。丁晓红主任主持了本次教学研讨，思政部、基础部全体教师参与学习（图33）。

图4-7 思政课程与课程思政教学研讨

马前锋教授首先与各位老师交流了课程思政改革的重要意义，他认为每门课程都有育人功能，每位教师都有育人职责，课程思政是解决学风问题的制胜法宝，是解决价值观问题的康庄大道，意义深远。接着，马教授在交流中还客观的阐述了目前思政课面临的"配方"陈旧等难题,点明了校园学风问题以及高职院校育人对象的特殊性,同时还分享了马教授所在院校上海版专针对这些难题所进行的课程思政改革以及取得成绩。他提出,课程思政改革应构建"三全"育人的思想政治教育体系,即全方位、全课程、全员育人,同时要将教学过程体现于"课前、课中、课后"的全方位融入,形成三"微"一体的育人框架,探索课程思政的"课中课"教育教学模式。在交流中,马教授还列举了高职思政课示范课程的相关案例,强调了综合素养课程的重要性,提出了"德智技"并进的原则。在最后的交流研讨环节中,公共基础课的老师都踊跃提出了自己对课程思政改革的观点,并且还提出了相关问题,马教授都一一做了解答与拓展延伸。

高校思想政治教育承担着培养中国特色社会主义合格建设者和可靠接班人的重大使命,最大限度地发挥了课堂教学的育人主渠道作用,是提升高校思想政治教育实效的关键抓手。本次交流研讨是我院思政部、基础部进一步推进课程思政改革、提升教育教学能力的重要活动,教师们在教学研讨后达成了共识,感受到了肩上的责任与使命,同时也开拓了视野。作为以培养技能型人才为目标的高职院校,我们将积极探索"思政课程"与"课程思政"的改革要点,真正做到将思政与专业培养相结合、与技能提高相结合、与职业素养提升相结合,让思政课融入专业课,让所有课都上出"思政味"。

张玉华老师赴上海民航职业技术学院邀请开展思政课示范教学

为深入学习和贯彻"十九大"精神,结合院校专业特色提升思政课教育教学效果,上海民航职业技术学院邀请到了上海出版印刷高等专科学校的张玉华老师开展"践行工匠精神,共筑中国梦想"思政课示范教学(图34)。

图 4-8 张玉华老师在上海民航职业技术学院进行思政课示范教学

为深入学习和贯彻"十九大"精神,更好地促进习近平新时代中国特色社会主义精神"进教材、进课堂、进头脑",结合院校专业特色提升思政课教育教学效果,上海民航职业技术学院于5月4日上午邀请到了上海出版印刷高等专科学校的张玉华老师开展"践行工匠精神,共筑中国梦想"思政课示范教学。本次示范课教学还邀请到了上海高职高专思政联盟秘书长马前锋教授和上海市首届思想政治理论课教学指导委员会高职高专分委员会副主任委员、上海市高职高专思政联盟副秘书长茌良计副教授。参加本次示范课教学的还有上海民航职业技术学院的全体思政教师,活动由该校基础教学部党支部书记、思想政治理论课教学部副主任柳心欢主持。

上海民航职业技术学院高度重视本次示范课教学活动,党委书记孙莹和副院长杨征在示范课前与到校专家、教师进行了亲切交流,针对当前上海市为推进思政工作所开展的系列活动部署及该校思政工作发展规划充分交换了意见。

示范教学活动在该校综合楼208教室举行。张玉华老师的授课从精彩的自我介绍开始,幽默的语言瞬间拉近了和同学们的距离。接下来他从什么是工匠精神、高职生为什么要践行工匠精神和高职学生如何践行工匠精神三个方面进行了详尽阐述。授课过程中张玉华老师运用提问方式激发了同学们的参与主动性和积极性,身边人和身边事的枚举让同学们直观触感什么是工匠精神,古今中外事例的运用拓展了同学们的视野,同时升华了对工匠精神的理解。最后,张玉华老师从传统工匠精神的现代转换、以大国工匠为榜样、学会积极归因三个方面,激励民航学子做践行工匠精神的引领者,在为国家和社会的进步中实现自我价值。

授课结束后,马前锋和茌良计两位专家分别从同学们上课的积极表现、踊跃配合,授课教师的政治立场、思想高度和深度等多个方面,肯定了示范教学对于思政课讲好中国故事、弘扬中国精神的重要意义。本次示范课教学不仅帮助学生领悟了工匠精神的实质与内涵,也启发了听课教师的授课思路,起到了示范与引导作用。

受邀赴湘西民族职业技术学院
示范课程思政教学

为贯彻和落实习近平总书记在学校思政课教师座谈会重要讲话精神,应湘西民族职业技术学院邀请,我校基础教学部数学教研室教师薛中会、文化管理系教师来洁于3月23日赴湘西民族职业技术学院示范课程思政教学,受到了学校领导老师的一致认可(图35)。

图4-9 课程思政教学团队赴湘西民族职业技术学院交流

薛中会结合数学矩阵的特征将格律古诗矩阵化,融入了民族团结教育理念,通过矩阵深入浅出地阐释了56个民族是一家,团结就是力量的道理。他纵贯古今,横跨中西,旁征博引,跨界的头脑风暴给参加培训班的教师留下深刻印象。

来洁示范展示的"文化创意与策划实务"课程结合思想教育功能优势,创造性地提炼和融入了12个思政元素,将专业课和通识课贯通设计。并提出文化、创意与策划的有机结合实现两个价值维度:产业转型和塑造文化,赢得了大家的共鸣。在交流互动环节,两位老师简要介绍了我校推进建设课程思政相关措施和取得的成绩,得到在场领导、专家和青年教师的一致好评,并对我校在课程思政建设方面取得的成效给出了很高的评价。

两位老师此次走进湘西的交流活动,对推广课程思政,扩大学校影响力起到积极的作用。

思政教研部教务处供稿

山东商业职业技术学院马克思主义学院院长王岳喜一行来校调研交流

2018年9月21日上午,山东商业职业技术学院马克思主义学院院长王岳喜一行来校调研交流。座谈会于我校水丰路校区综合楼第一会议室举行,思政教研部相关负责人及全体教师参加会议。会议由思政教研部副主任张玉华主持(图36)。

图4-10 山东商业职业技术学院来我校调研交流课程思政教学改革工作

会上,思政教研部主任马前锋代表学校向王岳喜一行的到来表示热烈欢迎。他重点介绍了我校以思想政治理论课融入高职高专实训教学的"课中课"模式建设经验。马前锋还介绍了我校思政部在全校范围内积极推广"课程思政"的课程教学改革的工作思路,并就上海思政联盟中实行思政课"同城协作"的工作思路和具体做法,分享了经验。王岳喜介绍了山东商业职业技术学院马克思主义学院的总体概况,马克思主义学院的构架以及发展现状和在思政教育教学方面的探索和成果。会上,双方围绕思政教学改革与建设等问题进行了深入的阐述和交流,并决定继续加强校际尤其是思政工作领域的交流和合作。

会前,王岳喜一行还参观了我校印刷博物馆。

思政教研部供稿

广西职业技术学院开展课程思政专题培训

由思政课程向课程思政转变是落实立德树人根本任务,是实现全员、全过程、全方位育人,培养德智体美劳全面发展的社会主义建设者和接班人的要求。为了更好地推进课程思政改革与传播,2019年1月16日,上海出版印刷高等专科学校常务副校长滕跃民教授一行3人应邀到广西职业技术学院为教师开展课程思政专题培训(图37)。会议由广西职业技术学院蒋贻杰副院长主持,各二级学院领导及专业带头人、骨干教师等200多人参加了培训。

图4-11 常务副校长滕跃民应邀为广西职业技术学院开展课程思政专题培训

受邀赴贵阳幼儿师范高等专科学校开展课程思政教学改革研讨会

为了贯彻落实全国高校思想政治工作会议的精神和习近平总书记提出的用好课堂教学这个主渠道的要求,学校于5月24日—25日在音乐厅举行了"潜心育人,润物无声——课程思政"教学改革年度研讨活动。本次会议邀请到同济大学的董大奎教授、上海出版印刷高等专科学校常务副校长腾跃民及其教学团队来做学术交流。校党委书记张曦,党委副书记、校长贺永琴,党委副书记、纪委书记唐天,副校长李炳昌、赵雅卫、翟理红及我校全体专任教师参加。会议由副校长翟理红主持。贵州省职教集团的老师作为特邀嘉宾出席此次活动。

浙江工贸职业技术学院来我校考察交流课程思政工作

2019年3月26日上午,浙江工贸职业技术学院党委书记盖庆武、副院长汪焰带队赴我校学习交流。党委书记顾春华、常务副校长滕跃民接待来访,教务处、思政教研部相关负责人参加了交流会(图38)。

图4-12 浙江工贸职业技术学校来我校交流课程思政工作

顾春华发表讲话。他指出,习近平总书记在学校思政课教师座谈会上做了重要讲话,要求我们要理直气壮开好思政课,用习近平新时代中国特色社会主义思想铸魂育人。学校党委将进一步加强对思政课建设的思想政治领导,双方在思政课程以及课程思政教学上的交流与互动将有助于推动筑牢思想基础,推动课程改革,营造良好的学习氛围。

随后滕跃民作了"德智技"融汇,"课中课"贯通的主题报告。他的报告全面、系统地介绍了我校思政课教学和课程思政教学中取得的一系列宝贵经验和成绩,给浙江工贸职业技术学院的领导和思政课教师留下了深刻印象。

会上双方就如何推动课程思政,建立激励保障机制、课程思政课堂评价制度建设等方面进行了深入的探讨和广泛交流。

会后,浙江工贸职业技术学院一行参观了上海印刷博物馆和世界技能大赛印刷媒体项目实训基地。

思政教研部教务处供稿

广东省高职高专思政课建设联盟代表团来我校参加高职院校课程思政研讨会

2018年11月8日上午,来自广东省高职高专思政课建设联盟近32所高校52名党政领导及思政骨干教师来到我校参加高职院校课程思政研讨会。上海高职高专思政课建设联盟会长、上海理工大学党委副书记、纪委书记刘道平,上海高职高专思政课建设联盟常务副会长、上海交通职院党委书记董晓峰,上海电子信息职业技术学院副书记顾剑锋,教育部教指委高职分委委员韩光道,学校党委书记顾春华,常务副校长滕跃民,党委副书记顾凯出席了研讨会。人事处、思政教研部相关负责人及思政课教师参加会议。

顾春华在致辞中向广东代表团介绍了上海市及我校课程思政的实施状况,并简要说明了上海高职高专思政课建设联盟的工作开展。广东轻工职业学院党委副书记、广东省高职高专思政课建设联盟副会长、广东省外语艺术职业学院党委书记卢羡文、广东职业技术学院党委书记曾雅丽、广州卫生职业技术学院党委书记余莎、广州科技贸易职业学院院长蒋新革分别代表广东省各高职高专院校介绍了此次考察交流活动的背景和任务,并表达了向我校课程思政建设"取经"的强烈意愿。

在交流研讨环节,滕跃民以"从思政课程到课程思政"为题做了主旨报告。精辟的分析,精细的案例,精密的论证,加之精准翔实的内容使代表团大受启发,意犹未尽。上海理工大学马克思主义学院副院长胡绪明从课程思政与思政课程的关系入手精辟地阐释了课程思政建设过程中的若干要点,即要注重把握思政教育规律,加强协同育人机制建设,解决思政教育时空分离的问题,实现思政教育空间时间化和时间空间化的衔接。出版传播系教师张翠以"广告原理与实务"课程为例进行了课程思政现场展示。她从广告定位、广告创意设计中如何有机融入中国元素问题出发,以广告品牌的国货精品为切入点,引导学生的文化自信和自身品牌形象管理等课程思政设计,赢得与会教师的共鸣。基础部教师薛中会以"数学矩阵与中国文化"为题进行课程思政教学展示。薛老师旁征博引,跨界跨学科的头脑风暴给与会专家学者留下了深刻印象。

此次广东代表团的来访交流既是对我校课程思政工作的肯定,也是全国高职院校思政课建设联盟跨区协作的先行案例,是我校落实"三进"工作的实效体现。研讨会后,广东代表团特向上海高职高专思政课建设联盟和我校赠送感谢牌匾。

思政教研部供稿

后 记

习近平总书记关于立德树人的系列重要讲话,学校党委给予了持续高度关注,在学校领导全力支持下,全体教员对课程思政工作开展了大量研究。本书是全校广大师生在推进课程思政改革过程中形成的集体智慧结晶,是学校课程思政理论研究与具体实践的阶段性总结,也是落实学校党代会精神的一个重要成果。

本书在编写过程中得到了上海市教育卫生工作委员会工作党委、上海市教育委员会以及相关职能部门的关心、指导和支持,在此表示衷心感谢。同时,我们要特别感谢中国职业技术教育协会副会长马树超教授在百忙之中为本书作序,他对本书编写的意义给予了高度评价,并对本书的编写工作提供了许多宝贵意见,给予了建设性的指导。

我校在推进课程思政改革的过程中,高度重视与兄弟院校领导和同行之间的交流,在交流中形成了很多好的想法和理念,这在本书相关章节中也得到了充分体现。本书从确定出版到正式付梓,面临组稿时间紧、编辑难度大等客观难题,所幸的是得到了上海大学出版社领导的高度重视和大力支持。在组稿和编辑出版过程中,张文忠、薛中会、黄黎明、黄忠、姜一旻、吴娟、张婷等本校教师做了大量的工作,倾注了大量的心血,在此向他们表示感谢。在本书编写过程中,我们参考了一些文献,在此也向这些文献的作者们表示感谢。

本书是我校在高等职业教育领域、在技术技能人才培养领域,积极探索课程思政改革的初步成果,难免有不足之处,敬请广大读者给予批评和指正。

2019 年 9 月